Das Rechtsschutzinteresse beim Antrag auf Eröffnung
des Insolvenzverfahrens

Europäische Hochschulschriften
Publications Universitaires Européennes
European University Studies

Reihe II
Rechtswissenschaft

Série II Series II
Droit
Law

Bd./Vol. 3726

PETER LANG
Frankfurt am Main · Berlin · Bern · Bruxelles · New York · Oxford · Wien

Andreas Lang

Das Rechtsschutzinteresse beim Antrag auf Eröffnung des Insolvenzverfahrens

PETER LANG
Europäischer Verlag der Wissenschaften

Bibliografische Information Der Deutschen Bibliothek
Die Deutsche Bibliothek verzeichnet diese Publikation in der Deutschen Nationalbibliografie; detaillierte bibliografische Daten sind im Internet über <http://dnb.ddb.de> abrufbar.

Zugl.: Heidelberg, Univ., Diss., 2002

D 16
ISSN 0531-7312
ISBN 3-631-50732-1

www.peterlang.de

Meinen Eltern

Inhaltsübersicht

Teil 5: Das Rechtsschutzinteresse bei behördlichen Insolvenzeröffnungsanträgen

Teil 6: Missbräuche bei Insolvenzeröffnungsanträgen des Schuldners - Rechtsschutzinteresse, Glaubhaftmachung und Behauptung des Insolvenzgrundes

Schlussbemerkungen

Anhang

Inhaltsverzeichnis

Teil 3:
Antragsrecht und Antragspflicht

Teil 4:
Mangelndes Rechtsschutzinteresse bei Insolvenzanträgen des Gläubigers

Teil 5:
Das Rechtsschutzinteresse bei behördlichen Insolvenzeröffnungsanträgen

Teil 6: Missbräuche bei Insolvenzeröffnungsanträgen des Schuldners - Rechtsschutzinteresse, Glaubhaftmachung und Behauptung des Insolvenzgrundes

Einführung

Dem Rechtsschutzinteresse kommt im Insolvenzeröffnungsverfahren eine erhebliche Bedeutung zu. Galt dies bereits unter der Herrschaft der Konkursordnung[1] (KO), so hat sich dies mit der Normierung in § 14 Absatz 1 Insolvenzordnung[2] (InsO) nunmehr auch positiv-rechtlich niedergeschlagen. Auch und gerade angesichts der einschneidenden Auswirkungen, die sich aus einer Zurückweisung des Antrags auf Eröffnung des Insolvenzverfahrens mangels Rechtsschutzinteresses ergeben und der ohnehin angezeigten Skepsis gegenüber dem weitgehend gewohnheitsrechtlich entstandenen Rechtsinstitut, ist die Ausweitung des Begriffs in den letzten Jahrzehnten kritisch zu hinterfragen.

In der Praxis wird unter den Begriff des Rechtsschutzinteresses eine Vielzahl verschiedenster Fallgruppen subsumiert, deren Einordnung sich in mehreren Fällen als zumindest zweifelhaft darstellt. Oftmals wurden und werden aus Praktikabilitätsgründen dogmatisch unsaubere Wege gegangen, die zum einen die Antragsvoraussetzungen untereinander, zum anderen Verfahrensrecht und materielles Insolvenzrecht in unzulässiger Weise vermischen. Insoweit schlägt das allgemeine Problem des Insolvenzverfahrensrechts durch: die unzureichende wissenschaftliche Auseinandersetzung mit diesem so bedeutenden Rechtsbereich und dem - daraus resultierend - unzureichend systematisierten Unterbau. Augenfällig wird dies durch die Tatsache, dass die vorliegende Problematik letztmals 1962 Gegenstand einer eingehenden wissenschaftlichen Erörterung war.[3] Gerade die Umbruchsituation, die die Einführung der Insolvenzordnung für alle mit ihr Befassten bedeutet, sollte als günstiger Anlass und als Chance verstanden werden, hergebrachte Rechtsansichten zu überprüfen und, falls erforderlich, durch eine systematisch einwandfreie Normanwendung zu ersetzen.

Mit der vorliegenden Abhandlung werden die Wurzeln des Rechtsschutzinteresses, zunächst als allgemeines Institut des Zivilprozessrechts, sodann als spezifisches Kriterium des Insolvenzeröffnungsverfahrens aufgezeigt. Weiter werden Inhalt und Aufgaben des Rechtsschutzinteresses beim Insolvenzeröffnungsantrag näher bestimmt. Problemfelder, die durch die Neuordnung des Insolvenzrechts geändert oder verschoben wurden, werden unter Bezugnahme auf das bisherige Recht kritisch diskutiert. Damit wird versucht, zu einer Rückführung der schier uferlos gewordenen Kasuistik beizutragen.

---

[1] Konkursordnung vom 10.2.1877 RGBl. S. 351

[2] Insolvenzordnung vom 18.10.1994 BGBl. 1994 Teil 1 S. 2866, 2911

[3] *Unger* in KTS 1962 S. 205 ff.

Dazu wird zunächst die Entwicklung und weitere Ausformung des Rechtsschutzinteresses seit Ende des 19. Jahrhunderts bis hin zum anerkannten Prozessrechtsinstitut heutiger Prägung skizziert (Teil 1). Besondere Beachtung gilt den verfahrensspezifischen Aspekten hinsichtlich Inhalt und Prüfung des Rechtsschutzinteresses beim Antrag auf Eröffnung des Insolvenzverfahrens (Teil 2). Zur Abgrenzung des Rechtsschutzinteresses von der Antragsbefugnis und um einer weiteren Vermischung der unterschiedlichen Zulässigkeitsvoraussetzungen entgegenzutreten, werden sodann der Antragsgrundsatz der InsO sowie die Antragsrechte und -pflichten in der gebotenen Kürze dargestellt (Teil 3). Den Schwerpunkt der Abhandlung bildet die kritische Darstellung der breit gefächerten Kasuistik zum Rechtsschutzinteresse als Voraussetzung des Eröffnungsantrags seitens privatrechtlicher und öffentlich-rechtlicher Gläubiger (Teil 4, Teil 5). Zuletzt wird auf Missbräuche bei der Stellung von Insolvenzeröffnungsanträgen durch den Schuldner eingegangen. In diesem Zusammenhang wird dargestellt, welche Möglichkeiten einer prozessualen Reaktion sich aus den Bestimmungen der Insolvenzordnung ableiten lassen (Teil 6).

Teil 1:
Das Rechtsschutzbedürfnis im Allgemeinen

„Es ist ein anerkannter Grundsatz, dass Voraussetzung einer jeden Klage das Vorhandensein eines Rechtsschutzbedürfnisses ist. Die Tatsache, dass dieses Erfordernis vom Gesetz nur vereinzelt, z. B. bei der Feststellungs- und bei der Unterlassungsklage hervorgehoben wird, bedeutet nicht, dass es nicht Voraussetzung für die gerichtliche Geltendmachung eines jeden Anspruchs wäre."
Diese grundlegende Erkenntnis des Reichsgerichts aus dem Jahre 1939[4] muss als Markstein in der Entwicklung des Rechtsschutzbedürfnisses bezeichnet werden. Erst zu diesem Zeitpunkt konnte die jahrzehntelang kontrovers geführte Diskussion als - vorerst - beendet, das Rechtsinstitut des Rechtsschutzbedürfnisses als anerkannt angesehen werden.

I. Entwicklung

Um zu verstehen, wie sich der Begriff des Rechtsschutzbedürfnisses und seine inhaltliche Ausformung entwickelt haben, ist es prozessgeschichtlich geboten, an den Zeitraum seit der Mitte des 19. Jahrhunderts anzuknüpfen. Erst zu dieser Zeit errang das Prozessrecht, das zuvor Annex des gemeinen Zivilrechts war, seine Eigenständigkeit.

1. Die Theorie vom Rechtsschutzanspruch

Damals ersetzten die Wegbereiter der modernen Verfahrenstheorie *Stein*, *Wach*[5], *Bülow* und später *Goldschmidt* das Denkschema des zivilen Klagerechts durch die Lehre vom sog. Rechtsschutzanspruch. Sie räumt den Parteien ein vor- und außerprozessuales subjektives öffentliches Recht gegen den Staat auf ein ihrer materiellen Rechtslage entsprechendes günstiges Urteil in der Sache ein.[6] Dieser Rechtsschutzanspruch war nun von sog. Rechtsschutzvoraussetzungen abhängig. Über Zahl und Inhalt der zu diesen gehörenden Erfordernisse bestanden im Einzelnen Divergenzen in der Literatur.[7] Einig war sich die Prozesslehre hingegen darüber, dass eine der wesentlichsten Rechtsschutzvoraussetzungen das sog. Rechtsschutzbedürfnis oder Rechtsschutzinteresse[8] sei.

---

[4] RG Urteil V. 21.4.1939 - VII 231/37 - RGZ 160, 204 (208 f.); vgl. auch Urteil v. 11.01.1932 - VI 421/31 - JW 1932, 649 (650)
[5] S. dazu zuletzt die Kurzbiografie von *Schroeder* in JuS 1997 S. 103 ff.
[6] *Lüke* in: MüKo-ZPO Bd. 1 Einl. Rnr. 11; *Rosenberg/Schwab/Gottwald* ZPR § 3 II
[7] Vgl. dazu etwa *Simshäuser* S. 126 ff.
[8] Im folgenden „RSB" bzw. „RSI".

In der Folge verstärkten sich jedoch die Einwände gegen die Theorie vom Rechtsschutzanspruch. Zunächst mache ein Anspruch auf richtige Entscheidung nach Maßgabe des materiellen Rechts gegen das Gericht keinen Sinn, solange kein anderes Organ dazu berufen sei, über ihn zu entscheiden und ihn zu erfüllen.[9] Zwar sei als Korrelat des staatlichen Gewaltmonopols, der bürgerlichen Friedenspflicht und des Selbsthilfeverbots ein Recht des Bürgers anzuerkennen, von der vorhandenen staatlichen Gerichtsbarkeit ein Tätigwerden und die Bereitstellung qualifizierter Verfahren zur verbindlichen Streitentscheidung zu beanspruchen. Dieses sei jedoch bereits durch den allgemein anerkannten sog. Justizgewährungsanspruch[10], also eines Anspruchs auf tatsächlich wirksamen Rechtsschutz hinreichend abgesichert.[11] Der entscheidende Grund, sie abzulehnen, war jedoch die Einsicht, dass der Anspruch auf ein günstiges Urteil in der Sache erst als Ergebnis des Verfahrens feststehe und somit von dessen Verlauf abhänge. Damit stünde der „außerprozessuale Anspruch" unter einer innerprozessualen Bedingung.

Die Rechtsschutzvoraussetzungen, durch die Ablehnung des Rechtsschutzanspruchs ihres Oberbegriffes beraubt, schied man nun in ihre prozessualen und in ihre materiell-rechtlichen Elemente und ordnete sie einerseits als Prozessvoraussetzungen, andererseits als materielle Erfolgs-voraussetzungen ein, ein Dualismus, der auch dem Aufbau unserer Verfahrensgesetze erkennbar zugrunde liegt.
Die Lehre vom Rechtsschutzanspruch erwies sich somit als „fruchtbarer Irrtum"[12], welcher die Prozessrechtswissenschaft um das Rechtsschutzbedürfnis bereichert hatte. Indessen erwies sich das RSB als komplexer Begriff an der Nahtstelle zwischen formellem und materiellem Recht. Seine Zuordnung blieb deshalb umstritten.

2. Ausweitung des Rechtsschutzbedürfnisses im Dritten Reich

In der Zeit des Nationalsozialismus erlebte das Rechtsschutzbedürfnis seine „Blüte". Der Prozesszweck wurde hier überwiegend in der Wahrung der Interessen der „Volksgemeinschaft" und der Rechtsordnung gesehen.[13] Hier wurde die dem RSB immanente Gefahr verwirklicht, bei der Bestimmung seines

---

[9] *Rosenberg/Schwab/Gottwald* ZPR § 3 II 2; *Schwab* ZZP Bd. 81 (1968) S. 412 ff.; dagegen zuletzt *Detterbeck* AcP Bd. 192 (1992) S. 325 ff. (335)

[10] Hierzu *Detterbeck* AcP Bd. 192 (1992) S. 325 ff. ((327 ff.); *Rosenberg/Schwab/Gottwald* ZPR § 3 I

[11] Die Rechtsgrundlage des Justizgewährungsanspruchs ist umstritten. In Betracht gezogen werden Art. 101 Abs. 1 Satz 2, Art. 103 GG sowie Art. 1 Abs. 3, 19 Abs. IV, 20, 28, 92 GG bzw. das Rechtsstaatsprinzip; weiterführend *Rosenberg/Schwab/Gottwald* ZPR § 3 I

[12] *Rosenberg* Lehrbuch des deutschen Zivilprozesses 9. Auflage 1961 § 90 IV 3; *Gaul* AcP Bd. 168 (1968) S. 27 ff. (45); *Simshäuser* S. 130

[13] Vgl. OLG Naumburg Beschl. v. 28.3.1936 - 6 W 65/37 - JW 1936, 1799 (Nr. 36) m. Anm. *Jonas*

unkonturierten Inhalts außerrechtliche Wertungen politischer oder ideologischer Art einfließen zu lassen und damit die Pflicht des Staates zur Gewährung effektiven Rechtsschutzes zu relativieren.[14]
Dies äußerte sich insbesondere im Konkursrecht in der vorherrschenden Ansicht, „im Interesse der Gesamtwirtschaft und des Volksganzen Konkurse nach Möglichkeit zu verhüten“.[15] So wurde erkannt, dass „kaum ein anderes bürgerlich-rechtliches Rechtsgebiet so ausschließlich den Zwecken einer Gemeinschaft dient wie das Konkursverfahren.“[16] Durch seine vermeintliche Nähe zu den Vorstellungen der Machthaber von einer Volksgemeinschaft wurde das Konkursrecht als besonders geeignete Rechtsmaterie angesehen, um jenes „gesunde Volksempfinden“ herauszubilden, das dem damaligen Zeitgeist entsprach. Das Vollstreckungsrecht wurde als „Ausdruck einer bestimmten Geisteshaltung im Volk angesehen“, das geeignet sei, „den Volksgeist nachhaltig zu beeinflussen.“[17]
Praktisch bedeutete dies, dass Dogmatik nun als juristische Haarspalterei abgetan wurde, „wofür in der nationalsozialistischen Rechtsprechung wirklich kein Raum mehr sei.“[18] Rechte von Einzelgläubigern wurden unbesehen einem diffusen „Gemeinschaftsgedanken“ untergeordnet oder deren Durchsetzung im Justizverfahren behindert, indem zunehmend Anträge wegen angeblich fehlenden Rechtsschutzinteresses abgewiesen wurden.[19]
Obwohl die Entscheidungen damit formell dem justizförmigen Verfahren überlassen blieben, führte sowohl die staatlich angeordnete Auferlegung von Opfern auf Gläubigerseite als auch die Zuteilung von Rechtswohltaten auf Schuldnerseite im vermeintlichen Interesse der Allgemeinheit zu polizeistaatlicher Willkür.[20] Damit wurde in dieser „rechtsschutzfeindlichen Atmosphäre“ das RSB zum Zentralbegriff der Verhinderung und gerade nicht - wie sein Ursprung - der Ermöglichung von Rechtsschutz.[21]

3. Die Lehre Schönkes

Erstmals befasste sich *Schönke* eingehend mit dem Begriff des Rechtsschutzbedürfnisses.[22] In seinem betont rechtspolitischen Ansatz zeigt sich die gewandelte Auffassung vom Prozesszweck. Hatte „der liberale Gesetzgeber der ZPO den Prozess noch einseitig vom Standpunkt des

---

[14] *Fasching* Rnr. 743
[15] *Höver* DJ 1935, S. 513 ff. (518)
[16] *Fraeb* KuT 1936 S. 173
[17] *Fraeb* a.a.O. S. 173
[18] *Fraeb* a.a.O. S. 175 unter Hinweis auf Göring. Kritisch zur Erweiterung der Rechte des Konkursgerichts *P. Schumann* DJ 1935, S. 1210 ff. (1217)
[19] *Schumann* in: Stein/Jonas Vor § 253 ZPO Rnr. 101b Fn. 183
[20] *Berges* KTS 1955 S. 49 ff. (51)
[21] *Schumann* in: Stein/Jonas Vor § 253 ZPO Rnr. 101b
[22] *Schönke* AcP Bd. 150 (1949) S. 216 ff.; *ders.* „Das Rechtsschutzbedürfnis - Studien zu einem zivilprozessualen Grundbegriff“, Detmold 1949

Individualinteresses gesehen,"[23] so dient nach *Schönke* der Zivilprozess als Institution vorwiegend der Bewährung des Rechts und der Wahrung des Rechtsfriedens. Im Vordergrund steht für ihn als notwendige Folge dieser Zweckbestimmung das Interesse der Allgemeinheit. Nur innerhalb des durch das Allgemeininteresse vorgegebenen Rahmens hat der Zivilprozess zugleich die subjektiven Rechte des Parteien zu verwirklichen. Die Feststellung und Durchsetzung subjektiver Rechte seien gleichsam eine Nebenfolge der mit der Prozessinstitution bezweckten Bewährung des objektiven Rechts.[24] Der Ansatz, den Prozess in Abkehr von der hergebrachten Prozessauffassung als Instrument „sozialer Wohlfahrt" anzusehen, dessen Gemeinschaftsbezogenheit jedes prozessuale Institut unmittelbar bestimmen müsse, wurde bei *Schönke* deutlich. Der Einzelne könne nicht verlangen, dass die Gerichte des Staates ihm ihre Arbeitskraft zur Verfügung stellten, es sei denn, dass er ein Bedürfnis für Schutz habe, und nur in dem Maße, als dieses Bedürfnis vorliege. Denn der Staat gewähre seine Entscheidungs- und Zwangsgewalt nur dem, der nach pflichtgemäßem Ermessen des zuständigen Gerichts ein ausreichendes Interesse an der Inanspruchnahme dieser staatlichen Behörde, eben ein Rechtsschutzbedürfnis hat. Ob der Staat ein öffentliches Interesse an der Gewährung von Rechtsschutz für gegeben ansehe, solle sich nach der individuellen Interessenlage des Antragstellers richten. Aus der Weite dieses Rechtssatzes folgerte er, dass das Erfordernis eines Rechtsschutzbedürfnisses i. S. e. „Rechtsschutzgewährungsvoraussetzung" nicht nur für die Klage vorliegen müsse. Vielmehr sei es für alle Prozesshandlungen zu fordern, die nach objektivem Urteil als auf die Erfüllung des Prozesszwecks, also auf die Bewährung des objektiven Rechts und die Wahrung und Herstellung des Rechtsfriedens gerichtet erscheinen.

4. Akzeptanz und Eingrenzung des Rechtsschutzbedürfnisses

a. Lehre

Eine Übersicht über die neuere Zivilrechtsliteratur ergibt, dass sich *Schönkes* extreme Auffassung und seine „doktrinäre Überspannung" in der praktischen Anwendung nur zum Teil durchsetzen konnte. Zwar betrachtet das überwiegende Schrifttum das Rechtsschutzbedürfnis als eine von Amts wegen wahrzunehmende allgemeine Sachurteilsvoraussetzung. Jedoch ist diese faktisch zum Gewohnheitsrecht erstarkte Anschauung weder in ihrer konkreten Ausformung widerspruchsfrei noch blieb sie unangefochten.
Mit dem Bestreben *Schönkes*, das Rechtsschutzbedürfnis zu einem zentralen Begriff des Zivilrechts auszubauen, setzte sich zunächst *Allorio*[25] auseinander. Aufgrund der „unerfreulichen Rechtsunsicherheit" lehnte er dieses Institut als

---

[23] So *Gaul* AcP Bd. 168 (1968) S. 27 ff. (47)
[24] *Schönke* AcP Bd. 150 (1949) S. 216 ff. (218); *ders.* RSB S. 11, 13
[25] In ZZP Bd. 67 (1954) S. 321 ff.

einen „vollkommen überflüssigen und schädlichen Überbau" ab. Dabei machte er besonders auf die Willkürgefahr aufmerksam, die sich aus der „patriarchalischen" Prüfungskompetenz des Gerichts[26] hinsichtlich des Allgemeininteresses ergebe.
In die gleiche Richtung ging die Auffassung *Blomeyers*, dem die Lehre vom Rechtsschutzbedürfnis zwar einleuchtend, jedoch für die unmittelbare Rechtsanwendung als unbrauchbar erschien.[27]
Lent warf Schönke einen Irrtum dahingehend vor, den über-individuellen Zielen eine ausschließliche Vorrangstellung einräumen zu wollen. Übersehen werde dabei nämlich, dass der Staat dem Einzelnen die Selbsthilfe als Rechtsschutzform nur nehmen könne, weil er ihm zugleich als neues Rechtsschutzmittel die staatliche Hilfe zur Verfügung stelle. Der Staat verleihe seinen Schutz also nicht als Akt der Gnade, sondern im Bewusstsein seiner Pflicht, das Recht des Einzelnen zu schützen. Im Übrigen stellten die meisten Fälle, in denen das RSB angesprochen werden solle, in Wahrheit Fälle materieller Mängel dar.[28]
Andererseits wurde anerkannt, dass die Anschauung vom Wesen der Rechtsschutzverfahren, die den Rechtsschutz durch staatliche Gerichte allein als Schutz der individuellen Interessen sieht, zu einseitig und aus einem übertrieben verstandenen Individualismus entstanden war. Neben dem Gedanken vom Schutz der Individualinteressen sei anzuerkennen, dass der Staat, wenn er Rechtsschutz gewährt, nicht bloßer passiver Zuschauer widerstreitender, ihm eigentlich fremder individueller Interessen ist, sondern es dem Staat bei der Rechtsschutzgewährung - auch - um die Bewährung des objektiven Rechts und der Wahrung des Rechtsfriedens, mithin um überindividuelle Interessen geht.
Wegbereiter einer durchgreifenden Klärung des RSB war *Pohle*, der darauf hinwies, dass der Anwendungsbereich dieses Instituts insbesondere von der Rechtsprechung viel zu weit gezogen wurde. Er bejahte zwar dessen prozessuale Bedeutung, kehrte den Grundansatz jedoch dahingehend um, dass er von der grundsätzlichen gerichtlichen Erzwingbarkeit von Rechten und der ausnahmsweisen Versagung des Rechtsschutzes ausging. Somit diene das RSB einem Zweck zweiten Ranges.[29] Es sei rechtspolitisch bedenklich, den Gerichten ein weitgehend unbestimmtes Ermessen darüber einzuräumen, was nach ihrer Meinung sachgemäß oder unzulässig sei.[30] Unter diesen Prämissen bemühte sich *Pohle*, durch Herausbildung typischer Fallgruppen anhand gemeinsamer, besonderer Merkmale um eine Konkretisierung des RSB.
Dem folgend wies *Stephan* darauf hin, dass keinesfalls materielle Probleme der Begründetheit sowie anderweitig geregelte prozessuale Probleme einer Klage

---

[26] *Allorio* a.a.O. S. 343
[27] *Blomeyer* Zivilprozeßrecht - Erkenntnisverfahren S. 179
[28] *Lent* Zwangsvollstreckungs- und Konkursrecht, 7. Auflage 1958 § 33 IV 3 a.E.
[29] *Pohle* in: FS-Lent S. 195 ff. (204); *Gaul* AcP Bd. 168 (1968) S. 27 ff. (46); zustimmend *Habscheid* KTS 1973 S. 95 ff. (98)
[30] *Pohle* in: FS-Lent S. 195 ff., 198: „Blankovollmacht an die Gerichtsbehörde"

vorschnell unter dem Begriff des RSB behandelt werden dürften.[31] Vielmehr sei ein individuelles prozessuales, gegenwärtiges und schutzwürdiges Interesse des Verfahrensführers an der Sachentscheidung zu fordern, das nicht vom prozessökonomisch-fiskalischen Standpunkt („Schutz der Gerichte"), sondern grundsätzlich wertend aus der Sicht und Interessenlage des Rechtsschutzsuchenden heraus zu ermitteln sei.[32]
Durch diese kritischen Auseinandersetzungen wurde über die Jahrzehnte hinweg ein Beitrag zur Konkretisierung des unbestimmten Begriffs des RSB und somit zur Erzielung größerer Rechtssicherheit geleistet. Die grundsätzliche Bedeutung dieses Instituts wurde jedoch nicht in Frage gestellt.

b. Rechtsprechung

Die Judikatur zum Rechtsschutzbedürfnis war ursprünglich von der Theorie des Rechtsschutzanspruchs beeinflusst, löste sich von ihr aber noch vor *Schönkes* Abhandlung. Sie lässt in repräsentativen Leitsätzen einen mehr moralisierenden Ton anklingen. „Niemand darf die Tätigkeit der Gerichte unnütz oder gar zu unlauteren Zwecken in Anspruch nehmen".[33] Die Klage darf keine „überflüssige Inanspruchnahme des Prozessgerichts und keine „unnötige Behelligung des Beklagten" enthalten. Relativ früh war das RG zu der Auffassung gelangt, es handle sich hierbei um eine Prozessvoraussetzung, obwohl das rechtliche Interesse eine Mittelstellung einnehme und „materielles Prozessrecht" sei. Dennoch ging das RG vielfach nicht so weit, die Klage folgerichtig mangels RSB als unzulässig abzuweisen.
In der Folgezeit übernahm die Rspr. weitgehend die wesentlichen Leitgedanken, die von der Prozessrechtswissenschaft zur Ausprägung des RSB ausgearbeitet worden waren. Die richterliche Rechtsfortbildung verdichtete diese Auslegungsgesichtspunkte zu ungeschriebenen Rechtssätzen und institutionalisierte auf diese Weise das RSB zu einer anerkannten Verfahrensvoraussetzung. Es gewann trotz seiner Schwächen zunehmend an Bedeutung und bildet heute als prozessuales Gewohnheitsrecht einen festen Bestandteil der alltäglichen juristischen Praxis.

[31] Auf diese Gefahr weist auch *Schumann* in: Stein/Jonas Vor § 253 ZPO Rnr. 101 hin.
[32] *Stephan* RSB S. 20
[33] RG Urteil v. 05.05.1937 - V 206/36 - RGZ 155, 72

II. Begriff des Rechtsschutzbedürfnisses bzw. Rechtsschutzinteresses

Der Begriff „Rechtsschutzbedürfnis" findet sich seit der Zeit seiner allgemeinen Anerkennung unter verschiedenen sprachlichen Abwandlungen wieder. Geläufig sind auch die Termini des Rechtsschutzinteresses oder des berechtigten bzw. rechtlichen Interesses. Während die beiden letzten Bezeichnungen ihre Anwendung etwa in der Zivilprozessordnung und Insolvenzordnung gefunden haben, hat sich v.a. in der Praxis der Begriff des Rechtsschutzbedürfnisses bzw. Rechtsschutzinteresses eingebürgert.
Zwar ergibt sich aus dem Wortsinn, dass ein Bedürfnis für Rechtsschutz nur der hat, für den der gerichtliche Rechtsschutz notwendig ist, während ein Interesse daran jeder haben kann, dessen Lage einen gerichtlichen Rechtsschutz zweckmäßig erscheinen lässt. Folgerichtig ist die allgemeine Prozessvoraussetzung des Rechtsschutzinteresses „weniger streng als das Rechtsschutzbedürfnis" und bietet einen größeren Interpretationsspielraum.[34]
Auch *Stephan*[35] hält den Begriff des RSB für angemessener. Bereits sprachlich sei die Beurteilung, ob ein „Bedürfnis" nach Rechtsschutz besteht, eher an objektiven als an subjektiven Kriterien zu messen. Dies erscheine in Hinblick auf die objektive Ordnungsfunktion des RSB sachgerechter als die Frage nach einem im Wesentlichen subjektiv zu verstehenden Interesses. Charakteristisch sei nämlich, dass trotz des persönlichen Interesses des Verfahrensführers staatliche Belange die Versagung des Rechtsschutzes rechtfertigen können.
Freilich ist diese Differenzierung - wie so manche terminologische Streitigkeit - letztlich nur tendenziell kennzeichnungskräftig, weil sowohl in die Bezeichnung des „Bedürfnisses" als auch des „Interesses" subjektive wie objektive Elemente hinein interpretiert werden können. Aus Gründen des sicheren terminologischen Umgangs mit der InsO (§ 14 Abs. 1 InsO) und des leichteren Verständnisses soll sich daher in dieser Arbeit an der vom Reformgesetzgeber getroffenen Regelung orientiert und ausschließlich der Begriff des Rechtsschutzinteresses (RSI) verwendet werden.

III. Dogmatische Grundlagen des Rechtsschutzinteresses

1. Rechtsschutzinteresse und Prozesszweck

Nach der Rechtsprechung des BGH soll einer Partei nur dann zivilgerichtlicher Rechtsschutz zustehen, wenn hierfür ein berechtigtes Interesse vorliegt.[36] Dem

---

[34] *Fasching* Rnr. 738
[35] *Stephan* a.a.O. S. 27
[36] Ständige Rspr., vgl. etwa BGH Urteil v. 14.12.1988 - VIII ZR 31/88 - NJW-RR 1989, 263 ff.

Rechtsschutzinteresse kommt somit die Funktion eines „Regulativs" zu.[37] Die sachgerechte Anwendung hilft solche Rechtsstreitigkeiten im Einzelfall zu unterbinden, die, gemessen am Prozesszweck, des Rechtsschutzes nicht bedürfen, d.h. wenn ein gesetzlich vorgesehenes Verfahren zur Verfolgung zweckwidriger, nicht schutzwürdiger Ziele ausgenutzt werden soll. Hier wird deutlich, dass die inhaltliche Bestimmung des Rechtsschutzinteresses eng mit der Grundauffassung über den Zweck des Prozesses verbunden ist und aus diesem heraus Reichweite und Grenzen des RSI zu bestimmen sind.
Schönke sah den Hauptzweck nicht in der Verwirklichung privater Interessen, sondern in der Bewährung der objektiven Rechtsordnung und der Wahrung des Rechtsfriedens.[38] Die Funktion der Durchsetzung subjektiver Rechte des Einzelnen sei nur ein Nebenzweck bzw. eine Folgeerscheinung.
Dieser primär an den Interessen der Allgemeinheit ausgerichteten Auffassung wurde zu Recht widersprochen. Insbesondere *Pohle*[39] wies darauf hin, dass die Aufgaben der Bewährung des objektiven Rechts und des Schutzes subjektiver Rechte zumindest in einem Gleichordnungsverhältnis zueinander bestehen. Da das objektive Recht subjektive Rechte gewähre, seien der Schutz des objektiven und subjektiven Rechts untrennbar miteinander verbunden. Der Zivilprozess müsse aus Gründen der Billigkeit dem Einzelnen als Ersatz für die verbotene Selbsthilfe zum Schutz der subjektiven Rechte gewährt werden.
Zuzugeben ist *Schönke*, dass die Bedeutung des Zivilprozesses für die Bewährung des objektiven Rechts und der Schaffung des Rechtsfriedens nicht unterschätzt werden darf. Diese Aufgabe wird jedoch gerade durch den Schutz subjektiver Rechte bewirkt, der Prozesszweck kann daher nicht vorwiegend in der Durchsetzung staatlicher Interessen gesehen werden. Nur wenn der einzelne Bürger sein Recht durchsetzen kann, ist das objektive Recht gewahrt. Der Staat hat den Bürgern daher umfassenden und ausreichenden Rechtsschutz zu gewähren. Diese Grundauffassung muss den Maßstab für die Reichweite des RSI bilden. Die Anwendung dieses Instituts darf in keinem Fall zu einer unangemessenen Beschränkung des verfassungsmäßig gewährleisteten Rechtsschutzes des Bürgers führen. Insofern gebietet sich eine äußerst restriktive Anwendung dieses Instituts, die vorschnelle Abweisung eines Rechtsschutzbegehrens wegen fehlenden RSI ist zu vermeiden.

2. Rechtsschutzinteresse und Verfahrensökonomie

Zur dogmatischen Herleitung des Rechtsschutzinteresses wurden Gesichtspunkte der Verfahrensökonomie herangezogen. Dies ergibt sich etwa aus der Formulierung, das RSI fehle, wenn ein speziellerer, billigerer oder einfacherer Weg zur gleich wirksamen Erreichung des erstrebten Ziels

---

[37] *Stephan* a.a.O. S. 24
[38] *Schönke* RSB S. 19; *ders.* AcP Bd. 150 (1949) S. 216 ff. (222)
[39] *Pohle* in: FS-Lent S. 195 ff. (198); so auch *Wieser* RSI S. 26 f.

vorhanden sei.[40] Bei der Prüfung dieser Sachentscheidungsvoraussetzung und der Würdigkeit des Rechtsschutzgesuchs wurde davon ausgegangen, das RSI bezwecke allein die Abschirmung des Gerichts vor Arbeitsüberlastung, die nicht im Interesse der Durchsetzung subjektiver Rechte nötig sei.[41]
Diese Ansicht muss als zu eng angesehen werden. Sicherlich hat die Abweisung mangels RSI oft einen prozessökonomischen Effekt und häufig dienen in Ermangelung sonstiger Kriterien prozesswirtschaftliche Überlegungen zur Begründung der im Ergebnis gewünschten Abweisungsentscheidung. Allerdings sind die durch zivilprozessuale Verfahren tangierten öffentlichen Interessen in erster Linie nicht wirtschaftlicher Natur, sondern haben den Rechtsfrieden zum Gegenstand.[42] Jedenfalls erscheint es unzutreffend, die Funktion des RSI allein auf die Erreichung von Prozesswirtschaftlichkeit zu reduzieren.[43] Vielmehr verbietet sich die Heranziehung prozessökonomischer Grundsätze, wenn es nicht um die Frage des Weges zu bestimmten Zielen, sondern um diese Ziele selbst geht.[44]

3. Rechtsschutzinteresse und der Grundsatz von Treu und Glauben (§ 242 BGB)

Über das Rechtsschutzinteresse findet auch die analoge Anwendung der Grundsätze von Treu und Glauben Zugang in den Zivilprozess.
Zunächst ist erkennbar, dass dem Zivilprozessrecht das Gebot redlichen Verhaltens im Prozess nicht unbekannt ist. Denn in der ZPO ist eine Reihe von Vorschriften enthalten, die in ihrem Bereich arglistiges oder sonstwie zu missbilligendes Verhalten der Parteien verbieten. So versucht der Gesetzgeber auf mannigfache Weise, dieses Gebot durchzusetzen. Genannt seien in diesem Zusammenhang z.B. die Wahrheitspflicht des § 138 ZPO, das Mutwilligkeitsverbot des § 114 ZPO sowie die Kostenfolge des § 93 ZPO.
Da die genannten Einzelvorschriften jedoch nicht alle denkbaren Fälle arglistigen Verhaltens erschöpfen und eine dem § 242 BGB vergleichbare Generalklausel im Prozessrecht fehlt, wendet die überwiegende Lehre und Rspr. den Grundsatz von Treu und Glauben im Prozessrecht analog an.[45] Die Möglichkeit der Analogie wird mit der Einheit der Rechtsordnung begründet.[46]
Im Bereich der Prozesshandlungen der Parteien entfaltet der Grundsatz von Treu und Glauben wiederum seine besondere Wirkung. Verstößt das Verhalten der Partei gegen Treu und Glauben, so muss es vom Gericht zurückgewiesen werden. Rechtswirkungen, die es ohne den Unrechtscharakter gehabt hätte, sind

---

[40] *Schönke* AcP Bd. 150 (1949) S. 216 ff. (229)
[41] *Stephan* RSB S. 19 Fn. 75 m.w.N.
[42] *Mummenhoff* ZZP Bd. 86 (1973) S. 293 ff. (303); kritisch auch *Fasching* Rnr. 743
[43] Zu den insolvenzspezifischen Schutzrichtungen des RSI s. unten Teil 2 II 1
[44] So zutreffend *Schumann* in: FS-Larenz S. 271 ff. (287)
[45] *Rosenberg/Schwab/Gottwald* ZPR Auflage § 2 IV
[46] *Hartmann* in: Baumbach/Lauterbach ZPO Einleitung III Rnr. 54

ihm zu versagen.[47] Allerdings muss der Grundsatz von Treu und Glauben im Zivilprozessrecht zurückhaltender als im materiellen Recht herangezogen werden, um einer gefährlichen Aufweichung des streng geordneten und formalisierten Verfahrensablaufs entgegen zu wirken.[48]
In diesem Zusammenhang kommt dem Regulativ des Rechtsschutzinteresses die Aufgabe zu, neben den Rechtspflegeinteressen des Rechtsschutz gewährenden Staates gleichermaßen den Grundsatz von Treu und Glauben im Verfahrensrecht (§ 242 BGB analog) zu wahren.[49] Denn es orientiert sich am Prozesszweck, welcher sich nach zutreffender Ansicht nicht auf die Bewährung des objektiven Rechts beschränkt, sondern zugleich die Bewährung der subjektiven Rechte von Rechtsschutzsuchendem und Rechtsschutzgegner beinhaltet.[50] Dem entsprechend beschränkt sich auch das Rechtsschutzinteresse nicht auf das Verhältnis zwischen Rechtsschutzsuchendem und Staat,[51] sondern dient im Interesse einer einheitlichen Rechts- und Friedensordnung weiter dazu, um auch im Verfahrensrecht die missbräuchliche Rechtsausübung zwischen den Prozessparteien auszuschließen. Schließlich gehen Erwägungen zum Schutz der gegnerischen Prozesspartei häufig mit solchen zum Schutz des Staates und seiner Kapazitäten einher. Liegt ein Missbrauch von Prozessbefugnissen vor, so schließt dieser Verstoß regelmäßig inzidenter auch eine gegen den Prozessgegner gerichtete Unredlichkeit mit ein. Umgekehrt bringt jedoch die missbräuchliche Verletzung der Belange des Prozessgegners nicht stets die missbräuchliche Verletzung überindividueller Schutzgüter mit sich.
Soweit mittels Rechtsschutzinteresses die Ausübung von Verfahrens-rechten zu Lasten des Prozessgegners sanktioniert wird, die gemessen am jeweiligen Verfahrenszweck als missbräuchlich zu erachten ist, werden potentielle Abgrenzungsprobleme zum analog angewandten Grundsatz von Treu und Glauben im Prozessrecht vermieden.

---

[47] *Rosenberg/Schwab/Gottwald* ZPR § 65 VII
[48] *Leipold* in: Stein/Jonas vor § 128 Rnr. 231; *Lüke* in: MüKo-ZPO Bd. 1 Einl. Rnr. 32 f.
[49] *Kahlke* ZZP Bd. 94 (1981) S. 423 ff. (440); *Unger* KTS 1962 S. 205 ff. (206)
[50] *Pohle* in: FS-Lent S. 195 ff. (198)
[51] So wohl *Lüke* in MüKo-ZPO Bd. 1 vor § 253 Rnr. 10 („...in erster Linie“...)

IV. Abgrenzung zu verwandten prozessualen Rechtsinstituten

In der gebotenen Kürze sollen nun solche prozessualen Institute dargestellt werden, die mit dem Begriff des Rechtsschutzinteresses verwandt, wenn auch nicht gleichen Inhalts sind und oft in die Lehre vom Rechtsschutzinteresse mit eingebracht werden.

1. Prozessuale Überholung und Gegenstandslosigkeit

Von prozessualer Überholung wird gesprochen, wenn im laufenden Verfahren vor der gerichtlichen Entscheidung eine Gegenstandslosigkeit eingetreten ist, d.h. die prozessuale Situation, für die Abhilfe gesucht wird, zu bestehen aufgehört hat und sich der Prozess somit in einer Lage befindet, in welchem die Prozesshandlungen nicht mehr den Erfolg herbeiführen können, den sie sonst erreicht hätten.[52]
Vom Rechtsschutzinteresse ist der Grundsatz der prozessualen Überholung insofern zu unterscheiden, als er lediglich einen Zustand umschreibt, der aufgrund nachträglicher, also zeitlich nach Erhebung des Rechtsschutzgesuchs eingetretener Umstände entstanden ist. Anders als das RSI ist dieser Zustand nicht selbst der Grund für den Wegfall der Prozesslage. Mit dem nachträglichen Eintritt von Ereignissen, die zur Gegenstandslosigkeit eines Verfahrens führen, liegt vielmehr eine auf die Hauptsache, den Streitgegenstand, bezogene außergerichtliche Erledigung vor. Insofern handelt es sich jedoch nicht um ein Problem des Prozeßbeginns, sondern der Prozessbeendigung, die der veränderten materiellen Rechtslage angemessen ist.[53]

2. Beschwer

Nach ständiger Rechtsprechung setzt die Zulässigkeit eines Rechtsmittels eine Beschwer des Rechtsmittelführers voraus sowie das Bestreben, mit dem Rechtsmittel eben diesen Nachteil zu beseitigen. Soweit in Entscheidungen Formulierungen anzutreffen sind, das Erfordernis der Beschwer solle nur vorliegen, wenn ein Rechtsschutzbedürfnis an der Rechtsmitteleröffnung im Sinne eines schutzwürdigen Interesses an der erstrebten Entscheidung bestehe, so wird deutlich, dass die Institute häufig unsauber miteinander vermengt werden und der Eindruck einer Identität zwischen der „Beschwer" und dem „Rechtsschutzinteresse" erweckt wird.
Dabei ist zu betonen, dass die Beschwer ihren festen Standort in der Lehre von den Rechtsmitteln hat und ihr somit aufgrund der verschiedenartigen Aufgabenstellung im Verhältnis zum RSI eigenständige Bedeutung zukommt. Ist für das Kriterium der - formellen - Beschwer ausschließlich der rechtskraft-

---

[52] Vgl. *Schumann* in: *Stein/Jonas* Einleitung Rnr. 90; *ders.* § 575 Rnr. 2 ff. m.w.N.
[53] Ähnlich *Stephan* a.a.O. S. 73; *Pohle* a.a.O. S. 231 f.

fähige Inhalt der Entscheidung maßgeblich,[54] so geht das RSI weiter, indem es auch sonstiges relevantes, nachinstanzielles Streitverhalten des Rechtsmittelführers kritisch erfasst und in die Prüfung der Zulässigkeit des Rechtsmittels mit einstellt.
Überschneidungen in der Zielsetzung beider Institute lassen sich freilich nicht leugnen. Sie resultieren aus dem gemeinsamen Gedanken, dass die Ausübung einer prozessualen Befugnis nur zur Interessenförderung zulässig sein soll;[55] in der Regel kann deshalb bei Vorliegen der Beschwer auf das RSI geschlossen werden.[56] Dennoch ist aufgrund der funktionellen Selbständigkeit der Beschwer die strikte Trennung beider Zulässigkeitsvoraussetzungen zu beachten. Mit *Bettermann* bleibt folglich festzuhalten, dass die Regel „ohne Beschwer kein RSI“ sich nicht umkehren lässt in „bei Beschwer stets RSI“.[57]

3. Institutioneller und individueller Rechtsmissbrauch

Schranken der Rechtsausübung können sich allgemein aus der Wahrung von Treu und Glauben ergeben. Dieser Grundsatz umfasst nach der materiellrechtlichen (Schuld-)Rechtslehre auch den Gedanken des institutionellen und individuellen Rechtsmissbrauchs.
Der institutionelle Rechtsmissbrauch folgt daraus, dass jede Rechtsstellung durch immanente Schranken bestimmt wird, die sich aus dem Zweck der Rechtsstellung ergeben. Eine zweckwidrige Verwendung des Rechts, auch wenn es dem Inhaber formal zusteht, ist in Wahrheit Handeln außerhalb dieses Rechts und damit von dem Recht nicht mehr gedeckt. Bewegt sich die Rechtsausübung mithin außerhalb des Rahmens, den der Zweck des jeweiligen Rechtsinstituts setzt, so liegt ein institutioneller Rechtsmissbrauch vor, das zweckwidrige Handeln ist unzulässig.[58] Zur Bestimmung des institutionellen Missbrauchs prozessualer Befugnisse wurden im Wesentlichen drei Tatbestandsgruppen gebildet. So soll ein Missbrauch vorliegen, wenn 1. die Befugnisausübung rechtspolitisch unerwünschte Erfolge verursacht, 2. durch die Ausübung der Befugnis Interessen nicht gefördert werden oder 3. Gesetzes- und Parteizweck in rechtlich zu missbilligender Weise divergieren.[59]
Ein individueller Rechtsmissbrauch liegt vor, wenn sich der Gläubiger zwar im Rahmen des Norm- oder Institutszwecks bewegt, er aber die Interessen des Partners verletzt, indem er seine Rechtsstellung innerhalb einer Sonder-

---

[54] So wird die Beschwer von *Kahlke* (in ZZP Bd. 94 (1981) S. 423 ff. (429)) als „statisches“ Rechtsinstitut bezeichnet.
[55] *Zeiss* Die arglistige Prozeßpartei, S. 167
[56] BGH Urteil v. 3.11.1971 - IV ZR 26/70 - BGHZ 57, 225; *Böhm* (öJBl. 1974, S. 1 ff. (7)) spricht denn auch von der Beschwer als besonderer Form des RSI im Rechtsmittelstadium.
[57] *Bettermann* ZZP Bd. 82 (1969) S. 24 ff. (28)
[58] Dazu *Esser/Schmidt* SchuldR § 10 III; *Larenz/Wolf* AT § 16 Rnr. 25 ff.; *Zeiss* Die arglistige Prozeßpartei S. 150 ff.; *Teichmann* in: Soergel § 242 BGB Rnr. 14 ff.
[59] *Zeiss* Die arglistige Prozeßpartei S. 156

beziehung ohne schutzwürdiges Eigeninteresse geltend macht. Hierzu gehört insbesondere, dass er sich zu seinem vorherigen Verhalten, auf dessen Beibehaltung der Schuldner vertrauen durfte, in Widerspruch setzt (venire contra factum proprium).[60]
Diese im materiellen Recht wurzelnden Teilaspekte des Grundsatzes von Treu und Glauben auf das Zivilprozessrecht zu übertragen steht - trotz der analogen Anwendung des § 242 BGB - entgegen, dass dieser Bestimmung, also auch dem allgemeinen Missbrauchsverbot eine Auffangfunktion zukommt. Bevor darauf zurückgegriffen werden kann, gilt es, den eigentlichen prozessualen Normenkomplex auszuschöpfen.[61] Können folglich Fälle missbräuchlicher Ausübung prozessualer Befugnisse mit dem Institut des RSI ausgeschlossen werden, so ist für die Anwendung der Grundsätze zum institutionellen bzw. individuellen Rechtsmissbrauch kein Raum. Aufgrund ihrer ähnlichen Zielrichtung[62] liefern sie jedoch wertvolle Hinweise für die Missbrauchskontrolle mittels des Rechtsschutzinteresses und können auf diese Weise mit berücksichtigt werden.

4. Prozessuale Verwirkung

Teilweise wird angenommen, das RSI fehle ausnahmsweise, wenn ein Fall prozessualer Verwirkung vorliege;[63] dieser Zusammenhang ist zutreffend, bedarf jedoch weiterer Erläuterung.
In der Verwirkung prozessualer Befugnisse wird ein Unterfall rechtsmissbräuchlichen widersprüchlichen Verhaltens (venire contra factum proprium) gesehen, der durch das Element eines längeren Zeitablaufes und der Schaffung eines Vertrauenstatbestandes beim Gegner geprägt ist.[64] Da jede prozessuale Befugnis durch den Grundsatz von Treu und Glauben inhaltlich beschränkt ist,[65] muss eine Partei bei der Ausübung ihrer Befugnisse auf die Belange des Gegners Rücksicht nehmen. Dazu gehört die rechtzeitige Geltendmachung von Rechten, wenn besondere Umstände das Vertrauen des Gegners in die Abstandnahme von diesen Befugnissen erwecken.
Die Verwirkung stellt keinen eigenständigen Unzulässigkeitsgrund dar, sondern führt zur Unzulässigkeit der Prozesshandlung aufgrund unzulässiger Rechtsausübung. Abgrenzungsschwierigkeiten ergeben sich nun daraus, dass auch bei der Bestimmung der Verwirkung eine Abwägung zwischen den Interessen des Verfahrensführers an der Gewährung des Rechtsschutzes und dem Vertrauensschutz des Prozessgegners stattfindet, inhaltlich also teilweise

---

[60] Dazu *Teichmann* JA 1985 S. 497 ff.
[61] *Teichmann* in: Soergel § 242 BGB Rnr. 84 f.
[62] Auf die weitgehende Identität des institutionellen Mißbrauchs des bürgerlichen Rechts mit dem RSI im Prozeßrecht weist auch *Zeiss* (Die arglistige Prozeßpartei S. 161 Fn. 70) hin.
[63] *Gummer* in: Zöller § 567 ZPO Rnr. 9
[64] *Baumgärtel* ZZP Bd. 67 (1954) S. 423 ff. (426)
[65] Vgl. *Rosenberg/Schwab/Gottwald* ZPR § 65 VII

gleiche Gesichtspunkte wie bei der Prüfung des RSI einzustellen sind. Die Grenzen zwischen den beiden Instituten verlaufen also fließend. Andererseits liegt mit dem RSI bereits ein Institut vor, um solche Rechtsstreitigkeiten, zu unterbinden, die aufgrund ihres zweckwidrigen Charakters eines Rechtsschutzes nicht bedürfen. Eine Erfassung dieser Fälle unter dem Begriff des RSI erscheint somit sachgerecht und vorzugswürdig, schon um die Schwierigkeiten eines zusätzlichen Unzulässigkeitsgrundes der „Verwirkung“ zu vermeiden.[66]

V. Prüfung des Rechtsschutzinteresses von Amts wegen

Ausgehend von der These, dass der Zivilprozess individuellen Rechtsschutz nur im Rahmen der Gemeinschaft gewährt, wird bereits deutlich, dass das einschränkende Zulässigkeitskriterium des RSI nicht allein die Funktion hat, den Einzelnen vor unredlicher, übermäßiger Inanspruchnahme eines anderen vor Gericht zu schützen. Auch die Gerichte werden durch das RSI vor Belastungen durch ungerechtfertigte Klagen oder Anträge geschützt, die zu einer unnötigen Bindung der Justizkapazitäten und zu einer Verzögerung des gesamten Justizablaufes führen würden. Dadurch werden mittelbar auch alle sonstigen, auf gerichtlichen Rechtsschutz angewiesenen Bürger geschützt, die anderenfalls unter der verzögerten Bearbeitung ihrer Rechtssache zu leiden hätten.[67]

Bereits aus diesem Grund kann es nicht allein von dem Verhalten des Beklagten abhängen, ob und wieweit das Rechtsschutzgesuch des Einzelnen vom Gericht auf ihr rechtliches Interesse hin untersucht wird. Das RSI ist als Sachurteilsvoraussetzung unverzichtbares Erfordernis jeder Rechtsverfolgung und unterliegt in keiner Weise der Dispositionsgewalt der Prozessbeteiligten. Es muss daher nicht erst auf Antrag oder Einrede hin beachtet werden. Das Gericht darf nicht etwa warten, bis der Beklagte einen Mangel im RSI rügt; entsprechend darf das RSI nicht ungeprüft unterstellt werden, wenn der Beklagte dessen Vorhandensein anerkennt oder die Parteien sich in sonstiger Weise darüber einig sind.[68] Das Gericht hat nach dem Grundsatz der amtswegigen Prüfung von sich aus zu erwägen, ob die Erfordernisse des Rechtsschutzinteresses vorliegen.[69]

Amtsprüfung bedeutet allerdings nicht Amtsermittlung der Tatsachen und Erforschung der Wahrheit wie bei der Untersuchungsmaxime. Der Richter ist nicht verpflichtet, von Amts wegen die streitigen Umstände zu ermitteln, so etwa nach Tatsachen zu forschen, aus denen sich das Fehlen des rechtlichen Interesses ergeben könnte.[70] Es verbleibt vielmehr beim Beibringungsgrundsatz,

---

[66] *Baumgärtel* a.a.O. S. 423 ff. (448)

[67] *Wieser* RSI S. 225; zu den spezifischen Schutzrichtungen des RSI im Insolvenzeröffnungsverfahren unten Teil 2 I 3

[68] Vgl. BGH Urteil v. 13.4.1989 - IX ZR 148/88 - NJW 1990, 122 (123)

[69] Vgl. *Hartmann* in: Baumbach/Lauterbach Grdz § 253 ZPO Rnr. 34

[70] *Schönke* RSB S. 17

wonach die Beweiserhebung einen Beweisantrag der beweisbelasteten Partei voraussetzt und die Unaufklärbarkeit rechtlich relevanter Tatsachen zur Abweisung des Antrags führt.[71]
Als weitere Konsequenz des Amtsprüfungsgrundsatzes ist das Gericht nicht gehindert, auch Tatsachen zu berücksichtigen, die ihm nicht durch den Vortrag einer Partei bekannt geworden sind, sondern durch frühere gerichtliche Tätigkeit, Mitteilungen von Behörden, Zeugen, Sachverständigen oder auf sonstige Weise.[72]

[71] *Greger* in: Zöller Vor § 284 ZPO Rnr. 2
[72] *Wieser* RSI S. 227

Teil 2: Das Rechtsschutzinteresse beim Antrag auf Eröffnung des Insolvenzverfahrens

I. Entwicklung

In seinen grundlegenden Arbeiten zum Rechtsschutzinteresse ging *Schönke* davon aus, dieses sei nicht nur bei Klagen und ihnen verwandten Rechtsschutzbegehren, sondern bei allen Prozeßhandlungen zu prüfen, die auf die Erfüllung des Prozeßzwecks abzielten, also die Bewährung des objektiven Rechts und Wahrung des Rechtsfriedens durch Gewährung von Rechtsschutz bezweckten.[73] Aufgrund dieser Lehre wurde schon früh die Erforderlichkeit des rechtlichen Interesses als Zulässigkeitsvoraussetzung eines jeden zivilprozessualen Verfahrens anerkannt.

1. Anwendung der Vorschriften und Rechtsgrundsätze der ZPO auf den Konkurseröffnungsantrag

Obwohl dieses Kriterium vom Gesetz nicht ausdrücklich gefordert wurde, galt dies auch für den Antrag auf Eröffnung des Konkursverfahrens.[74] Dieser stellt ein Rechtsgesuch zur Durchführung eines Liquidationsverfahrens über das gesamte Vermögen einer Person dar, die Verbindlichkeiten in einem Umfang hat, die durch ihr Vermögen nicht abgedeckt werden. Der Antragsteller (Gläubiger oder Schuldner) bezweckt die Eröffnung eines einheitlichen Verfahrens mit dem Ziel einer anteilsmäßigen Befriedigung der Gläubigergemeinschaft unter Ausschluss bevorzugter Befriedigung einzelner Gläubiger. Der Konkursantrag dient somit der Erlangung von Rechtsschutz unter Inanspruchnahme des staatlichen Rechtspflegemonopols.[75] So verwies *Böhle-Stamschräder* darauf, jedem Rechtsschutzgesuch, das auf ein Tätigwerden des Gerichts abziele, sei ein schutzwürdiges Interesse abzuverlangen, dass das Gericht sich in den von ihm erbetenen Verfahren seiner Belange annehme. Der Staat gewähre nur demjenigen seine Entscheidungs- und Zwangsgewalt, der ein ausreichendes Interesse an der Inanspruchnahme der staatlichen Machtmittel in der gewählten Form zum Zwecke der Verwirklichung seines Rechts habe. Dies müsse angesichts der Tragweite des Konkurses auch und gerade für den Antrag auf Eröffnung dieses Verfahrens gelten.[76] Die

---

[73] S. *Unger* KTS 1962, 205 ff., 206

[74] Einhellige Meinung, s. etwa *Jaeger* KuT 1936 S. 81 ff. (82); *Jaeger/Weber* § 103 KO Rnr. 6; *Schönke* a.a.O. S. 93; OLG Schleswig Holstein Beschl. v. 22.06.1950 - 2 W 259/50 - NJW 1951, 119 (m. Anm. *Böhle-Stamschräder*); OLG Oldenburg Beschl. v. 10.11.1964 - 2 W 115/64 - KTS 1965, 175

[75] *Uhlenbruck* in: Gottwald (1. Auflage 1990) § 7 Rnr. 1; *W. Delhaes* Insolvenzantrag S. 36 f.

[76] *Böhle-Stamschräder* a.a.O.

Rechtsgrundlage für die Prüfung des Rechtsschutzinteresses wurde in § 72 KO[77] gesehen, wonach grundsätzlich die geschriebenen Bestimmungen der ZPO, aber auch deren allgemeine Grundsätze, insbesondere das Erfordernis des Rechtsschutzinteresses, im Konkursverfahrensrecht Anwendung fanden.
Ungeachtet der streitigen Frage, ob das Konkursverfahren als echte Zwangsvollstreckung, als ein der Freiwilligen Gerichtsbarkeit angenähertes Verfahren[78] oder als Unterfall rechtsgestaltender Schiedsgerichtsbarkeit einzuordnen ist, bestand demnach bereits unter der Geltung der KO kein Zweifel daran, dass wie bei jeder Art von Rechtsschutzgewährung auch bei der Einleitung des Konkursverfahrens das Vorliegen eines RSI zu prüfen war. Insbesondere rechtsmissbräuchlich gestellte Konkurseröffnungsanträge sollten durch mangels Rechtsschutzinteresse abgewiesen werden können.

2. Die Rechtslage beim Insolvenzeröffnungsantrag

Unentschieden ist heute wie damals die Zuordnung des Insolvenzverfahrens zu streitiger oder freiwilliger Gerichtsbarkeit.[79] Auch in der am 1.1.1999 in Kraft getretenen Insolvenzordnung hat der Gesetzgeber dazu nicht ausdrücklich Stellung genommen. Lässt sich in § 4 InsO, ebenso wie im inhaltsgleichen § 72 KO, die Tendenz des Gesetzgebers erkennen, das Insolvenzverfahren der streitigen Gerichtsbarkeit zuzuordnen, so sind etwa in Hinblick auf das Eigenantragsrecht des Schuldners[80] Zweifel an der Richtigkeit dieser Einteilung angebracht. Darauf kommt es für die Behandlung des RSI im Insolvenzeröffnungsverfahren jedoch nicht weiter an.
Entscheidend ist vielmehr, dass die rechtliche Behandlung des RSI, die bereits unter der Geltung der KO praktiziert wurde, sich nun positiv-rechtlich in § 14 Abs. 1 InsO für den Gläubigerantrag niedergeschlagen hat. Ein Rückgriff auf die allgemeinen Grundsätze der ZPO über die Verweisungsnorm des § 4 InsO ist deshalb zumindest für den Gläubigerantrag nicht mehr nötig.
Die besondere Erwähnung des rechtlichen Interesses im Gesetz bedeutet für das Insolvenzgericht, dass es das RSI nunmehr von Amts wegen zu prüfen hat.[81] Klarstellend sei an dieser Stelle erwähnt, dass auch weiterhin um kein „besonderes" RSI im Sinne eines über das allgemeine Befriedigungsinteresse des Gläubigers hinausgehenden, besonders schützenswerten Interesses des Antragstellers geht, das sich etwa aufgrund von Forderungshöhe, speziellen

---

[77] Entspricht § 4 InsO

[78] So etwa *Berges* KTS 1960 S. 1 ff. (3 f.); *Bötticher* in: FS-Lent S. 89 ff.

[79] Zum Insolvenzverfahren als Ausfluß der freiwilligen Gerichtsbarkeit etwa *Wagner* § 1 InsO Rnr. 3 ff.; *Smid* Grundzüge § 1 Rnr. 40 ff.; *Smid* NJW 1994 S. 2678 ff. (2679)

[80] Beim Eigenantrag besteht die Möglichkeit eines „streitigen" Verfahrens gar nicht, weil kein unmittelbarer Antragsgegner im Eröffnungsverfahren vorhanden ist. S. dazu *W. Delhaes* Insolvenzantrag S. 40; weitergehend *Smid* NJW 1994 S. 2678; *Wagner* § 1 InsO Rnr. 1 ff.

[81] *Braun/Uhlenbruck* S. 222; *Uhlenbruck* in: Gottwald § 12 Rnr. 9; *Mönning* in: Nerlich/Römermann § 14 InsO Rnr. 12

Beeinträchtigungen durch den Schuldner o.ä. ergeben könnte.[82] Vielmehr ist es inhaltlich identisch mit dem allgemeinen RSI, das bereits beim Konkurseröffnungsantrag gefordert wurde und im allgemeinen mit der Glaubhaftmachung der Gläubigerforderung indiziert wird.
Nach der Amtlichen Begründung[83] soll diese Normierung die missbräuchliche Antragstellung ausschließen, folglich überwiegend den bisherigen Zweck erfüllen. Andererseits soll dadurch ein Korrektiv geschaffen werden, um die durch § 38 InsO erfolgte Erweiterung des Antragsrechts auf jeden Gläubiger einzuschränken.[84]
Durch die ausdrückliche Festlegung des RSI als Verfahrensvoraussetzung in der InsO werden sich in der praktischen Anwendung keine grundlegenden Änderungen einstellen. Bestehen Zweifel in der Auslegung, die mit Rückgriffen auf Regierungsentwurf, Stellungnahmen von Rechtsausschuss und Bundesrat im Verlaufe des Gesetzgebungsverfahrens nicht ausgeräumt werden können, so kann die Rechtsprechung und Literatur zur KO herangezogen werden. Deshalb ist anzunehmen, dass neben sich neu ergebenden Streitfragen die umfängliche und detaillierte Kasuistik, aber auch die zahlreichen Unstimmigkeiten in Wissenschaft und Rechtsprechung in diesem Bereich weiterhin relevant bleiben werden.[85] Allerdings müssen dabei die maßgeblichen Reformziele berücksichtigt werden, was ggf. eine Modifizierung der Auffassungen erfordert, die zum bisherigen Recht vertreten wurden.[86]
Bemerkenswert ist insoweit, das die Kodifizierung des Rechtsschutzinteresses allein auf den Insolvenzeröffnungsantrag des Gläubigers beschränkt geblieben ist. Das Fehlen gesetzlicher Vorgaben für den Eigenantrag des Schuldners[87] ist vor allem deswegen unbefriedigend, weil der Gesetzgeber dem Insolvenzgericht explizit kein Instrument zur Missbrauchskontrolle bei Eigenanträgen eingeräumt hat, obwohl dies sachlich erforderlich erscheint. Denn Fälle von Missbrauch sind durchaus auch bei der Stellung von Insolvenzanträgen durch den Schuldner möglich und bekannt. Daher muss geklärt werden, ob insoweit über § 4 InsO eine entsprechende Prüfung des RSI beim Schuldnerantrag zulässig ist. Auf diese Problematik wird an späterer Stelle zurückzukommen sein.[88]

---

[82] Dem Erfordernis eines „besonderen" Rechtsschutzinteresses wurde bereits unter der Geltung der KO eine Absage erteilt; s. dazu *Uhlenbruck* AnwBeratung S. 93 und *W. Delhaes* Insolvenzantrag S. 83

[83] BT-Drs. 12/2443, S. 113 „zu § 16" und „zu § 15"; *Schmidt-Räntsch* Teil 2 § 13 Rnr. 2, § 14 Rnr. 2

[84] S. dazu unten „Rechtsschutzinteresse Aussonderungsberechtigter?" Teil 4 II 5

[85] So auch *Schmerbach* in: FK-InsO § 14 Rnr. 28

[86] *Goetsch* in: BK-InsO § 1 Rnr. 26

[87] S. dazu *Pape* in: Kübler/Prütting § 13 InsO Rnr. 2, 11

[88] S. dazu unten Teil 6

II. Inhaltliche Aspekte des Rechtsschutzinteresses im Insolvenzeröffnungsverfahren

1. Die Schutzrichtungen des Rechtsschutzinteresses beim Insolvenzeröffnungsantrag

Betrachtet man die facettenreiche Kasuistik zum Rechtsschutzinteresse beim Insolvenzeröffnungsantrag, so ist festzustellen, dass dieses Kriterium für die unterschiedlichsten Problemfelder herangezogen wird. So werden materiell-rechtliche Probleme ebenso unter dem Merkmal „fehlendes RSI“ diskutiert und mittels diesem zu lösen versucht wie formelle Probleme, die besser mittels anderer Antragsvoraussetzungen geklärt würden. Wohl in Ermangelung eines rechts-systematischen Unterbaus des Rechtsschutzinteresses muss festgestellt werden, dass die Wissenschaft der Rechtsprechung für die Bestimmung des RSI weitgehend das Feld überlassen hat. Gleichwohl sind unter den bislang gebildeten Fallgruppen einige zu finden, die in der insolvenzrechtlichen Literatur zu Recht auf Widerspruch gestoßen sind. Um bestehende Unklarheiten zu beseitigen, erscheint es daher angebracht, vor der inhaltlichen Erörterung der einzelnen Fallgruppen den abstrakten Inhalt des RSI beim Insolvenzeröffnungsantrag näher zu bestimmen. Von besonderer Bedeutung ist dabei, die spezifischen Schutzrichtungen des RSI herauszuarbeiten, also dessen Aufgabenbereich im Insolvenzeröffnungsverfahren festzulegen. Die auf diese Weise gewonnenen Erkenntnisse können dann im weiteren Verlauf der Arbeit als Orientierung zur Lösung konkreter Streitfelder herangezogen werden.

a. Spezifische Schutzrichtungen einzelner Rechtsschutzverfahren als Kriterien für die Bestimmung des Rechtsschutzinteresses

Schon seit seinen Anfängen war das RSI eng an den Zweck des Prozesses gekoppelt. Aus dieser Koppelung ergibt sich wohl auch die besondere Dynamik des RSI-Begriffs, die im Laufe der Jahrzehnte zu beobachten war.[89]
Da das Rechtsschutzinteresse letztlich zu einer Einschränkung der Rechtsschutzgewährung führt und damit einem Zweck „zweiten Ranges“ dient,[90] muss im Interesse des jeweiligen vom Gesetzgeber zur Verfügung gestellten Rechtsschutzverfahrens eine beschränkende Inhaltsbestimmung des RSI vorgenommen werden, die seinem Ausnahmecharakter Rechnung trägt. Für die hinreichend präzise Inhaltsbestimmung, die ihrerseits Voraussetzung für eine Überprüfung der verschiedenen unter den Oberbegriff „Fehlen des Rechtsschutz-interesses“ subsumierten Fallgruppen ist, muss nicht nur nach dem Zweck des Prozesses im Allgemeinen, sondern weitergehend nach dem Zweck des jeweiligen Verfahrens im Besonderen gefragt werden. Denn die Einordnung von Problemfällen als Fälle fehlenden RSI muss sich an den

---

[89] S. dazu bereits oben „Entwicklung des Rechtsschutzinteresses“ Teil 1 I
[90] *Pohle* in: FS-Lent S. 195 ff. (204)

spezifischen Zielen des jeweiligen Verfahrens orientieren. So finden sich etwa im Straf- oder Verwaltungsprozess zwangsläufig inhaltlich andere, verfahrensspezifische Kriterien des Rechtsschutzinteresses als im Zivilprozess oder Insolvenzverfahren.

b. Allgemeine Schutzrichtungen des Rechtsschutzinteresses

Auf die Zwecke des RSI im Allgemeinen wurde bereits oben eingegangen. Wenn sie an dieser Stelle thesenartig zusammengefasst werden, so geschieht das unter Bezugnahme auf obige Ausführungen.
Zurückgehend auf den Ansatz *Schönkes* wird die Aufgabe des Rechtsschutzinteresses allgemein dahingehend bestimmt, dass die Gerichte nur tätig werden sollen, wenn der Kläger ein Bedürfnis nach Rechtsschutz hat. Dies basiert auf der Grundthese *Schönkes*, wonach der Einzelne Zeit und Kräfte der staatlichen Gerichte nur dann und nur insoweit in Anspruch nehmen darf, wenn und soweit für ihn ein Bedürfnis nach Rechtsschutz besteht. Davon ausgehend wurden von ihm drei Hauptgruppen herausgearbeitet, in denen das RSI fehlen sollte: Fälle, in denen bereits Rechtsschutz gewährt wurde, in denen der Rechtsschutz kraft Gesetzes oder zufolge Parteienvereinbarung ausgeschlossen wurde oder die gewählte Rechtsschutzform zu unökonomisch, zweckentfremdet oder von vornherein aussichtslos ist. Auch wenn die Prozessrechtswissenschaft in der Folge den Individualrechtsschutz als der Bewährung des objektiven Rechts ebenbürtigen Hauptzweck des Prozesses anerkannte, lassen diese Hauptgruppen erkennen, dass das RSI im wesentlichen noch immer dem Ziel der Vermeidung von unnötigen Belastungen für die Gerichte untergeordnet wird.

c. Spezifische Schutzrichtungen des Rechtsschutzinteresses im Insolvenzeröffnungsverfahren

Gegenüber den Aufgaben des RSI im Allgemeinen ergibt sich aus den besonderen Strukturen, Interessenlagen und Wirkungen des Insolvenzrechts als Gemeinschaftsrecht, dass das Rechtsschutzinteresse im Insolvenzeröffnungsverfahren weitergehende Schutzrichtungen verfolgt. Diese Schutzrichtungen bilden den spezifischen Inhalt des RSI beim Insolvenzeröffnungsantrag. Sie bieten als übergeordnete Kriterien Maßstab und Orientierung für die zutreffende Einordnung der jeweiligen Problematik, anhand derer in einem nächsten Schritt die in der Insolvenzpraxis der letzten Jahrzehnte erfolgte Bildung von Fallgruppen gemessen, überprüft und gegebenenfalls korrigiert werden muss. Darüber hinaus können sie der Praxis Hilfestellung für die künftige Prüfung neuer, sich aus der Insolvenzordnung ergebender Problemfälle bieten.

Bei der Konkretisierung der spezifischen Schutzrichtungen des RSI im Insolvenzeröffnungsverfahren erscheint die Bildung von zwei Hauptgruppen (private Belange, öffentliche Belange) als hilfreich. Sie dienen zu einer

Systematisierung der Materie und lassen die Bildung weiterer Untergruppen zu. Freilich sind im Rahmen der gemischten Interessenlagen des jeweiligen Einzelfalles in der Regel mehrere Schutzrichtungen gleichzeitig betroffen, so dass eine Trennung in der Praxis nur eingeschränkt möglich ist. Auch kann hier die umstrittene Frage dahingestellt bleiben, ob zur Inhaltsbestimmung des RSI nur eine dieser Schutzrichtungen in Betracht kommt oder ob eine von ihnen wenigstens den Vorrang hat.[91]

Dabei ist stets zu vergegenwärtigen, dass mit dem RSI keine eigenen einschränkenden Eröffnungsvoraussetzungen aufgestellt werden können.[92] Vielmehr muss Aufgabe des RSI sein, den Zwecken des Insolvenzverfahrens zu dienen und deren Erreichung zu fördern. Eine Kollision zwischen vermeintlich fehlendem RSI und der Erreichung der Liquidations- bzw. Sanierungsaufgabe des Insolvenzverfahrens muss bei Vorliegen der übrigen Antragsvoraussetzungen im Zweifel zugunsten der Erreichung des Verfahrenszwecks aufgelöst werden. Daraus ergibt sich, dass die Ziele des Insolvenzverfahrens und des Rechtsschutzinteresses im Insolvenzeröffnungsverfahren weitgehend übereinstimmen und sich gegenseitig bedingen. So zeigt insbesondere die Vorschrift des § 1 InsO nicht nur die Ziele des Insolvenzverfahrens auf, sondern legt gleichzeitig Grenzen der Verfolgung der Ziele einzelner Verfahrensbeteiligter fest, wie etwa gegenüber einem Missbrauch des Verfahrens oder der Verfolgung staatlicher Zwecke.[93] Auch bleibt die Eleminierung erfolgloser Schuldner aus dem kaufmännischen Wettbewerb weiterhin eine Hauptaufgabe des Insolvenzrechts[94] und bildet mit den Bestrebungen der InsO, sanierungsfähige Unternehmen zu erhalten, eine im Grundsatz widerspruchsfreie Einheit. Zur Bestimmung des Zwecks des RSI ist also stets auf die Verfahrensziele der InsO zu rekurieren, da diese wesentliche Rückschlüsse auf den vom Gesetzgeber gezogenen Rahmen der Rechtsschutzgewährung zulassen. Denn Zweck des rechtlichen Interesses im Insolvenzrecht muss immer sein, dass die gesetzlich vorgegebenen Zwecke des Insolvenzverfahrens verwirklicht werden. Besondere Bedeutung kommt dabei der par condicio creditorum, dem Zusammenschluss verschiedenster Gläubigergruppen zum Zwecke der gemeinsamen anteilsmäßigen Befriedigung zu.

---

[91] Vgl. dazu *Wieser* RSI S. 30 m.w.N.

[92] *Häsemeyer* InsR Rnr. 7.08

[93] So zutreffend *Smid* Grundzüge § 1 Rnr. 10

[94] Vgl. dazu Allg. Begründung zum RegE InsO in KTS 1992 S. 33 ff. (39); *Uhlenbruck* GmbHR 1995 S. 81 ff. (83)

aa. Schutz privater Belange

(1.) Schutz des Schuldners

Betrachtet man allgemein die Aufgabe des RSI, den Schuldner und Gegner eines Rechtsschutzgesuchs vor ungerechtfertigten oder rechtlich zu missbilligenden Benachteiligungen zu schützen, so wird man im allgemeinen auf solche Nachteile verwiesen, die sich für diesen bereits aus der Stellung eines Rechtsschutzgesuchs, gleich welcher Art, ergeben. So muss er sich auf ein Verfahren einlassen, das möglicherweise gegenstandslos, zumindest aber langwierig und kostspielig sein kann. Bereits daraus ergibt sich eine übermäßige Belästigung und Behelligung des Antragsgegners.[95]
So zutreffend diese Erwägungen sind, so gehen sie doch gerade im Insolvenzverfahren weit über das Niveau von „Belästigungen" hinaus. Das Insolvenzverfahren stellt einen massiven Eingriff in das Vermögen des Schuldners dar, welcher die Zerschlagung seiner wirtschaftlichen Existenz bzw. die Liquidation einer juristischen Person zur Folge haben kann. Bereits bei Bekanntwerden der Antragstellung werden Kredite der finanzierenden Institute fällig gestellt oder zumindest eingefroren, auch langjährige Geschäftsverbindungen in der Regel unwiederbringlich vernichtet und der Schuldner völlig ruiniert. Die Anordnung von Sicherungsmaßnahmen durch das Insolvenzgericht (§§ 21 ff. InsO), die zum Schutz der potentiellen Insolvenzmasse erforderlich sind, kann dies noch weiter verschärfen. So ist es dem Schuldner, dessen betriebliche Tätigkeit aufgrund der Anordnung einer Betriebsstillegung gem. § 22 Abs. 1 Satz 2 Nr. 2 InsO eingestellt werden muss, unmöglich, seine Verbindlichkeiten auch nur teilweise zu bedienen.
Weitere Gefahren ergeben sich aus der Sicht des Schuldners insbesondere aus der Abweisung des Antrags auf Insolvenzeröffnung mangels Masse gem. § 26 Abs. 1 InsO, die neben der Veröffentlichung des Abweisungsbeschlusses auch die Eintragung in das Schuldnerverzeichnis und den Entzug der Gewerbeerlaubnis (§ 35 GewO) nach sich zieht. Der Beschluss ist weiter dem Registergericht, dem zuständigen Arbeitsamt, dem Träger der gesetzlichen Krankenversicherung und bei antragspflichtigen Gesellschaften auch der zuständigen Staatsanwaltschaft mitzuteilen.[96]
Um diese Publizitätswirkungen des Verfahrens zu verhindern, aber auch um die mögliche Aufdeckung von Vermögensmanipulationen, die eine krisenhafte Entwicklung häufig begleiten, zu vermeiden, ist der Schuldner in dieser Situation Druckanträgen der Gläubiger, die über die Grenzen legitimer Rechtsverfolgung hinausgehen, besonders ausgesetzt.
Viele dieser Konsequenzen können durch die nachträgliche Zurückweisung des Antrags nicht mehr rückgängig gemacht werden. So leben abgebrochene

---

[95] Dazu *Wieser* RSI S. 30 m.w.N.

[96] Zu weiteren Mitteilungspflichten zum Schutz des Rechtsverkehres s. unten Teil 2 II 1c bb (4.)

Geschäftsbeziehungen nicht automatisch wieder auf, wenn sich die Unzulässigkeit oder Unbegründetheit des Insolvenzantrags herausstellt. Ähnlich problematisch gestaltet sich die Geltendmachung von Schadensersatzansprüchen, wenn sich die Einleitung des Insolvenzverfahrens als ungerechtfertigt herausstellt.[97] Denn nach höchstrichterlicher Rechtsprechung greift der Gläubiger, der sich zum Vorgehen gegen seinen Schuldner eines staatlichen, gesetzlich eingerichteten und geregelten Verfahrens bedient, auch dann nicht rechtswidrig und unmittelbar in den Rechtskreis des Schuldners ein, wenn sein Begehren sachlich nicht gerechtfertigt ist und dem anderen Teil aus dem Verfahren Nachteile erwachsen.[98] Der Nachweis einer sittenwidrigen vorsätzlichen Schädigung i.S.d. § 826 BGB wird hingegen nur in den seltensten Fällen zu führen sein.[99]

Nur unzureichenden Schutz vor ungerechtfertigten Insolvenzeröffnungsanträgen bietet die Mindestgebühr von 200 DM gem. KostV Nr. 4111 (Anlage 1 zu § 11 Abs. 1 GKG), die der Antrag stellende Gläubiger aufzubringen hat.[100]

Die berechtigten Interessen des Schuldners können durch einen sachlich nicht gerechtfertigten Antrag somit in erheblichem Maße beeinträchtigt werden. Gerade weil Beeinträchtigungen, die sich bereits aus Stellung des Insolvenzantrags ergeben, teilweise nicht wieder rückgängig zu machen sind, mssß das Schutzbedürfnis des Schuldners bei der Bestimmung des rechtlichen Interesses besondere Berücksichtigung finden.

(2.) Schutz der Gläubiger

Jede Insolvenz hat jedoch nicht nur für den Schuldner und den Antragsteller, sondern auch für alle anderen Gläubiger, die in Rechtsbeziehungen zum Schuldner stehen, erhebliche Auswirkungen.

(a.) Gefährdung der Gläubiger durch ungerechtfertigte Verfahrenszulassung und -eröffnung

Bei der Prüfung des Rechtsschutzinteresses muss deshalb auch berücksichtigt werden, dass sich die Folgen der wirtschaftlichen Insuffizienz eines Schuldners nie im Verhältnis des Schuldners zu demjenigen Gläubiger erschöpfen, der den

---

[97] Zum Meinungsstand umfassend *Pape* ZIP 1995 S. 623 ff.; *Pape* in: Kübler/Prütting § 14 InsO Rnr. 18

[98] BGH Urteil v. 03.10.1961 - VI ZR 242/60 - BGHZ 36, 18 = JZ 1962, 94 (m. Anm. *Baur*) = DB 1962, 1515 = LM § 823 (Ai) BGB Nr. 18 (m. Anm. *Hauss*); einschränkend BGH Urteil v. 13.03.1979 - VI ZR 117/77 - DB 1979, 1271 = BGHZ 74, 9 = NJW 1979, 1351; dem folgend OLG Düsseldorf Urteil v. 28.10.1993 - 10 U 17/93 - BB 1994, 172 = ZIP 1994, 479 = OLGR Düsseldorf 1994, 89 (Ls.) und OLG Celle Urteil v. 27.02.1998 - 4 U 130/97 - ZIP 1998, 1444

[99] *Gerhardt* Grundbegriffe Rnr. 257

[100] *Kirchhof* in: HK-InsO § 14 InsO Rnr. 19

Insolvenzeröffnungsantrag stellt. Der bereits skizzierte Zusammenbruch des Schuldners bedeutet für alle Gläubiger, seien es Arbeitnehmer, Lieferfirmen oder Abnehmerfirmen, eine Gefährdung ihrer Forderungsbefriedigung.
Selbst wenn Gläubiger über ausreichende Reserven verfügen, um gegenwärtige Außenstände gegen den Schuldner abzuschreiben, so kann für manche unter ihnen der Wegfall langjähriger Geschäftsbeziehungen, gerade bei enger, gar ausschließlicher Zusammenarbeit mit dem Schuldner eine erhebliche Gefahr für ihre wirtschaftliche Zukunft bedeuten. Die Zerschlagung des Schuldnervermögens bedeutet deswegen in den meisten Fällen auch die wirtschaftliche Gefährdung oder gar Vernichtung weiterer Gläubiger. Aus diesem Zusammenhang zwischen Schuldnerinsolvenz und Gläubigergefährdung ergibt sich im Insolvenzrecht eine spezifische Schutzrichtung, die dem RSI hinsichtlich der Interessen aller Gläubiger des Schuldners zukommt. Da das Insolvenzverfahren schon vor der Eröffnung wesentlich darauf angelegt ist, das gemeinsame Interesse der gesamten Gläubigerschaft an einer möglichst effektiven Haftung des Schuldners durchzusetzen,[101] muss der Schutz der Gläubigergemeinschaft als eine der wesentlichen Funktionen aller Eröffnungsvoraussetzungen und damit auch des Rechtsschutzinteresses angesehen werden.

(aa.) Gläubigerschutz bei Fremdanträgen

Aus diesem Zusammenhang ergibt sich, dass die Interessen des Schuldners und der Gläubigergemeinschaft an einer Vermeidung sachlich ungerechtfertigter Verfahrenszulassungen bzw. -eröffnungen in der Regel identisch sind. Eine vorschnelle Zulassung oder Eröffnung des Insolvenzverfahrens durch Anträge einzelner Gläubiger (sog. Fremdanträge), die zum Teil zweckwidrige oder missbräuchliche Ziele durchzusetzen versuchen, muss auch im Interesse der Gesamtgläubigerschaft und ihrer Befriedigungsaussichten vermieden werden. Dem Insolvenzgericht muss bei der Prüfung der Zulassungs- und Eröffnungsvoraussetzungen mithin eine erhebliche Sorgfalt abverlangt werden. Geschieht dies nicht, so kommt eine Amtshaftung des Insolvenzgerichts in Betracht.[102]
Auch aus diesem Grund ist das Recht des Antragstellers zur Verfahrenseinleitung als Initiativrecht ausgestaltet, durch das er zwar zum einen seine eigene Forderung durchzusetzen versucht, das Gericht nach Zulassung aber auch eigene Ermittlungen hinsichtlich des Insolvenzgrundes anstellen kann.

(bb.) Gläubigerschutz bei Eigenanträgen

Ebenso, wie die Interessen zwischen Antragsteller und Gläubigergemeinschaft bzw. Schuldner divergieren können, so können auch die Interessen von

---

[101] Dies belegen etwa die Amtsermittlungspflicht des Insolvenzgericht gem. § 5 InsO sowie die Sicherungsmaßnahmen gem. §§ 21 ff. InsO; vgl. *Schmahl* in: MüKo-InsO § 13 Rnr. 60

[102] Dazu *Klopp/Kluth* in: Gottwald § 23 Rnr. 35 ff.

Schuldner und Gläubigergemeinschaft unterschiedlich gelagert sein, wenn der Eröffnungsantrag nicht von Gläubigerseite, sondern vom Schuldner selbst gestellt wird (sog. Eigenantrag). Gerade hier geschieht es in der Praxis häufig, daß der Eigenantrag nicht in der Absicht gestellt wird, die Gesamtabwicklung bzw. Sanierung unter angemessener Beteiligung der Gläubigergemeinschaft herbeizuführen, um deren Forderungen möglichst weitgehend zu befriedigen. Statt dessen verfolgt der Schuldner mit der Antragstellung missbräuchliche Ziele, die im Einzelfall in direktem Gegensatz zu den Zielen des Insolvenzverfahrens stehen und mit dem Zweck des Instituts nicht vereinbart werden können.

(b.) Schutz der Gläubiger vor verzögerter Verfahrenszulassung

Sind die eben dargelegten Gesichtspunkte vor allem zum Schutz vor einer vorschnellen Zulassung ungerechtfertigter Anträge zu erwägen, so können sich auf der anderen Seite Gefährdungen der Gläubiger auch dadurch ergeben, daß ein gebotenes Verfahren erst verzögert zugelassen wird.
So liegt es im gesteigerten Gläubigerintesse, sachlich begründete Anträge zügig zuzulassen, da nur auf diese Weise gerichtliche Maßnahmen zur Sicherung der Insolvenzmasse gem. §§ 21 ff. InsO in Betracht kommen.[103] Erst dann kann verhindert werden, daß der bereits in der Krise befindliche Schuldner Vermögensmanipulationen zugunsten besonders drängender Einzelgläubiger tätigt, die den Interessen der Gesamtgläubigergemeinschaft entgegenstehen und die nach Eröffnung des Verfahrens erst in schwierigen Anfechtungs-prozessen rückgängig gemacht und der Masse zugeführt werden müssen. Auch können mögliche Sanierungen, die hinsichtlich der Chancen für die Gläubigerbefriedigung einer Gesamtliquidation häufig überlegen sind, mit zunehmendem Zeitverlust schwinden. Daraus ergibt sich, daß das Insolvenzeröffnungsverfahren, insbesondere das Zulassungsverfahren, stets Eilverfahren ist.[104]

bb. Schutz öffentlicher Belange

Neben dem Schutz privater Belange, die sich in weiten Teilen aus der besonderen Interessenlage des Insolvenzverfahrens als Gemeinschaftsverfahren ergeben, kommen dem RSI beim Insolvenzeröffnungsantrag auch Schutzfunktionen zugunsten öffentlicher Belange zu.

---

[103] *Uhlenbruck* in: Gottwald § 12 Rnr. 3; *Mönning* in: Nerlich/Römermann § 14 InsO Rnr. 49; weitergehend *Gerhardt* in: KS-InsO S. 193 ff.

[104] Dem entsprechend finden die Vorschriften der ZPO über das Ruhen des Verfahrens oder dessen Aussetzung keine Anwendung. Vgl. *Schmahl* in: MüKo-InsO § 4 Rnr. 56 *Uhlenbruck* in: Gottwald § 12 Rnr. 2

(1.) Schutz der staatlichen Kapazitäten

Die Aufgabe des RSI, die prozessual sinnlose Inanspruchnahme des Gerichts auszuschließen, wurde bereits skizziert. Dahinter steht der Gedanke, dass der Staat bzw. die Gerichte, solange sie sich mit ungerechtfertigten Rechtsschutzgesuchen zu befassen haben, von ihren eigentlichen Aufgaben abgehalten werden und eine Gefährdung des Rechtsschutzes insgesamt eintritt. Hinzu kommt, dass der Staat und damit die Allgemeinheit größere Aufwendungen für die Rechtspflege machen muss, wenn auch dem Verfahrenszweck zuwiderlaufende oder missbräuchliche Anträge zur Durchführung des Insolvenzverfahrens führen würden. Mittelbar bewirkt die Prüfung des RSI auch, dass für den Insolvenzfall vorgesehene Leistungen des Staates (z.B. Zahlung der Gesamtsozialversicherungsbeiträge durch das Arbeitsamt gem. § 208 SGB III[105]) nicht bei zweckwidrigen oder missbräuchlichen Anträgen ausgeschüttet werden und die Staatsfinanzen nicht über Gebühr strapaziert werden. Gerade das Insolvenzverfahren, das seiner Natur nach stets Eilverfahren ist, bedarf des RSI als Schutz gegen eine derartige unsachgemäße Bindung ihrer - personellen und finanziellen - Kapazitäten. Wurde bei *Schönke*[106] noch deutlich, dass hierin der Hauptzweck des RSI liegen soll, so ist dieser Aspekt jedenfalls im Insolvenzeröffnungsverfahren nur eine von mehreren Schutzrichtungen.

(2.) Schutz des Staates als Steuergläubiger

Weiter kommt dem RSI die Aufgabe zu, die Befriedigung des Staates in seiner Rolle als Gläubiger von Steuerforderungen zu fördern. Insoweit unterscheidet sich der Staat in der Schutzbedürfnis kaum von einem privaten Gläubiger, da die InsO Steuerrückstände - anders als vor dem 1.1.1999 die KO - als einfache Insolvenzforderungen behandelt. Letztlich ist das Interesse des Staates an der Begleichung der Steuerforderungen als Interesse der Gemeinschaft der Steuerzahler anzusehen und damit von öffentlichem Belang. Im übrigen kann auf die Darstellungen der Interessenlage der übrigen Gläubiger verwiesen werden.[107]

(3.) Schutz Dritter vor Bindung der Justizkapazitäten

Beschäftigt sich das Insolvenzgericht mit zwecklosen oder missbräuchlichen Insolvenzanträgen, so müssen andere Antragsteller oder generell andere Rechtsschutzsuchende länger als sonst auf den von ihnen erstrebten Rechtsschutz warten, da ihr Rechtsschutzgesuch während dieser Zeit zurückgestellt werden muss. So können gerechtfertigte Anträge nicht bearbeitet werden und den Antragsteller Rechtsnachteile treffen, während sich das Gericht

---

[105] Dazu *Heinze* in: Gottwald § 108 Rnr. 44 ff.
[106] In AcP Bd. 150 (1949) S. 216 ff. (218)
[107] Dazu oben „Schutz der Gläubiger" Teil 2 II 1 c aa (2.)

mit einem ungerechtfertigten Antrag befassen muss. Durch die Verzögerung der Rechtsschutzgewährung kommen Verstöße gegen Art. 6 Abs. 1 EMRK in Betracht, welcher einen Rechtsanspruch auf Gewährung von Rechtsschutz innerhalb einer angemessenen Frist statuiert. Weiter kann das Vertrauen der Rechtsschutzsuchenden in die Justiz beeinträchtigt und die Rechtssicherheit insgesamt gefährdet werden.
Es muss somit auch im Insolvenzeröffnungsverfahren eine der Schutzrichtungen des RSI sein, durch Aussonderung solcher Anträge einer übermäßigen Bindung der Justizkapazitäten zu Lasten der Allgemeinheit entgegenzuwirken.

(4.) Schutz des Gesamtrechtsverkehrs

Zu den Hauptaufgaben des Insolvenzrechts gehört unter der Geltung der InsO weiterhin der Schutz des Rechtsverkehrs vor Gefährdungen, die sich aus der wirtschaftlichen Situation des Schuldners ergeben können. Zwar steht seit Einführung der InsO mehr denn je neben der Liquidationsfunktion gleichberechtigt die Sanierungsfunktion. Diese Sanierungsaufgabe wurde bereits in den Zielen des Insolvenzverfahrens gem. § 1 Satz 1 InsO verankert, wonach „abweichende Regelungen insbesondere zum Erhalt des Unternehmens getroffen werden können." Nicht minder bedeutsam als die Sanierung erhaltenswerter Unternehmen ist jedoch die Erzwingung des Marktaustritts nicht lebensfähiger Unternehmen und die Freisetzung der in ihnen gebundenen Produktionsfaktoren für andere Verwendungen geblieben.[108]

(a.) Verkehrsschutz nach Zulassung des Antrags

Bereits mit Zulassung des Insolvenzeröffnungsantrags wird der Schutz des Rechtsverkehrs durch verschiedene Bestimmungen erreicht. Gem. § 21 InsO wird das Insolvenzgericht in die Lage versetzt, zahlreiche Sicherungsmaßnahmen anzuordnen, die zwar in erster Linie die Sicherung des massezugehörigen Schuldnervermögens bezwecken, gleichzeitig aber auch den Rechtsverkehr vor weiterer wirtschaftlicher Betätigung des in die Krise geratenen Schuldners schützen. Hier ist insbesondere das allgemeine Veräußerungsverbot gem. § 21 Abs. 2 Nr.2 InsO zu nennen, wonach die Verfügungen des Schuldners absolut unwirksam sind. Auch die Befugnis des Insolvenzgerichts, nach Zulassung des Antrags eigene Ermittlungen anzustellen (§ 5 Abs. 1 InsO) und unabhängig vom Vortrag des Antragstellers das Vorliegen eines Insolvenzgrundes zu prüfen, kann dazu beitragen, dem Anliegen der InsO entsprechend insolvente Schuldner aus dem Wirtschaftsleben auszuschließen. Insofern wirkt sich das Initiativrecht der Antragsberechtigten

---

[108] Allg. Begründung zum RegE InsO in KTS 1992 S. 33 ff. (39); *Uhlenbruck* GmbHR 1995 S. 81 ff. (83)

nicht nur zugunsten der Gläubigergemeinschaft, sondern auch zugunsten des Gesamtrechtsverkehrs aus.

(b.) Verkehrsschutz nach Verfahrenseröffnung bzw. Antragsabweisung

Steht das Vorliegen eines Insolvenzgrundes fest und wird das Insolvenzverfahren eröffnet, so erfolgt der Schutz des Rechtsverkehrs überwiegend durch die Beseitigung des insolventen oder gar vermögenslosen Schuldners aus dem Wirtschaftsleben. Dieser verliert die Verwaltungs- und Verfügungsbefugnis an den massezugehörigen Gegenständen,[109] hinzu kommen Einschränkungen bei der Berufsausübung sowie bei der Ausübung von Ehrenämtern.[110]
Wird der Insolvenzantrag abgewiesen, weil das Vermögen des Schuldners voraussichtlich nicht ausreichen wird, um die Verfahrenskosten zu decken, so trägt die Eintragung in das Schuldnerverzeichnis gem. § 26 Abs. 2 InsO i.V.m. §§ 915 ff. ZPO wesentlich zum Schutz des Rechtsverkehrs bei. Mit der Eintragung wird im Interesse des Geschäftsverkehrs gewährleistet, dass er sich rechtzeitig und mit vertretbarem Aufwand über die Kreditwürdigkeit seiner Geschäftspartner vergewissern kann und vor Geschäften mit unzuverlässigen Schuldnern für die Zukunft gewarnt wird.[111] Flankiert wird der Schutz des Rechtsverkehrs durch den Entzug der Gewerbeerlaubnis (§ 35 GewO) und weitreichende Mitteilungspflichten. So muss der Abweisungsbeschluss dem zuständigen Arbeitsamt, dem Träger der gesetzlichen Krankenversicherung und bei antragspflichtigen Gesellschaften auch der zuständigen Staatsanwaltschaft mitgeteilt werden.[112] Ist der Schuldner eine juristische Person oder eine Gesellschaft ohne Rechtspersönlichkeit, so ist der Abweisungsbeschluss dem Registergericht mitzuteilen, welches ein Amtslöschungsverfahren gem. § 141a FGG einleitet.

(c.) Folgerungen für die Prüfung der Antragsvoraussetzungen

Damit wird deutlich, dass der Funktion des Insolvenzverfahrens, den Rechtsverkehr vor weiteren Schädigungen des insolventen Schuldners zu bewahren, erhebliche Bedeutung zukommt. Wichtige Ordnungs- und Regelungsfunktionen der Insolvenz können nicht wahrgenommen werden, wenn der Antrag mangels

---

[109] *Eickmann* in: Gottwald § 30 Rnr. 37

[110] Weitergehend dazu *Eickmann* in: Gottwald § 30 Rnr. 1 ff.

[111] *Stöber* in: Zöller § 915 ZPO Rnr. 1; *Haarmeyer* in: MüKo-InsO § 26 Rnr. 1

[112] S. auch die Anordnung über die Mitteilungen in Zivilsachen (MiZi) in der Neufassung vom 29.4.1998 i.d.F. der 1. Änderung v. 10.8.1999 (BAnz Nr. 160 v. 27.8.1999 Ziffer XII a 3). Danach können auch weitere Mitteilungen vorgesehen werden, z.B. die Mitteilung an die Dienstbehörde eines Schuldners, der Verteilungsstelle für die Gerichtsvollzieheraufträge, das Vormundschafts- oder Nachlassgericht, die Gerichtskasse, das Finanzamt, das Hauptzollamt oder an die Steuerkasse der Gemeinde. Weitergehend dazu *Uhlenbruck* in: Gottwald § 16 Rnr. 23

RSI bereits als unzulässig abgewiesen wird. Daher ist bei der Prüfung des RSI durch das Insolvenzgericht stets zu berücksichtigen, dass neben der reinen Forderungsbefriedigung auch mit der Marktausschließung ein legitimes Ziel verfolgt werden und zur Bejahung des rechtlichen Interesses des Antragstellers führen kann.

d. Zusammenfassung

Das Rechtsschutzinteresse beim Insolvenzeröffnungsantrag kann nicht isoliert auf eine Aufgabe, etwa der Justizentlastung reduziert werden. Vielmehr erfährt es aus der spezifischen Interessenlage des Insolvenzverfahrens als Gemeinschaftsverfahren gleichzeitig Begrenzung und Erweiterung seines Funktionsbereichs.

So steht es zu den Verfahrenszielen der InsO, die es zu fördern gilt, in einem Abhängigkeitsverhältnis, was zum einen dazu führt, dass seine Schutzrichtungen stets in Einklang gebracht werden müssen mit den Schutzrichtungen des Insolvenzverfahrens insgesamt. Das RSI muss die Erreichung der Verfahrensziele fördern und darf keine eigenen einschränkenden Kriterien aufstellen, die auch nur einen dieser Zwecke konterkarieren würden.

Zum anderen werden, genauso wie die InsO neben der reinen Haftungsverwirklichung zugunsten der Gläubiger weitere Schutzwirkungen zugunsten anderer Beteiligten sowie des gesamten Rechtsverkehrs entfaltet, gleichsam spiegelbildlich die Schutzrichtungen des RSI beim Insolvenzeröffnungsantrag um diese Beteiligtengruppen erweitert.

Kommt es zur Kollision zwischen der hergebrachten Einordnung eines Sachverhalts als Fallgruppe fehlenden Rechtsschutzinteresses und den Verfahrenszielen der InsO, so muss zur Förderung dieser Ziele das rechtliche Interesse des Antragstellers an der Verfahrenseröffnung bejaht werden. Somit wird deutlich, dass die Zielsetzungen der InsO bei der Prüfung des RSI deutlicher als bisher berücksichtigt werden müssen.

2. Vorliegen des Rechtsschutzinteresses als Regelfall

Das Rechtsschutzinteresse bleibt ein offener, nicht enumerativ konkretisierter Begriff, dessen Konturen in der abstrakten Erörterung notwendigerweise unscharf bleiben und erst durch die Prüfung der einzelnen Sachverhalte schärfer herausgearbeitet werden können.[113] Daran hat auch die Kodifikation des RSI beim Gläubigerantrag nichts geändert. Vielmehr wird es die Insolvenzrechtswissenschaft weiterhin beschäftigen und ihr - wie dies bereits geschehen ist - neue Streitfelder eröffnen. Die dem vereinzelt als „diffus“[114] bezeichneten Rechtsinstitut innewohnende Gefahr, gleichsam als „Sammel-

---

[113] Vgl. *Esser* Grundsatz und Norm, S. 151: „Erst die Kasuistik teilt uns mit, was Rechtens ist.“

[114] *Schumann* in: Stein/Jonas Vor § 253 ZPO Rnr. 102

becken ungelöster Streitfragen" zu dienen, besteht auch nach der Kodifizierung für den Gläubigerantrag fort.
Konnte im Insolvenzeröffnungsverfahren dieser Gefahr durch die Typisierung und Herausbildung verschiedenster Fallgruppen nur schwach begegnet werden, so entspricht die Kodifizierung dieses Rechtsinstituts in § 14 Abs. 1 InsO einer in neuerer Zeit zu beobachtenden Neigung des Gesetzgebers, vor der schwierigen Ausarbeitung bestimmter und präziser Rechtsbegriffe zu kapitulieren und sich statt dessen generalklauselartigen Bestimmungen zuzuwenden,[115] obgleich diese oftmals nur auf den ersten Blick einfacher zu handhaben sind und in der praktischen Anwendung erhebliches Konfliktpotential in sich bergen.
Um so wichtiger erscheint es, auf das Regel-Ausnahme-Verhältnis des RSI hinzuweisen: regelmäßig handelt mit rechtlichem Interesse, wer Inhaber einer Forderung ist und einen Eröffnungsgrund glaubhaft macht und damit die besonderen Zulässigkeitsvoraussetzungen des Insolvenzantrags erfüllt.[116] Gerade hier zeigt sich die Nähe zum RSI bei der Leistungsklage im Zivilprozess: das Interesse ergibt sich dort ähnlich aus der Nichterfüllung des geltend gemachten und für die Zulässigkeitsprüfung als bestehend zu unterstellenden Anspruchs. Weiter führen bereits die gesetzliche Einrichtung des Insolvenzverfahrens und die Erfüllung der vom Gesetz an die Inanspruchnahme dieses Rechtsschutzweges geknüpften Vorbedingungen zu einer Vermutung für die Schutzwürdigkeit des Antragstellers. Auch in Hinblick auf das Vollstreckungsmonopol des Staates, das dem Bürger Selbsthilfe bis auf eng begrenzte Ausnahmen verbietet, muss die Verweigerung des insolvenzrechtlichen Rechtsschutzes die Ausnahme bleiben.
Daraus ergibt sich, dass das RSI nur ausnahmsweise unter engen, besonderen Umständen fehlt.[117] Der Gläubiger hat das rechtliche Interesse an der Verfahrenseröffnung gem. § 14 Abs. 1 InsO regelmäßig, wenn er eine eigene Forderung gegen den Schuldner sowie das Vorliegen eines Eröffnungsgrund glaubhaft macht.[118] Dieses Verhältnis von Regel und Ausnahme muss bei der Prüfung des RSI in Zukunft konsequenter beachtet werden, als dies in der Vergangenheit zu beobachten war.

3. Die Subsidiarität des Rechtsschutzinteresses

Weiter kann die ausdrückliche Bestimmung des § 14 Abs. 1 InsO dazu führen, dass das RSI in der Praxis nun um so sorgloser verwendet wird, um sich eine im Einzelfall aufwendigere Prüfung anderer Prozessvoraussetzungen zu ersparen.

---

[115] *Smid* Grundzüge § 3 Rnr. 13

[116] So auch *Kirchhof* in: HK-InsO § 14 Rnr. 16

[117] *Kirchhof* in: HK-InsO § 14 Rnr. 16; dem entsprechend können besondere Umstände das RSI auch für eine Leistungsklage entfallen lassen.

[118] *Kirchhof* in: HK-InsO § 14 Rnr. 16; ähnlich *Haarmeyer/Wutzke/Förster* Kap. 3 Rnr. 65; *Schmahl* in: MüKo-InsO § 14 Rnr. 41; *Pape* in: Kübler/Prütting § 14 Rnr. 11;

Gerade deshalb muss weiterhin darauf hingewiesen werden, dass das RSI trotz seiner Kodifikation als letztes Mittel, als ultima ratio verstanden werden muss, um zweckwidrige oder missbräuchliche Insolvenzeröffnungsanträge abzuweisen.[119] Die oben heraus gearbeiteten, spezifischen Schutzrichtungen des RSI im Eröffnungsverfahren[120] können zwar als Leitlinien für die Überprüfung gängiger und für die Erstellung weiterer Fallgruppen dienen, in denen das RSI typischerweise fehlen soll. Dennoch vermag das RSI stets nur ein genereller, weit gefasster und notgedrungen unbestimmter Rechtsbegriff zu sein; die gegenüber anderen Sachentscheidungsvoraussetzungen bestehende Unschärfe bleibt dem Institut weiterhin immanent. Aufgrund der schwierigen Bestimmung seines Inhalts muss für das generalklauselartige RSI dessen Subsidiarität gegenüber spezielleren Verfahrensvoraussetzungen folgen.[121]
Inhaltlich wirkt sich dieser Grundsatz so aus, dass die Bedeutung des Rechtsschutzinteresses um so kleiner wird, je umfassender seine Schutzzwecke (Entlastung der Gerichte, Schutz des Antragsgegners und der Gläubigergemeinschaft vor ungerechtfertigter Antragstellung) durch andere Antragsvoraussetzungen erreicht werden.[122] Erfassen Antragsvoraussetzungen die Rechtssituation direkt und spezieller, so muss diesen Vorrang gegenüber der generellen Regelung des RSI eingeräumt werden. Eigene, einschränkende Eröffnungsvoraussetzungen können mit dem RSI gerade nicht aufgestellt werden.[123]
Speziell für den Insolvenzantrag gilt daher, das in Fällen, in denen weitere zu prüfende Sachentscheidungsvoraussetzungen nicht erfüllt werden und auf diese Weise auch die zweckwidrige oder missbräuchliche Antragstellung ausgeschlossen werden kann, darauf verzichtet werden muss, diese als Problem fehlenden Rechtsschutzinteresses zu behandeln. Die hergebrachten Typisierungen, die bislang als Problem des RSI diskutiert wurden, müssen dahingehend geprüft werden, ob nicht bereits die spezielleren, eindeutig geregelten Anforderungen an den Antrag, insbesondere zur Berechtigung des Antragstellers gem. § 13 Abs. 1 Satz 2 InsO, die schutzwürdigen Interessen der von der Antragstellung betroffenen Kreise vor einer zweckwidrigen oder missbräuchlichen Antragstellung in ausreichendem Maß berücksichtigen können. Nur wenn andere Zulassungskriterien des Insolvenzeröfffnungsverfahrens versagen, bleibt an letzter Stelle für die richterliche Prüfung des Eröffnungsantrags ein eigenständiger Regelungsbereich des subsidiären Rechtsschutzinteresses, das dem Antragsteller u.U. entgegengehalten werden kann.
Diese Sichtweise wird im Laufe dieser Abhandlung immer wieder vor Augen zu führen sein - meist mit der gewonnenen Erkenntnis, dass das Gesetz

---

[119] So auch *Pohle* ZZP Bd. 81 (1968) S. 161 ff. (174)
[120] S. dazu oben Teil 2 II 1
[121] „Leges speciales derogant leges generales."
[122] Vgl. *Schumann* in: Stein/Jonas Vor § 253 ZPO Rnr. 121
[123] *Häsemeyer* InsR Rnr. 7.08

zureichende Spezialregelungen aufweist, um auch ohne die Hinzuziehung dieses Instituts zu sachgerechten Ergebnissen zu gelangen.

4. Der Insolvenzeröffnungsantrag im Spannungsfeld zwischen Individualinteresse und Interesse der Gläubigergemeinschaft

Schwierigkeiten bei der Prüfung des RSI können sich aus der besonderen Situation bei einer wirtschaftlichen Insuffizienz des Schuldners ergeben.
Wie oben skizziert, zieht jede Insolvenz weite Kreise und betrifft neben Schuldner und Antragsteller eine Vielzahl weiterer Gläubiger. Da das Insolvenzgericht das Interesse des Antragstellers isoliert prüfen muss,[124] kann es vorkommen, dass der Eröffnungsantrag eines Gläubigers mangels RSI als unzulässig zurückgewiesen und die dringende Eröffnung des Insolvenzverfahrens verweigert werden muss, obwohl die Situation eines finanziell zusammengebrochenen Schuldners nach einer Liquidation seines Vermögens drängt. Das Gericht könnte in diesen Fällen dazu neigen, gerade mittels des RSI, das auch öffentlichen Interessen dient, die Interessen der hinter dem einzelnen Antragsteller stehenden Gläubigergemeinschaft zu berücksichtigen.
Dabei würde jedoch verkannt, dass der Insolvenzeröffnungsantrag auf einem eigenen Recht des Antragstellers beruht, dessen Befriedigung er erlangen will. Bis zur Eröffnung des Verfahrens macht er also in erster Linie eigennützige Interessen geltend; dass er mit der Ausübung seines Antragsrechts zugleich auch ein Initiativrecht im Interesse der Gläubigergemeinschaft geltend macht,[125] hat für die Zulassung des Antrags noch keine Bedeutung. So ist für die Frage des RSI eines Insolvenzantrages auch nur die Lage des Antrag stellenden Gläubigers maßgebend; dass es bei anderen Gläubigern, die keinen Antrag gestellt haben, vorhanden wäre, ist bedeutungslos.[126] Erst die Eröffnung des Verfahrens löst rechtliche Wirkungen aus, die nicht nur die Parteien des Eröffnungsverfahrens, sondern auch bisher unbeteiligte Dritte, insbesondere die Gesamtheit der Gläubiger betreffen (vgl. §§ 80 ff., § 34 Abs. 3 Satz 2 InsO).[127] Erst zu diesem Zeitpunkt erlischt gem. § 13 Abs. 2 InsO sein Recht zur Rücknahme des Antrags, sein Dispositionsrecht transformiert sich im Interesse des Verfahrenszweckes und der Rechtssicherheit zum bloßen Initiativrecht.
Zwar besteht dadurch die Gefahr, dass ein begründeter Antrag aufgrund seiner Dispositionsgewalt zurückgenommen oder mangels RSI als unzulässig zurückgewiesen wird und durch die Verschleppung des Verfahrens weitere Schädigungen der Gläubigergemeinschaft befürchtet werden müssen. Dennoch ändert dies nichts daran, dass die Interessen der übrigen Gläubiger bei der Prüfung des rechtlichen Interesses des Antragstellers nicht berücksichtigt

---

[124] S. dazu oben Teil 2 II 1c aa (2.)
[125] *Jänich* ZZP Bd. 109 (1996) S. 183 ff. (188)
[126] OLG Hamm Beschl. v. 27.04.1973 - 23 W 84/73 MDR 1973, S. 1029; *Schroeder* JurBüro 1960 S. 235 ff. (237)
[127] *Schmahl* in: MüKo-InsO § 13 Rnr. 5

werden können. Es liegt dann an ihnen, einen Antrag zu stellen, der den gesetzlichen Anforderungen entspricht. Jede verdeckte Einführung einer amtswegigen Eröffnung „zum Schutz vor weiteren Masseschmälerungen“, etwa über Einschränkungen des Rechtsschutzerfordernisses, ist als eklatanter Verstoß gegen den Antragsgrundsatz der InsO[128] ausgeschlossen.

5. Rechtsschutzinteresse versus frühzeitige Auslösung des Insolvenzverfahrens

Eine zu großzügige Prüfung des Rechtsschutzinteresses birgt weiter die Gefahr, in Konflikt mit einzelnen Zielen der Insolvenzrechtsreform treten. Besondere Bedeutung kommt dabei dem Ziel einer frühzeitigen Auslösung des Insolvenzverfahrens zu.

Früh wurde die oftmals zu späte Einleitung des Insolvenzverfahrens als ein Kernproblem des damaligen Insolvenzrechts ausgemacht.[129] Die unter der Geltung der KO gängige Methode, den Konkurseröffnungsantrag in der Regel erst in einem Stadium zu stellen, in dem die Masse bereits weitestgehend ausgezehrt war und das Verfahren mangels Masse abgewiesen werden musste, sollte mit der InsO geändert werden.[130]

Aus diesem Grund wurde etwa der Zeitpunkt vorverlegt, in dem der Insolvenzgrund der Überschuldung vorliegt. Dazu wurde in § 19 Abs. 2 InsO dem in jüngerer Zeit zum Unternehmenskonkurs entwickelten zweistufigen Überschuldungsbegriff eine Absage erteilt, so dass nunmehr auch bei positiver Zukunftsprognose Insolvenzreife mit der Möglichkeit der Verfahrenseröffnung gegeben sein kann.[131]

Nun ist mit der Kodifizierung des RSI-Erfordernisses in der InsO für den Gläubigerantrag andererseits eine Verfahrensvoraussetzung ausdrücklich vorgesehen, die vom Gericht besonders geprüft werden muss. Dass diese Prüfung im Einzelfall erheblichen Zeitaufwand mit sich bringen kann und dies gerade in dem als Eilverfahren ausgestalteten Insolvenzverfahren weitere Gefährdungen des Rechtsverkehrs in sich birgt, liegt auf der Hand. Andererseits

---

[128] Dazu unten Teil 3 I

[129] *Schmidt* in: Schmidt/Uhlenbruck Rnr. 575; vgl. auch Allg. Begr. RegEInsO KTS 1992 S. 33 ff. (42 f.)

[130] Ein weiteres Beispiel ist der neu eingeführte Insolvenzgrund der drohenden Zahlungsunfähigkeit gem. § 18 InsO, der Anreize zur frühzeitigeren Antragstellung schaffen soll. Damit werden bereits vor dem Eintritt einer sich deutlich abzeichnenden Insolvenz die Einleitung verfahrensrechtlicher Gegenmaßnahmen ermöglicht. Um den Schuldner vor Erpressungssituationen zu schützen und die Möglichkeiten einer außergerichtlichen Sanierung nicht zu gefährden, wurde dieser Insolvenzgrund auf den Schuldnerantrag beschränkt. Vgl. *Uhlenbruck* in: Schmidt/Uhlenbruck Rnr. 555; BT-Drs. 12/2443 S. 114 f. („Zu § 22“), BT-Drs. 12 /7302 S. 157, zu Nr. 13 („Zu § 22 Abs. 3); *Schmidt* in: Schmidt/Uhlenbruck Rnr. 575

[131] Kritisch dazu *Jauernig* ZwVR § 54 II 3; *Smid* Grundzüge § 3 Rnr. 35; s. auch *Braun/Uhlenbruck* S. 286 ff.

kommt der Prüfung des RSI eine wichtige, u.a. auch dem Schutz des Antragsgegners dienende Funktion zu.[132]

In diesem Spannungsbereich zwischen dem Bestreben der Insolvenzrechtsreform nach einer zügigeren Verfahrenseröffnung auf der einen und dem Schutz des Antragsgegners vor Manipulationen des Antragstellers auf der anderen Seite obliegt es dem Gericht, einen angemessenen Ausgleich herbeizuführen. Auch hierin liegt ein Grund, auf die Subsidiarität des RSI genau zu achten. Denn wenn ein spezielleres und inhaltlich klarer gefasstes Zulassungskriterium das jeweilige Problemfeld im Einzelfall bereits regelt und damit den Schutz des Schuldners angemessen sicherstellt, kann die dennoch durchgeführte Prüfung der selben Frage im Rahmen des rechtlichen Interesses zu einer Verzögerung der Zulassungs- und Eröffnungsentscheidung führen, die in Widerspruch zu den Reformzielen steht. Daher ist es weiterhin entscheidend, auf die systematisch richtige Einordnung der verschiedenen Problemfelder des RSI beim Insolvenzantrag hin zu wirken, um eine unnötige und dogmatisch unsaubere Erweiterung des gerichtlichen Prüfungsablaufs zu vermeiden.

III. Die Prüfung des Rechtsschutzinteresses im Insolvenzeröffnungsverfahren

1. Amtsprüfung und Amtsermittlungspflicht

In der praktischen Anwendung ist darauf zu achten, dass das RSI bei Antragstellung und auch noch im Zeitpunkt der Eröffnung des Insolvenzverfahrens vorliegen muß; bis dahin ist sein Fehlen in jedem Stadium des Eröffnungsverfahrens von Amts wegen zu beachten.[133]

Im Rahmen des Zulassungsverfahren handelt es sich um die vom allgemeinen RSI her bekannte Amtsprüfung,[134] das Gericht ist folglich nicht zur eigenständigen Ermittlung verpflichtet.[135] Darlegung und Beweis der allgemeinen Zulässigkeitsvoraussetzungen, also auch des Rechtsschutzinteresses, ist Sache des Antragstellers.[136] Die Amtsermittlungspflicht gem. § 5 Abs. 1 InsO, die für das Insolvenz-eröffnungsverfahren von prägender Bedeutung ist, besteht noch nicht im Zulassungs- bzw. Vorprüfungsverfahren, sondern erst nach Zulassung des Antrags im anschließenden Hauptprüfungs-verfahren.[137]

---

[132] S. dazu etwa *Uhlenbruck* in: Gottwald § 13 Rnr. 7

[133] *Schmahl* in: MüKo-InsO § 14 Rnr. 42; *Kuhn/Uhlenbruck* § 105 KO Rnr. 6; *Jaeger/Weber* § 103 KO Rnr. 6; *Schroeder* JurBüro 1960 S. 235 ff. (237)

[134] Die Amtsprüfung nimmt nach *Jauernig* (ZPR § 25 X) eine „eigentümliche Mittelstellung zwischen Verhandlungs- und Inquisitionsmaxime" ein.

[135] Vgl. oben Teil 1 V

[136] *Schmerbach* in: FK-InsO § 14 Rnr. 50

[137] *Uhlenbruck* in: Gottwald § 12 Rnr. 8; *Schmerbach* in: FK-InsO § 14 Rnr. 5 ; *Kirchhof* in: HK-InsO § 5 Rnr. 6; *Vallender* ZIP 1999, 125 (130); *Vallender/Fuchs/Rey* NZI 1999, 140 (141); OLG Zweibrücken Beschl. v. 20.10.2000 - 3 W 171/00 - NZI 2001, 32

Ist das Gericht aufgrund ernstlicher, durch Tatsachen belegter Zweifel vom Bestehen des RSI nicht überzeugt, so muss es statt dessen - wie im Zivilprozess - auf diese Bedenken aufmerksam machen (§ 4 InsO i.V.m. § 139 Abs. 2 ZPO). Fehlende Nachweise, Angaben oder Unterlagen müssen beanstandet und gegebenenfalls Fristen zur Nachreichung gesetzt werden. Werden die gerügten Mängel innerhalb dieser Frist nicht behoben, so weist das Gericht den Antrag als unzulässig ab.[138] Sieht das Gericht das Vorliegen des RSI als gegeben an und entspricht der Antrag im Übrigen den formellen und materiellen Erfordernissen des § 14 InsO, so lässt das Gericht den Antrag formlos zu und leitet ihn in das Hauptprüfungsverfahren über.
Bedauerlich erscheint in diesem Zusammenhang, dass in § 14 Abs. 1 InsO allein die Prüfung der Zulassung des Antrags geregelt ist, bezüglich der weiteren Prüfung der Eröffnungsvoraussetzungen jedoch - anders als § 105 Abs. 2 KO - keine ausdrückliche Bestimmung vorliegt. Der Ablauf des Eröffnungsverfahrens beim Gläubigerantrag ist damit nur teilweise erfasst.[139] Dies ändern jedoch nichts daran, dass die Unterscheidung zwischen der Vorprüfung des Gläubigerantrags im Hinblick auf dessen Zulässigkeit und der anschließenden Hauptprüfung nach Zulassung des Antrags fortbesteht. Somit bleibt auch die Zulassung eines Gläubigerantrags wie im bisherigen Recht lediglich eine vorbereitende richterliche Tätigkeit und keine beschwerdefähige Entscheidung.[140]

2. Die Prüfung des Rechtsschutzinteresses bei Anträgen auf Eröffnung des Verbraucherinsolvenzverfahrens

Fraglich ist, ob sich für die Prüfung des Rechtsschutzinteresses Besonderheiten daraus ergeben, dass die Insolvenzordnung neben dem Regelinsolvenzverfahren nach §§ 1 ff. InsO das Verbraucher-insolvenzverfahren nach §§ 304 ff. InsO vorsieht.[141]

a. Gläubigerantrag

Stellt der Gläubiger einen Antrag auf Eröffnung des Insolvenzverfahrens über das Vermögen eines Verbrauchers, was gem. § 306 Abs. 3 Satz 1 InsO möglich ist, so ergeben sich gegenüber oben skizzierten Grundsätze keine Unterschiede.

---

[138] *Uhlenbruck* in: Gottwald § 12 Rnr. 3; *Schmerbach* in: FK-InsO § 14 Rnr. 5; abweichend *Schmahl* in: MüKo-InsO § 14 Rnr. 42; gegen diese Entscheidung steht dem Antragsteller die sofortige Beschwerde gem. § 34 Abs. 1 InsO zu.

[139] So zu Recht *Pape* in: Kübler/Prütting § 14 InsO Rnr. 1; auch *Kirchhof* in: HK-InsO § 14 Rnr. 2

[140] *Uhlenbruck* in: Gottwald § 12 Rnr. 3 m.w.N.; KG Beschl. v. 07.02.1963 - 1 W 2274/62 - KTS 1963, 111

[141] Grundgedanke des 9. Teils der InsO ist, daß für Personen, die nicht oder nur geringfügig selbständig wirtschaftlich tätig sind, das Regelinsolvenzverfahren ungeeignet erscheint, weil der geforderte Aufwand in keinem Verhältnis zum Ergebnis des Verfahrens steht.

Die Voraussetzungen eines Gläubigerantrags richten sich auch im Verbraucherinsolvenzverfahren gem. §§ 304 ff. InsO nach den allgemeinen Vorschriften der InsO. Das Gericht prüft auch hier von Amts wegen, ob der Gläubiger gem. § 14 InsO ein rechtliches Interesse an der Eröffnung des Verfahrens hat und ob er seine Forderung und den Eröffnungsgrund glaubhaft gemacht hat. Anderenfalls ist der Antrag als unzulässig abzulehnen.[142] Da im Verhältnis zwischen Unternehmer und Verbraucher häufig ein wirtschaftliches Gefälle vorliegt, muss zum Schutz des Verbrauchers die Stellung missbräuchlicher Druckanträge besonders sorgfältig geprüft werden.

b. Verbraucherantrag

Nicht ausdrücklich geregelt sind die Anforderungen an das rechtliche Interesse bei einem Schuldnerantrag (sog. Eigenantrag). Für den Eigenantrag eines Verbrauchers finden sich allerdings inhaltliche Aspekte des Rechtsschutzinteresses in § 305 Abs. 1 Nr.1 Halbsatz 1 InsO. So muss der Verbraucher mit seinem Antrag auf Eröffnung des Insolvenzverfahrens eine Bescheinigung vorlegen, aus der sich ergibt, dass innerhalb der letzten sechs Monate vor dem Eröffnungsantrag eine außergerichtliche Einigung mit den Gläubigern über die Schuldenbereinigung auf der Grundlage eines Plans erfolglos versucht worden ist.

Mit dieser Bestimmung beabsichtigte der Gesetzgeber, eine übermäßige Belastung der Insolvenzgerichte mit Verbraucher-insolvenzverfahren zu verhindern. [143] Diese Konzeption entsprach einer von Verbraucherverbänden und Schuldnerberatern, insbesondere aber von den Bundesländern aufgestellten Forderung, einer außergerichtlichen Einigung den klaren Vorrang vor gerichtlicher Insolvenzbewältigung einzuräumen. Letztere hatten wegen der ohnehin bereits äußerst starken Belastung der Gerichte darauf gedrungen, sämtliche Möglichkeiten einer Reduzierung der Gerichtsbelastung auszuschöpfen.[144] Dadurch wurde der Einigungsversuch nicht auf freiwilliger Basis, sondern als Obliegenheit des Schuldners eingeführt. Aus der Motivation dieses Antragserfordernisses heraus soll der Schuldner Kontakt mit den Gläubigern aufnehmen, um den er sich anderenfalls gar nicht erst bemüht hätte.[145] Dadurch sollen Überschuldungssituationen häufig bereits im Vorfeld gelöst werden.

Mit dem Zweck dieses Kriteriums - Entlastung der Gerichte - wird mithin jenen Schutzbedürfnissen der Justiz entsprochen, die im Laufe er Prozessrechtsgeschichte der letzten Jahrzehnte zur Herausbildung des Instituts „Rechtsschutzinteresse“ geführt hatten: Schutz gegen die überflüssige, vorschnelle, gelegentlich gar missbräuchliche Inanspruchnahme der Gerichte. Die

[142] *Grote* in: FK-InsO § 306 Rnr. 18; *Kohte* in: FK-InsO § 312 Rnr. 16 f.

[143] BT-Drs. 12/7302, S. 190 zu Nr. 196 („zu § 357b“)

[144] *Schmidt-Räntsch* in: KS-InsO (1. Auflage 1997) S. 1177 ff. (1193) Rnr. 69; vgl. zur Kostenbelastung der Justiz auch *Gravenbrucher Kreis* ZIP 1994, 585 (585)

[145] Vgl. *Grote* in: FK-InsO § 305 Rnr. 11

Bestimmung des § 305 Abs. 1 Nr. 1 Halbsatz 1 InsO steht somit in ihrer Zweckrichtung dem Rechtsschutzbedürfnis nahe und könnte etwas überspitzt als weitere, konkretisierende Kodifikation des Rechtsschutzinteresses für den Insolvenzeröffnungsantrag bezeichnet werden. Diese Bestimmung gleicht somit unter anderer Bezeichnung die Anforderungen an den Schuldnerantrag - zumindest für das Verbraucherinsolvenzverfahren gem. §§ 305 ff. InsO - jenen des Gläubigerantrags (§ 14 Abs. 1 InsO) an.
Weiter belegt sie, dass der Gesetzgeber durchaus in der Lage ist, abgrenzbare Sachverhalte präzise zu erfassen, statt auf generalklauselartige Kriterien wie das RSI zurückzugreifen. Behielte er diese Gesetzgebungstechnik konsequenter bei, so könnten einige der Streitigkeiten vermieden werden, die sich aus der schwierigen Inhaltsbestimmung des RSI ergeben.

c. Bestimmung der zutreffenden Verfahrensart

Regelinsolvenz und Verbraucherinsolvenz stellen somit zumindest für den Verbraucherantrag unterschiedliche Anforderungen an das rechtliche Interesse des Antragstellers, so dass die Feststellung der zutreffenden Verfahrensart relevant wird.[146]
Die Wahl des Verfahrens steht weder zur Disposition des Schuldners noch des Gläubigers. So hat das Gericht dann, wenn der Schuldner eine natürliche Person ist, bereits im Eröffnungsverfahren festzustellen, welcher Verfahrensgang einschlägig ist. Aus diesem Grund sind die Kriterien, nach denen zwischen Regel- und Verbraucher-insolvenzverfahren zu unterscheiden ist, schon im Eröffnungsverfahren von erheblicher Bedeutung. Dies zu ermitteln ist Sache des Insolvenzgerichts, so dass es fragwürdig erscheint, Anträge betreffend natürliche Personen zurückzuweisen, wenn der Antragsteller nicht angibt, welches Verfahren auf den Schuldner anzuwenden ist.[147]

3. Prüfung des Rechtsschutzinteresses bei Antragshäufung

Liegen mehrere Anträge von Gläubigern auf Eröffnung des Insolvenzverfahrens über das Vermögen desselben Schuldners vor, so hat die Prüfung des RSI für den gestellten Insolvenzantrag hinsichtlich jedes Gläubigers gesondert zu erfolgen, da jeder Antrag ein selbständiges Eröffnungsverfahren einleitet.[148]

---

[146] Auf die Probleme bei der Bestimmung der Verbrauchereigenschaft kann hier angesichts der Ausgangsthematik nicht eingegangen werden; weiterführend dazu *Kohte* in: FK-InsO § 304 Rnr. 3 ff. m.w.N.

[147] Vertiefend *Uhlenbruck* in: Gottwald § 9 Rnr. 16; *Landfermann* in: HK-InsO § 304 Rnr. 6; a. A. etwa Fuchs ZInsO 1999 S. 185 ff. (189), AG Köln Beschl. v. 31.3.1999 - 73 IN 20/99 - NZI 1999, 241

[148] Jüngst OLG Köln Beschl. v. 28.3.2001 - 2 W 39/01 - NZI 2001, 318; *Kirchhof* in: HK-InsO § 13 Rnr. 9; *Haarmeyer/Wutzke/Förster* Kap. 3 Rnr. 28; *Uhlenbruck* KTS 1987, 561 ff. (562); *Unger* KTS1962, S. 205 ff. (209); *Boennecke* KTS 1955 S. 173 ff.

Aus diesem Grund ist auch jeder Insolvenzantrag unter einem eigenen Aktenzeichen zu behandeln, eine Verbindung im Eröffnungsverfahren mit der Folge, dass allein in einem Gesamtverfahren die Kosten anfallen, kommt grundsätzlich nicht in Betracht.
Wie auch in sonstigen prozessualen Verfahren müssen sämtliche Zulässigkeitsvoraussetzungen in der Person desjenigen Gläubigers vorhanden sein, über dessen Insolvenzeröffnungsantrag zu befinden ist. Für die Frage des RSI eines Insolvenzantrages ist deshalb lediglich die Lage des Antrag stellenden Gläubigers maßgebend.[149] Grundsätzlich werden erst mit der Verfahrenseröffnung alle Gläubigerinteressen automatisch in einem einheitlichen Verfahren zusammengefasst. Nach Eröffnung wird entweder das Aktenzeichen des führenden Verfahrens zugrunde gelegt oder die übrigen anhängigen Verfahren finden ihre Erledigung, so dass diese Antragsteller ihre Ansprüche zur Insolvenztabelle anzumelden haben.[150]
Lediglich bei sog. Massenverfahren verschiedener Gläubiger gegen denselben Schuldner kann nach Eingang bei Gericht gem. §§ 4 InsO, 495, 147 ZPO eine Verbindung der verschiedenen Verfahren zum Zweck der einheitlichen Entscheidung über die Insolvenzeröffnung in Betracht kommen.[151] Voraussetzung dafür ist ein innerer Zusammenhang der verschiedenen Anträge, der eine einheitliche rechtliche Würdigung zulässt, wie dies etwa bei Arbeitnehmern gegen ihren Arbeitgeber wegen rückständiger Löhne und Gehälter der Fall ist

4. Die Darlegung des Rechtsschutzinteresses

Fraglich ist, ob sich die nunmehr ausdrückliche Normierung des Rechtsschutzinteresses als Verfahrensvoraussetzung auf die Darlegungslast bei Antragstellung niederschlägt, ob also die Darlegung des rechtlichen Interesses des Gläubigers an der Eröffnung des Insolvenzverfahrens fürderhin zur Zulässigkeit des (Fremd-)Antrags gehört.

a. Verfahren bis zur Zulassung des Antrags

Nach dem Wortlaut des § 14 Abs. 1 Satz 1 InsO ist die Glaubhaftmachung des rechtlichen Interesses durch den Gläubiger nicht ausreichend. Nach dieser Bestimmung ist gerade in Abkehr zu Forderung und Eröffnungsgrund, deren Nachweis durch die Glaubhaftmachung erleichtert wird, der Antrag nur dann zulässig, wenn der Antragsteller ein rechtliches Interesse an der Eröffnung des Verfahrens (tatsächlich) „hat“. So wie alle anderen Zulässigkeitsvoraus-

---

[149] OLG Hamm Beschl. v. 27.04.1973 - 23 W 84/73 MDR 1973, S. 1029; *Schroeder* JurBüro 1960 S. 235 (237)

[150] *Schmerbach* in: FK-InsO § 13 Rnr. 36 f.; *Uhlenbruck* in: Gottwald § 12 Rnr. 25

[151] Weiterführend dazu *Uhlenbruck* KTS 1987 S. 561 ff. (564)

setzungen muss der Gläubiger deshalb ebenso wie im zivilprozessualen Verfahren das RSI zur vollen Überzeugung des Gerichts darlegen.[152]
Dieses rechtliche Interesse wird nicht näher spezifiziert und lässt sich daher nicht mit anderweitig geforderten rechtlichen Interessen vergleichen. § 256 ZPO etwa, eine der wenigen Normen, die ein rechtliches Interesse fordern, verlangt ein - spezielles - Rechtsschutzinteresse in Bezug auf die „alsbaldige Feststellung eines Rechtsverhältnisses". Daraus ist mangels spezieller Ausgestaltung des RSI in § 14 InsO der Gegenschluss zu ziehen, dass es sich trotz der positiven Normierung in der InsO nach wie vor lediglich um das allgemeine RSI handelt, welches somit die unter der KO erworbene Prägung weitgehend beibehält.
Allgemein anerkannt ist, dass der Amtsermittlungsgrundsatz (Untersuchungsmaxime) nach § 5 Abs. 1 Satz 1 InsO für die Prüfung der Zulässigkeit des Eröffnungsantrags von Gläubigern noch nicht gilt. Die Pflicht zur amtswegigen Ermittlungen greift erst in dem Zeitpunkt ein, in welchem der Antrag vom Insolvenzgericht zugelassen wird.[153] Die Amtsermittlungspflicht hat dort ihre Grenzen, wo der Antragsteller gesetzlich verpflichtet ist, bestimmte verfahrensrelevante Tatsachen selbst vorzutragen, nachzuweisen oder glaubhaft zu machen.[154] Daraus ergibt sich, dass das Gericht trotz seiner Pflicht zur amtswegigen Prüfung des Rechtsschutzinteresses nicht zur Anstellung von Ermittlungen bezüglich der Motivation der Antragstellung verpflichtet ist. Verfügt das Gericht jedoch über Kenntnisse, die Bedenken daran aufkommen lassen oder äußerst der Schuldner sie vor Zulassung des Antrags, so ist der Gläubiger dazu zu hören. Räumt der Gläubiger die Bedenken daraufhin nicht aus und bleibt das Vorliegen des RSI ungeklärt (sog. non liquet), so geht das zu Lasten des Antragstellers, so dass der Antrag als unzulässig abzuweisen ist.[155]
Gerade beim Insolvenzantrag trägt der Gläubiger sein allgemeines rechtliches Interesse an der Eröffnung des Verfahrens konkludent bereits mit der Glaubhaftmachung der Forderung vor. Die Inhaberschaft über die geltend gemachte Forderung indiziert das RSI, was grundsätzlich als erforderlich und ausreichend anzusehen ist. Bei der vom Insolvenzgericht anzustellenden Prüfung des RSI bedarf es darüber hinausgehender Darlegungen durch den Antragsteller hierzu daher grundsätzlich nicht.[156] M. a. W. hat der Gläubiger über die Glaubhaftmachung der Forderung hinaus nicht von sich aus Umstände darzulegen, die das Vorliegen seines rechtlichen Interesses an der Verfahrenseröffnung glaubhaft machen, so etwa, dass er nicht missbräuchlich

---

[152] *Schmerbach* in: FK-InsO § 14 Rnr. 50

[153] *Kirchhof* in: HK-InsO § 5 Rnr. 6; *Uhlenbruck* in: Gottwald § 12 Rnr. 35; *Kuhn/Uhlenbruck* § 75 KO Rnr. 1a

[154] *Uhlenbruck/Delhaes* HRP Rnr. 204, 324

[155] *Schmerbach* in: FK-InsO § 14 Rnr. 29; allgemein zum Amtsprüfungsgrundsatz *Jauernig* ZPR § 25 X

[156] So auch *Pape* in: Kübler/Prütting § 14 Rnr. 11; *Kirchhof* in: HK-InsO § 14 Rnr. 16; *Goetsch* in: BK-InsO § 14 Rnr. 2

handelt. Dies wäre - entsprechend der Problematik eines Negativbeweises - überhaupt nur im Sinne einer Versicherung an Eides Statt denkbar und verkäme zu einer bloßen Förmelei.

b. Weiteres Verfahren bis zur Eröffnung des Insolvenzverfahrens

Mit Zulassung des Insolvenzeröffnungsantrags setzt zum einen die Untersuchungsmaxime des Eröffnungsverfahrens ein, § 5 Abs. 1 InsO. Nunmehr ist das Insolvenzgericht von Amts wegen verpflichtet, die inhaltlichen Voraussetzungen der Verfahrenseröffnung auszuermitteln. Zu diesem Zweck können nach § 5 Abs. 1 Satz 2 InsO insbesondere Zeugen und Sachverständige vernommen werden. Der Umfang der Ermittlungen richtet sich nach den jeweiligen Erfordernissen des Einzelfalles. In der Regel muss sich das Gericht eine geordnete und vollständige Vermögensübersicht vorlegen lassen.[157] Dem sorgfältigen Nachkommen dieser Pflicht im Eröffnungsverfahren kommt angesichts der einschneidenden Folgen der Insolvenzeröffnung große Bedeutung zu - einerseits wegen der häufig existenzvernichtenden Folgen für den Schuldner, andererseits aber auch wegen Gläubigergefährdungen, die aus missbräuchlichen Absichten des Schuldners bei Eigenanträgen erwachsen können.[158]

Im Zuge der einsetzenden Ermittlungen des Insolvenzgerichts können auch noch nachträglich, d.h. nach Zulassung des Gläubigerantrags, Zweifel am Vorliegen des rechtlichen Interesses geweckt werden. Sie können etwa aus dem besonderem Drängen des Gläubigers auf schnelle gerichtliche Entscheidung, seinem Wunsch, den Schuldner unter Druck zu setzen oder seinem Wunsch, vor Eröffnung den Schuldner zu hören, erwachsen. Da das RSI wie die übrigen allgemeinen Zulässigkeitsvoraussetzungen bis zum Zeitpunkt der Eröffnungsentscheidung vorliegen muss,[159] muss das Gericht auch bei nachträglichen Zweifeln am Vorliegen des RSI auf das möglicherweise bestehende Verfahrenshindernis hinweisen und dem Antragsteller eine angemessene Frist einräumen, um diese Bedenken ausräumen zu können. Auch nach Zulassung des Antrags ist das Gericht nicht dazu verpflichtet, eigene Ermittlungen hinsichtlich des Rechtsschutzinteresses anzustellen, vielmehr bleibt die Beibringung entsprechender Tatsachen allein Aufgabe der Parteien. Denn die Amtsermittlungspflicht bezieht sich auf den Verfahrensgegenstand, folglich auf das Vorliegen eines Eröffnungsgrundes, nicht aber auf die Zulässigkeitsvoraussetzungen, für die im gesamten Eröffnungsverfahren der Grundsatz der Amtsprüfung gilt.[160]

---

[157] *Uhlenbruck/Delhaes* HRP Rnr. 304

[158] S. dazu unten „Verfolgung mißbräuchlicher Ziele durch den Schuldner" Teil 6 II

[159] *Schmahl* in: MüKo-InsO § 14 Rnr. 42; *W. Delhaes* Insolvenzantrag S. 84; *Kuhn/Uhlenbruck* § 105 KO Rnr. 6; *Schroeder* JurBüro 1960 S. 235 ff. (237)

[160] Vgl. *Greger* in: Zöller Vor § 128 ZPO Rnr. 12; anders wohl *Uhlenbruck* in: Gottwald § 13 Rnr. 4 und § 12 Rnr. 7

Zum anderen beginnt mit dem Übergang vom einseitigen Zulassungs-verfahren zum zweiseitigen Eröffnungsverfahren das „quasi-streitige" Parteiverfahren, das mit dem parallel laufenden Amtsverfahren ein dem Insolvenzeröffnungsverfahren eigentümliches Gesamtverfahren bildet. Der Antragsgegner ist gem. § 14 Abs. 2 InsO anzuhören und kann - unbeschadet der Amtsermittlungspflicht des Gerichts - das Vorbringen des Antragstellers bestreiten. Dazu kommt die Rüge der allgemeinen Zulässigkeitsvoraussetzungen, etwa das Vorliegen des rechtlichen Interesses, ebenso in Betracht wie das Bestreiten von Insolvenzforderung oder -grund.[161] Werden dadurch beim Gericht Zweifel erweckt, so führt dies dazu, dass sich die Amtsprüfung auf dieses Vorbringen erstreckt.[162] Dem Antragsteller obliegt es dann, zusätzlich zu den Amtsermittlungen des Gerichts zu versuchen, dessen Überzeugung vom Vorliegen der gerügten Voraussetzung durch Entkräftung der gegnerischen Einwände herzustellen. Erschüttert der Antragsgegner etwa die Antragsforderung durch Gegenglaubhaftmachung mit den Mitteln der § 4 InsO, § 294 ZPO und beseitigt er damit zugleich ihre Indizwirkung zugunsten des rechtlichen Interesses, so muss der Antragsteller die Einwände entkräften und die Forderung erneut glaubhaft machen, um auf diese Weise die Indizwirkung wieder herstellen.[163]

---

[161] *Uhlenbruck* AnwBeratung S. 121; *Uhlenbruck/Delhaes* HRP Rnr. 286 f.
[162] *Uhlenbruck* in: Gottwald § 13 Rnr. 4
[163] Vgl. *Uhlenbruck* AnwBeratung S. 121; *Uhlenbruck/Delhaes* HRP Rnr. 286

Teil 3:
Antragsrecht und Antragspflicht

Bevor die speziellen insolvenzrechtlichen Fälle fehlenden RSI dargestellt werden, erscheint es für das Verständnis der verschiedenen Antragsvoraussetzungen des Insolvenzeröffnungsantrags förderlich, wenn zunächst in der gebotenen Kürze auf die Regelungen der InsO zum Antragsgrundsatz sowie zu Antragsrecht und Antragspflicht eingegangen wird.
Gerade im Zusammenhang mit der Antragsbefugnis ist oftmals zu beobachten, daß die vom Gesetz vorgegebene Abgrenzung der einzelnen Antragsvoraussetzungen nicht eingehalten und dem Grundsatz der Subsidiarität des RSI nicht genügt wird. Denn soweit der Geltungsbereich explizit und inhaltlich klar aufgeführter Zulässigkeitsvoraussetzungen reicht, muss das nach wie vor generalklauselartig geregelte Institut zurückstehen. So sind einzelne Probleme, die von der hergebrachten Auffassung ganz oder zumindest teilweise unter Heranziehung des RSI behandelt werden, in Wahrheit Probleme, die bereits über eine saubere Prüfung der Antragsberechtigung gelöst werden können, so dass es weiterer Erwägungen zum RSI nicht bedarf.[164]
Aus diesem Grund müssen zunächst Aufgaben und Grenzen der Bestimmungen zum Antragsrecht der InsO dargestellt werden, um im weiteren Verlauf der Untersuchung Rückschlüsse auf die Notwendigkeit des RSI im Einzelfall ziehen zu können.

I. Antragsgrundsatz gem. § 13 Abs. 1 Satz 2 InsO

Die Eröffnung eines Insolvenzverfahrens findet gemäß § 13 Absatz 1 Satz 1 InsO nur auf Antrag eines Antragsberechtigten statt. Insofern ist die bereits in der KO (§ 103 Abs. 1) gültige Regelung vom Reformgesetzgeber beibehalten worden.[165] Schon dort war für die Einleitung eines Konkursverfahrens ein entsprechender Antrag eines späteren Konkursgläubigers bzw. des Schuldners selbst unabdingbares Erfordernis.[166] Nach der Rechtsauffassung des damaligen Gesetzgebers sollte es nicht Aufgabe des Staates sein, von sich aus in privatrechtlicher Verhältnisse einzugreifen; vielmehr habe jeder Gläubiger selbst sich über die Vermögenslage des Schuldners informiert zu halten.[167]

---

[164] Dazu später z.B. „Rechtsschutzinteresse Aussonderungsberechtigter?“ (Teil 4 II 5), „Rechtsschutzinteresse des PSVaG“ (Teil 4 II 7)

[165] BT-Drs. 12/2443 S. 113 zu § 15 RegEInsO; *Vallender* MDR 1999 S. 280 ff.

[166] *Kuhn/Uhlenbruck* § 103 KO Rnr. 1; *Jaeger/Weber* § 103 Rnr. 10; OLG Celle Beschl. v. 2.5.1972 - 8 W 163/72 - KTS 1972, 264; LG Kiel Beschl. v. 27.5.1987 - 13 T 200/87 - 1987, 870

[167] *C. Hahn* Materialien S. 296; *Hommelhoff* in: FS-Döllerer S 245 ff. (259)

Dabei ist die Formulierung der Norm unpräzise, da der Antrag nicht nur Voraussetzung für die Eröffnung, sondern schon für das Eröffnungsverfahren, mithin das Zulassungsverfahren ist. Ohne Antrag darf das Insolvenzgericht in keiner Form tätig werden, ein Handeln des Insolvenzgerichts im Vorfeld der Eröffnung, insbesondere Aufnahme von Ermittlungen oder Einwirkung auf Antragsberechtigte, den Antrag auf Eröffnung zu stellen, gibt es nicht.[168]

1. Abgrenzung zum Offizialprinzip

Statt zweckwidrige oder missbräuchliche Eröffnungsanträge über das Kriterium des RSI auszusondern, wäre die Ersetzung des Antragsgrundsatzes durch Einführung der Verfahrenseröffnung von Amts wegen denkbar. Da die Gerichte als Staatsbehörden Recht und Gesetz verpflichtet sind (Art. 20 Abs. 3 GG), könnten bereits auf diese Weise Missbräuche bei der Stellung von Insolvenzanträgen weitgehend[169] ausgeschlossen werden.

Dieses sog. Offizialprinzip wurde im Rahmen der Reformdiskussion vorgeschlagen, wenn auch mit anderem Ziel: auf diese Weise sollte die verzögerte Antragstellung vermieden werden, die als eine wesentliche (Mit-) Ursache für die Massearmut des Konkurses angesehen wurde und die Durchführung des Konkursverfahrens in den meisten Fällen aussichtslos machte.[170]

Regelungen zur amtswegigen Verfahrenseinleitung finden sich etwa in osteuropäischen Staaten sowie Belgien und Frankreich[171], gleichermaßen verfahren wurde in der DDR (§ 2 Abs. 1, 3 GesVVO)[172] sowie bereits im gemeinen Concurs.[173]

Damit würde jedoch einer der wesentlichen Verfahrensgrundsätze unseres bisherigen Insolvenzrechts aufgegeben. Denn die Parteiherrschaft über Anfang und Ende des Insolvenzverfahrens entspricht der Privatautonomie der deutschen Wirtschaftsordnung, die im materiellen Recht vielfachen Ausdruck findet.[174] Rechtsbegründung und Rechtsdurchsetzung sind Recht und Freiheit der Parteien (Art. 2 Abs. 1 GG), den Staat trifft insoweit keine initiierende Fürsorgepflicht.[175] Dieser Grundentscheidung folgend stellte es bereits der

---

[168] *Häsemeyer* InsR Rnr. 7.01; *Prütting* in KS-InsO S. 221 ff. Rnr. 39

[169] Zu Mißbräuchen von Staatsbehörden vgl. unten Teil 5 III 3, IV

[170] So wurde namentlich von *Kilger* (ZRP 1976 S. 190 ff. (193)) erwogen, bei Vorliegen eines objektiven Tatbestandes einen Offizialantrag einzuführen. Sollten etwa Bilanzierungspflichten nicht innerhalb einer bestimmten Frist nach Ablauf des Bilanzierungszeitraumes dem Handelsregister vorgelegt werden, so sollte diese Institution nach Ablauf einer angemessenen Nachholfrist verpflichtet sein, von Amts wegen einen Insolvenzantrag zu stellen.

[171] S. dazu *Smid* KTS 1998 S. 313 ff. (322 f.)

[172] *Smid* in: Smid/Zeuner § 2 GesO Rnr. 4

[173] Vertiefend *Baur/Stürner* ZwVR Bd. II Rnr. 3.13

[174] Etwa §§ 241, 305 BGB; vgl. auch *Stürner* FS-Hanisch S. 257 ff. (258), *ders.* FS-Baur S. 647 ff. (650); *Smid* KTS 1998 S. 313 ff. (322)

[175] *Baur/Stürner* ZwVR II Rnr. 5.5

Gesetzgeber der Konkursordnung in die Entscheidung jedes einzelnen Gläubigers, ob er aus dem Vermögensverfall seines Schuldners und aus der daraus herrührenden Beeinträchtigung seiner Gläubigerbelange Konsequenzen ziehen und die Eröffnung des Konkursverfahrens beantragen will.[176] Ebenso steht - zumindest im Grundsatz - dem Schuldner selbst zur Disposition, ob gegebenenfalls durch Stellung eines Eigenantrags die Universalexekution herbeigeführt wird.[177]
Sicherlich gilt die Dispositionsbefugnis des Schuldners im Insolvenzfall nicht uneingeschränkt: Einschränkungen ergeben sich, mittelbar und ausnahmsweise, durch Antragspflichten und Straftatbestände. Auch das Recht zur Rücknahme des Antrags ist gem. § 13 Abs. 2 InsO im Interesse der Gläubigergemeinschaft und der Rechtssicherheit nur solange möglich, bis das Insolvenzgericht über ihn entschieden hat. [178] Eine Abschaffung des ausschließlichen Initiativrechts der Parteien stellte jedoch eine Bevormundung der Bürger dar, die mit der heutigen Wirtschaftsordnung nur schwerlich in Einklang zu bringen wäre.[179] So minderte ein amtswegiges Einschreiten mit seiner Publizität insbesondere etwaige Chancen für eine wirtschaftliche Erholung und außergerichtliche Sanierung, aber auch den Erlös einer stillen Liquidation des Schuldners. Den Gläubigern würde die Entscheidung genommen, entweder im Wege der Einzelzwangsvollstreckung Befriedigung zu verlangen oder durch Gesamtvollstreckung die Liquidation des gesamten Schuldnervermögens zu erzwingen.[180] Auch die Erreichung des Reformziels einer zeitlich eher erfolgenden Verfahrenseinleitung ist fraglich, da das Insolvenzgericht seinerseits in der Regel kaum in der Lage ist, rechtzeitig den Eintritt eines Insolvenzgrundes beim Schuldner zu erkennen.[181] Die Einführung der Offizialmaxime würde umfangreiche Meldepflichten, Kontrollrechte, kurz: einen erheblichen bürokratischen Aufwand erfordern, der in keinem angemessenen Verhältnis zum praktischen Nutzen stünde.[182] Vielmehr gilt es, die Interessen der Beteiligten, der „Insider" und auch der - zumeist besser informierten - Großgläubiger an rechtzeitiger Verfahrenseröffnung zu wecken. [183]

---

[176] *Hommelhoff* in: FS-Döllerer S 245 ff. (259)

[177] Vgl. *Smid* Grundzüge § 3 Rnr. 7 ff.

[178] OLG Celle Beschl. v. 02.03.2000 - 2 W 15/00 - NZI 2000, 265 = ZIP 2000, 673 *Kirchhof* in: HK-InsO § 13 Rnr. 13 *Braun/Uhlenbruck* S. 213

[179] BT-Drs. 12/2443 S. 113 zu § 15 RegEInsO; *Uhlenbruck* GmbHR 1995, 81 ff., 195 ff. (196); *Mönning* in: Nerlich/Römermann § 13 InsO Rnr. 1; *Stürner* ZZP Bd. 99 (1986) S. 291 ff. (298); ähnlich *Brehm* Rpfleger 1982, 125 (128)

[180] *Braun/Uhlenbruck* S. 213; *Smid* Grundzüge § 3 Rnr. 3; *Mönning* in: Nerlich/Römermann § 13 InsO Rnr. 5

[181] Anders bei bestimmten behördlichen Institutionen wie den Bundesaufsichts-ämtern für Kreditwesen und Versicherungswesen; vgl. *W. Delhaes* Insolvenz-antrag S. 135 ff.

[182] *Uhlenbruck* in: Gottwald § 7 Rnr. 3; *Mönning* in: Nerlich/Römermann § 13 InsO Rnr. 6

[183] *Häsemeyer* InsR Rnr. 7.02

Zu Recht wurde daher vom Vorschlag einer Einführung der Offizialmaxime im neuen Insolvenzrecht Abstand genommen.[184] Missbräuchen bei der Antragstellung muss mit den Mitteln des Prozessrechts begegnet werden, ohne die Privatautonomie derart weitgehend auszuhöhlen.

2. Offizialantrag im Kredit- und Versicherungswesen?

Die Ablehnung eines Offizialantrags wurde auch für die Insolvenz von Kreditinstituten, Versicherungen und Bausparkassen durchgehalten.
Zwar kann bei der Insolvenz von Kreditinstituten und Bausparkassen, die dem KWG unterliegen, der Antrag auf Eröffnung des Insolvenzverfahrens nur vom Bundesaufsichtsamt für das Kreditwesen gestellt werden, § 46b Satz 4 KWG. Das Kreditinstitut bzw. die Bausparkasse ist selbst ebenso wie ihre Gläubiger nicht antragsberechtigt.[185] Entsprechend darf das Antragsrecht bei der Insolvenz von Versicherungsaktiengesellschaften, Versicherungsvereinen auf Gegenseitigkeit, Bausparkassen, die unter das KWG fallen, sowie gleichstehenden Vereinen i.S.d. § 128 VAG nicht von den Gläubigern ausgeübt werden. Die Antragstellung erfolgt gem. § 88 VAG allein durch das Bundesaufsichtsamt für das Versicherungswesen als Aufsichtsbehörde.[186]
Doch obwohl hier ausschließlich die Bundesaufsichtsämter, d.h. staatliche Einrichtungen zur Einleitung des Verfahrens befugt sind, handelt es sich nicht um eine Insolvenzeröffnung von Amts wegen. Denn der Antrag wird von einer vom Gericht unabhängigen anderen staatlichen Einrichtung gestellt. Bei der Verleihung des Antragsrechts an die Bundesaufsichtsämter wird aus Gründen der besonders großen Tragweite von Insolvenzen in diesen Bereichen für die Kunden bzw. Versicherten, aber auch zur Unterstützung von Sanierungsbemühungen der Aufsichtsbehörden, ein Recht denjenigen Personen, denen es normalerweise zusteht, auf besondere gesetzliche Anordnung hin entzogen.

3. Insolvenzantragspflicht öffentlicher Stellen

Weiter muss es abgelehnt werden, zweckwidrigen und missbräuchlichen Anträgen zu begegnen, indem Staatsanwaltschaften, Finanzbehörden oder Sozialversicherungsträger, mithin Stellen mit besonderer Kenntnis der Vermögenslage des Schuldners, verpflichtet werden, bei Vorliegen der materiellen Voraussetzungen Insolvenzeröffnungsantrag zu stellen; dies ist etwa in den Niederlanden oder Italien der Fall.
Von den Befürwortern einer Antragspflicht öffentlicher Stellen wird vorgebracht, im allgemeinen verfüge neben der Hausbank des Schuldners

---

[184] *Obermüller/Hess* Rnr. 63; *Vallender* MDR 1999 S. 280; *W. Delhaes* in KS-InsO S. 141 ff. Rnr. 2; Kritisch zum reinen Antragsverfahren auch *Unger* KTS 1962 S. 205 ff. (209)

[185] *Haas* in: Gottwald § 93 Rnr. 47 f.; *W. Delhaes* Insolvenzantrag S. 135 f.; *Schmerbach* in: FK-InsO § 13 Rnr. 13; *Kirchhof* in: HK-InsO § 13 Rnr. 8

[186] *Haas* in: Gottwald § 93 Rnr. 46; *W. Delhaes* Insolvenzantrag S. 136

lediglich das Finanzamt als Vertreter des Steuergläubigers über ausreichende Informationen, um etwa eine Überschuldung zu belegen. Das Finanzamt könne die für die Überschuldungsfeststellung maßgeblichen tatsächlichen Vermögenswerte zumindest grob ermitteln, indem es Abschreibungstabellen, Mietspiegel, der Grunderwerbssteuerstelle vorliegende Informationen über Verkaufserlöse aus benachbarten und vergleichbaren Grundstücken und dgl. heranzöge.[187]
Abgesehen von den eben dargestellten Nachteilen, die hier entsprechend gelten, sowie den Gefahren einer dadurch heraufbeschworenen Denunziantengesellschaft sind solche Forderungen zu Recht als mit dem Steuer- und dem Strafverfolgungsgeheimnis unvereinbar verworfen worden.[188]
Auch daraus, dass häufig Körperschaften des Öffentlichen Rechts und insbesondere des Bundes oder der Länder, mithin juristische Personen des Öffentlichen Rechts als Gläubiger einer Forderung Insolvenzanträge stellen, kann nicht geschlossen werden, es handele sich um eine Verfahrenseröffnung von Amts wegen oder aufgrund von Amtspflichten. Der Staat handelt hierbei vielmehr ausschließlich in seiner Funktion als gewöhnlicher Insolvenzgläubiger.[189]
Aufgrund ähnlicher Erwägungen wurde auch dem Betriebsrat kein eigenständiges Antragsrecht eingeräumt, weshalb er nicht stellvertretend für die Arbeitnehmer einen Insolvenzantrag stellen kann.[190]

II. Antragsrecht

Im weiteren Verlauf dieser Abhandlung wird mehrfach auf Probleme einzugehen sein, die sich an der Schnittstelle zwischen der Berechtigung zur Insolvenzantragstellung (§ 13 Abs. 1 Satz 1 InsO) und dem rechtlichen Interesse an der Verfahrenseröffnung (§ 14 Abs. 1 InsO) bewegen. Es wird zu zeigen sein, dass Anträge oftmals in systematisch unrichtiger Weise mangels rechtlichen Interesses statt mangels der Berechtigung des Antragstellers abgewiesen werden - wohl um sich eine eingehendere Beschäftigung mit den Problemen des Antragsrechts zu ersparen. Beispielsweise ist es unzutreffend, einen Insolvenzantrag mangels RSI abzuweisen, wenn der Antragsteller im Zeitpunkt der Antragstellung (noch) nicht bzw. nicht mehr in rechtlicher Beziehung zum Schuldner steht.[191]

---

[187] Vgl. dazu *App* JurBüro 1996 S. 177

[188] *Uhlenbruck* BB 1984 S. 1949 ff. (1950)

[189] *W. Delhaes* Insolvenzantrag S. 122; s. auch „Das Rechtsschutzinteresse bei behördlichen Insolvenzanträgen", Teil 5

[190] *Uhlenbruck* BB 1984 S. 1949 ff. (1950); *Mönning* in: Nerlich/Römermann § 13 InsO Rnr. 50; *Pape* in: Kübler/Prütting § 13 InsO Rnr. 10

[191] S. dazu das Rechtsschutzinteresse des PSVaG (Teil 4 II 7) und des Bürgen vor gesetzlichem Forderungsübergang (Teil 4 II 6)

Um einige dieser Problemfelder später leichter erschließen zu können, soll im folgenden ein kurzer Überblick über die Antragsrechte und -pflichten sowohl der Gläubiger als auch des Schuldners gegeben werden. Dies ist für das Verständnis des systematisches Verhältnisses von Antragsrecht und Rechtsschutzinteresse unerlässlich.
Insoweit sind insbesondere die §§ 13 bis 15 der InsO von Bedeutung, die Auskunft sowohl für den Antrag des Gläubigers (sog. Fremdantrag) als auch für den Antrag des Schuldners (sog. Eigenantrag) geben.[192]

1. Antragsberechtigung des Gläubigers

Unter der Geltung der KO fand hinsichtlich der Antragsberechtigung noch eine klare Unterscheidung zwischen den verschiedenen Gläubigerkategorien statt. So waren gem. § 103 nur der Gemeinschuldner sowie die (künftigen) Konkursgläubiger und Massegläubiger nach § 59 Abs. 1 Nr. 3 zur Stellung des Konkurseröffnungsantrages berechtigt. Von der Einleitung des Konkursverfahrens ausgeschlossen waren hingegen solche Gläubiger, die lediglich über dingliche Ansprüche ohne persönliche Forderung gegen den Schuldner verfügten. Die Befriedigung der Inhaber allein dinglicher Ansprüche erfolgte nach allgemein sachenrechtlichen Bestimmungen außerhalb des Konkursverfahrens.[193]
Die Insolvenzordnung unterscheidet nunmehr nicht mehr nach den verschiedenen Gläubigerkategorien. Vielmehr ist gem. § 13 Abs. 1 Satz 1 InsO jeder Gläubiger zur Stellung des Insolvenzeröffnungsantrags berechtigt. Neben den persönlichen Gläubigern, die einen im Zeitpunkt der Eröffnung des Insolvenzverfahrens begründeten Vermögensanspruch gegen den Schuldner haben (sog. Insolvenzgläubiger gem. 38 InsO) bedeutet das nun auch für alle Aussonderungsberechtigten (§§ 47 f. InsO) sowie zur abgesonderten Befriedigung Berechtigten (§§ 49 ff. InsO) das Recht, Insolvenzantrag zu stellen. Eine Einschränkung dieser erweiterten Antragsberechtigung soll nach dem Willen des Gesetzgebers teilweise über das für den Gläubigerantrag kodifizierte Erfordernis eines Rechtsschutzinteresses (§ 14 Abs. 1 InsO) vorgenommen werden.[194] Auf diese Gesetzgebungstechnik wird an geeigneter Stelle noch näher einzugehen sein.[195]

2. Antragsberechtigung des Schuldners

Antragsberechtigt ist neben den Gläubigern derjenige, der in einem eröffneten Verfahren als natürliche Person Schuldner ist oder als solcher bestimmt wird. Dies ergibt sich bereits aus § 13 Abs. 1 Satz 2 InsO. Kommt in einem eröffneten

---

[192] *Vallender* MDR 1999 S. 280
[193] *W. Delhaes* Insolvenzantrag S. 130
[194] BT-Drs. 12/2443, S. 113 („zu § 15")
[195] S. dazu unten „Rechtsschutzinteresse Aussonderungsberechtigter?" Teil 4 II 5

Insolvenzverfahren einer juristischen Person oder einer Gesellschaft ohne Rechtspersönlichkeit die Schuldnerfunktion zu, richtete sich das Antragsrechts nach § 15 InsO. Zum Antrag auf Eröffnung eines Insolvenzverfahrens ist - unabhängig von gesellschaftsinternen Vertretungsbefugnissen - jedes Mitglied des Vertretungsorgans oder jeder persönlich haftende Gesellschafter sowie jeder Abwickler berechtigt.[196]

III. Antragspflicht und Anzeigepflicht

1. Antragspflicht

Der Grundsatz, wonach aufgrund der Dispositionsmaxime die Einleitung des Insolvenzverfahrens im Ermessen der Parteien steht und grundsätzlich keine Antragspflicht besteht, erfährt in besonderen Haftungskonstellationen seine Ausnahme. Besteht keine persönliche Haftung des Schuldners, sondern ist die Haftung auf ein Sondervermögen beschränkt, so geht mit dem Recht des Schuldners zum Antrag die gesetzliche Pflicht zur Antragstellung einher.
Praktisch relevant wird dies insbesondere dann, wenn ein Schuldnerunternehmen als juristische Person oder Gesellschaft ohne Rechtspersönlichkeit lediglich mit einem beschränkten Vermögen haftet, ohne dass eine persönliche, unbeschränkte Haftung einer natürlichen Person in Betracht kommt. Die gesetzliche Antragspflicht bei beschränkt haftenden Kapitalgesellschaften ist gleichsam der Preis für die beschränkte Haftung der Gesellschafter.[197] Dies resultiert aus der Schutzrichtung der Antragspflicht, Benachteiligungen solcher Gläubiger vorzubeugen, denen als Schuldner keine unbeschränkt haftende natürliche Person gegenüber steht und deren Befriedigung somit ein erhöhtes Ausfallrisiko zukommt. Somit sind die Antragspflichten gläubigerschützend und folgerichtig ausschließlich auf Schuldnerseite zu finden, sei es als Antragspflicht i.e.S., sei es als Antragsausübungspflicht des Organs oder Vertreters einer juristischen Person.[198] Neben dem Recht der Kapitalgesellschaften ergeben sich entsprechende Haftungskonstellationen auch im Erb- und Familienrecht.[199] Da die InsO in § 13 Absatz 1 Satz 2 lediglich die

---

[196] *Goetsch* in: BK-InsO § 13 Rnr. 13 ff.; *Uhlenbruck* GmbHR 1995 S. 81 ff., 195 ff. (196)

[197] *Braun/Uhlenbruck* S. 214

[198] Die Antragspflicht trifft Vorstandsmitglieder oder Liquidatoren einer AG oder KGaA (§§ 92 Abs. 2, 268 Abs. 2, 278 Abs. 3, 83 Abs. 4 AktG), die Vorstandsmitglieder oder Liquidatoren einer eingetragenen Genossenschaft (§§ 99, 148 GenG), die Geschäftsführer oder Abwickler einer GmbH (§§ 64, 71 84 GmbHG) sowie die organschaftlichen Vertreter einer oHG, KG oder KGaA, deren Gesellschafter ausschließlich aus juristischen Personen bestehen, bei KG und KGaA auch, wenn unter ihren Kommanditisten eine natürliche Person ist (§ 177a HGB, § 278 Abs. 2 AktG).

[199] Antragspflichten bestehen hier für die Erben und den Nachlaßverwalter (§§ 1980, 1985 BGB) sowie für den überlebenden Ehegatte bei Fortsetzung der Gütergemeinschaft (§§ 1489 Abs. 2 i.V.m. 1980 BGB).

Antragsberechtigung regelt, finden sie sich nur außerhalb der InsO in den einzelnen Spezialgesetzen.
Die schuldhafte Verletzung der Antragspflicht zieht für Geschäftsführer und Vorstände ebenso wie für den Erben oder Nachlaßverwalter haftungsrechtliche Folgen nach sich. So sind sie gem. §§ 64 Abs. 2 GmbHG, 130a Abs. 3, 177a GBH, 93 AktG, 99 GenG, 1980 Abs. 1 Satz 2 BGB ihren Gläubigern gegenüber zum Ersatz der Schäden verpflichtet, die durch die Verzögerung des Insolvenzantrages entstehen. Zugleich sind die Vorschriften über die Insolvenzantragspflicht auch Schutzgesetze zugunsten der Gläubiger i.S.d. § 823 Abs. 2 BGB, so dass eine Haftung des oder der Antragspflichtigen gegenüber den Gläubigern aus dem Gesichtspunkt der unerlaubten Handlung in Betracht kommt.[200]

2. Anzeigepflicht

In ihrer Schutzrichtung mit den gesetzlichen Antragspflichten vergleichbar sind die sog. Anzeigepflichten, die Organmitgliedern von Kreditinstituten und Bausparkassen, die dem KWG unterliegen, gegenüber dem Bundesaufsichtsamt für Kreditwesen obliegen, §" 46b Satz 1 KWG, 15 Abs. 2 Satz 3 BspG. Entsprechende Pflichten ergeben sich für Versicherungsunternehmen gegenüber dem Bundesaufsichtsamt für das Versicherungswesen (§ 88 Abs. 1 VAG).[201]
Der Schutzzweck der Anzeigepflichten deckt sich mit jenen der Antragspflichten. Das Schutzbedürfnis der Gläubiger ist hier wegen der enormen wirtschaftlichen Bedeutung von Kreditinstituten noch höher einzustufen.[202]
Zudem dienen sie dem Schutz der Institutsgläubiger in ihrer Allgemeinheit vor Verlusten und damit dem Schutz des Vertrauens der Öffentlichkeit in die Funktionsfähigkeit der Kreditwirtschaft.[203]
Schuldhafte Verstöße gegen die Anzeigepflichten ziehen für den Geschäftsleiter bzw. den Institutsinhaber haftungsrechtliche Folgen nach den gesellschaftsrechtlichen Bestimmungen nach sich, da die Anzeigepflicht lediglich die Pflicht zur Stellung des Insolvenzeröffnungsantrags, nicht aber die Haftung gegenüber den Gläubigern ersetzt. Pflichtverletzungen der Aufsichtsämter bei der Ausübung ihrer Aufgaben bieten (Einzel- oder Gruppen-)Geschädigten hingegen keine Ansprüche aus Staatshaftung (§ 6 Abs. 4 KWG); der Einlegerschutz wird insoweit durch die Einlagensicherungseinrichtungen der Institute

[200] *Braun/Uhlenbruck* S. 80 ff., 216 f.; weiter kommt bei schuldhafter Insolvenzverschleppung eines organschaftlichen Vertreters von Gesellschaften des Handelsrechts eine Strafbarkeit gem. §§ 84 Abs. 1 GmbHG, 148 Abs. 1 GenG, 130 b Abs. 2 HGB, 401 Abs. 1 AktG in Betracht.
[201] *Fülbier* in: Boos/Fischer/Schulte-Mattler § 46b KWG Rnr. 1; *Braun/Uhlenbruck* S. 215
[202] Vgl. *W. Delhaes* Insolvenzantrag S. 137
[203] *Fülbier* in: Boos/Fischer/Schulte-Mattler § 6 KWG Rnr. 2

gem. § 23a KWG hinreichend gewährleistet.[204] Entsprechendes gilt gem. 81 Abs. 1 Satz 2 VAG bei der Versicherungsaufsicht.[205]

---

[204] *Fülbier* in: Boos/Fischer/Schulte-Mattler § 6 KWG Rnr. 73; *Szagunn/Haug/Ergenzinger* § 6 KWG Rnr. 13

[205] *Szagunn/Haug/Ergenzinger* § 6 KWG Rnr. 14a

Teil 4:
Mangelndes Rechtsschutzinteresse bei Insolvenzanträgen des Gläubigers

I. Allgemeines und Methodik der Einteilung

Angesichts der massiven Beeinträchtigungen der wirtschaftlichen Existenz des Schuldners, die mit der Einleitung eines Insolvenzverfahrens meist einher gehen[206] und die von der Rechtsordnung lediglich insoweit gestattet werden sollten, als die Antragstellung nicht zweckwidrig oder missbräuchlich erfolgt, entwickelte sich frühzeitig neben dem sorgfältig zu prüfenden Vorliegen eines Insolvenzgrundes das Erfordernis des Rechtsschutzinteresses auch im Konkursrecht zu einer in Lehre und Rechtsprechung anerkannten Zulässigkeitsvoraussetzung.
Die nunmehr ausdrückliche Normierung des RSI in § 14 Abs. 1 InsO für den Gläubigerantrag in Abweichung zur bisherigen gesetzlichen Regelung der KO hat insoweit lediglich die positiv-rechtliche Klarstellung einer anerkannten und seit Jahrzehnten ausgeübten Rechtsübung bewirkt.[207]
Die Prüfung dieses Kriteriums hat dabei stets individuell für den Antrag stellenden Gläubiger zu erfolgen, so dass unter Zugrundelegung der wirtschaftlichen Gesamtsituation des Schuldners lediglich das Interesse dieses Gläubigers an der Eröffnung des Insolvenzverfahrens maßgeblich ist. Dass das RSI allenfalls bei einem anderen Gläubiger, der ein Eröffnungsbegehren nicht erhob, vorhanden wäre, ist bedeutungslos. In zeitlicher Hinsicht muss das RSI bei Antragstellung und auch noch im Zeitpunkt der Eröffnung des Verfahrens vorliegen; bis dahin ist sein Fehlen von Amts wegen zu beachten.[208]
Bereits oben wurde darauf hingewiesen, dass das allgemeine Missbrauchsverbot (§ 242 BGB analog) durch eigenständige, sachadäquate Kriterien überlagert wird, etwa durch die entsprechende Anwendung zivilprozessualer Bestimmungen oder auch durch den Rückgriff auf prozessrechtliche Grundsätze.[209] Die Grundsätze des institutionellen bzw. individuellen Rechtsmissbrauchs können angesichts des kodifizierten Kriteriums Rechtsschutzinteresse im Insolvenz-eröffnungsverfahren daher keine direkte Anwendung finden. Der Reformgesetzgeber wollte über das Institut Rechtsschutzinteresse ausweislich der Gesetzesbegründung sowohl objektive (z.B. die Rechtsstellung des Antragstellers als Aussonderungsberechtigter) als auch subjektive (z.B. Verfolgung missbräuchlicher Ziele) Gesichtspunkte berücksichtigt wissen, die

[206] Vgl. dazu oben Teil 2 II 1c aa
[207] In diesem Sinne *Smid* § 14 InsO Rnr. 12; *Wienberg* in: Hess/Weis/Wienberg § 14 InsO Rnr. 8; *Pape* in: Kübler/Prütting § 14 InsO Rnr. 4
[208] *Schmahl* in: MüKo-InsO § 14 Rnr. 42; *W. Delhaes* Insolvenzantrag S. 84; *Kuhn/Uhlenbruck* § 105 KO Rnr. 6; *Unger* KTS 1962 S. 205 ff. (209)
[209] *Teichmann* in: Soergel § 242 BGB Rnr. 84 f.; *Baumgärtel* ZZP Bd. 86 (1973) S. 353 ff. (358)

zu einer Versagung der Rechtsschutzeinrichtung Insolvenzverfahren führen sollen.[210]

Dennoch geben die Grundsätze des institutionellen bzw. individuellen Rechtsmissbrauchs wertvolle Hinweise für die Bestimmung rechtsmissbräuchlichen Verhaltens, die bei der Rechtsschutzversagung über das Rechtsschutzinteresse gem. § 14 Abs. 1 InsO herangezogen werden können. So können die hierzu entwickelten Kategorien fehlenden Rechtsschutzinteresses ihrem Inhalt nach in zwei Hauptgruppen eingeteilt werden.

1. Objektiv fehlendes Rechtsschutzinteresse

Zunächst kommen Fälle in Betracht, in denen allein aufgrund objektiver Anknüpfungsmerkmale wie der Forderungshöhe, der Streitigkeit der Forderung, der Zugehörigkeit des Antragstellers zu bestimmten Gläubigergruppen etc. auf das Fehlen des rechtlichen Interesse des Antragstellers geschlossen und damit über Zulässigkeit oder Unzulässigkeit des Antrags entschieden werden soll.

Aufgrund des Merkmals der Zwecklosigkeit der Befugnisausübung stehen diese Fälle dem institutionellen Missbrauch prozessualer Befugnisse nah.[211] Denn den Fällen objektiv fehlenden Rechtsschutzinteresses (unten II.) ist gemeinsam, dass unabhängig von dem individuell verfolgten Zweck des Antragstellers durch die Einleitung des Insolvenzverfahrens ein Erfolg eintritt, der unter den objektiven Voraussetzungen die vom Gesetz intendierte Förderung seiner Interessen nicht erkennbar erreicht,[212] etwa weil er am eröffneten Insolvenzverfahren ohnehin nicht beteiligt ist[213] oder das Verfahren angesichts der geringen Befriedigungsaussichten als unangemessen angesehen wird. Die Auslösung der Rechtsschutzsperre resultiert hier nicht aus einem missbräuchlichen Handeln des Antragstellers und stellt deshalb auch keinen Unrechtscharakter fest; deswegen werden bei derart unzulässigen Anträgen auch keine Schadensersatzpflichten gem. § 826 BGB ausgelöst. Vielmehr ist das Rechtsschutzgesuch aufgrund objektiver, von der Person des Antragstellers losgelöster Umstände aussichtslos und zwecklos und damit objektiv von dem Recht zur Verfahrenseinleitung nicht mehr gedeckt. Aus diesem Grund sind insoweit innere Einstellung des Antragstellers, Motivation und Absichten bei der Antragstellung ohne Bedeutung; auch die Frage nach einer „rechtlichen Missbilligung“ im Einzelfall stellt sich hier nicht.

---

[210] BT-Drs. 12/2443 S. 113 („zu § 15 RegEInsO“ und „zu § 16 RegEInsO)

[211] S. dazu bereits oben Teil 1 IV 3

[212] *Zeiss* Die arglistige Prozeßpartei S. 156

[213] Problematisch ist hier das Verhältnis von Rechtsschutzinteresse und Antragsbefugnis, s. bereits oben Teil 3 II, Teil 2 II 3.

2. Subjektiv fehlendes Rechtsschutzinteresse

Die übrigen Fälle, die ebenfalls durch das gemeinsame Merkmal der Zweckentfremdung der prozessuale Befugnis dem institutionellen Missbrauch von Rechtsinstituten nahestehen, jedoch an subjektive Kriterien des Antragstellers anknüpfen, werden hier als Fälle subjektiv fehlenden Rechtsschutzinteresses (unten III.) bezeichnet.
Sie kennzeichnen sich dadurch, dass die objektiven Anforderungen an die Schutzwürdigkeit des Rechtsschutzgesuches formal zwar erfüllt sind, der Antragsteller jedoch subjektiv solche Ziele verfolgt, die mit den spezifischen Zwecken des Insolvenzverfahrens nicht in Einklang zu bringen sind. Daraus ergibt sich eine unvereinbare und damit von der Rechtsordnung zu missbilligende Divergenz zwischen der vom Gesetz bezweckten Interessenförderung (Gesetzeszweck) und dem von der Partei beabsichtigten Zweck (Parteizweck). Die Antragstellung stellt sich dann als Missbrauch seiner ihm von Rechts wegen eingeräumten Befugnis zur Verfahrenseinleitung dar.

3. Individuelle Kombinationen fehlenden Rechtsschutzinteresses

Wie die Bildung von Tatbestandsgruppen niemals rein schematisch erfolgen kann, sondern stets offen bleiben muss, um eine Anpassung an die individuellen Verhältnisse eines jeden Sachverhalts zu gestatten, sind auch bei den hier gebildeten Gruppen Durchmischungen und Kombinationen möglich. So können sich Aspekte des objektiv und des subjektiv fehlenden Rechtsschutzinteresses vermischen, wie etwa die Frage nach einer Verbindung zwischen objektiver Höhe der Antragsforderung und einer Indizwirkung für einen (subjektiven) Antragsmissbrauch belegt.[214]
Auch sind Kombinationen mit den inhaltlichen Aspekten des individuellen Rechtsmissbrauchs, insbesondere des Verbots widersprüchlichen Verhaltens (*venire contra factum proprium*) denkbar.[215] Liegen weder Anhaltspunkte dafür vor, dass die Durchführung des Insolvenzverfahrens zwecklos oder zweckwidrig wäre, so kann sich aus einer Sonderbeziehung, etwa einer Vereinbarung im Rahmen einer externen Vergleichsvereinbarung zwischen Antragsteller und Antragsgegner dennoch ergeben, dass einer Geltendmachung seiner Verfahrensbefugnis das schutzwürdige Eigeninteresse fehlt, überwiegende schutzwürdige Interessen des Antragsgegners verletzt würden und ihm deshalb das Rechtsschutzinteresse abgesprochen werden muss.[216]

---

[214] Dazu unten Teil 4 II 1d
[215] Vgl. dazu bereits oben Teil 1 IV 3
[216] S. dazu unten Teil 4 II 13 a, b

II. Das objektiv fehlende Rechtsschutzinteresse

1. Forderungshöhe

Bis in die jüngere Zeit wurde von den Instanzgerichten häufig diskutiert und unterschiedlich bewertet, ob das Vorliegen des Rechtsschutzinteresses von der Höhe der dem Insolvenzeröffnungsantrag zugrunde gelegten Forderung abhängig gemacht werden darf.

a. Ausgangspunkt und Standpunkt der vormals herrschenden Ansicht

Ausgangspunkt der Diskussion ist es, ein schutzwürdiges Interesse an der Verfahrenseröffnung sei dem Gläubiger dann abzusprechen, wenn diesem nur eine ganz geringfügige Forderung gegen den Gemeinschuldner zusteht.[217] Zwar wird erkannt, dass nach der KO, ebenso wie nach der InsO, grundsätzlich nicht von einer ziffernmäßig begrenzten Mindesthöhe der Forderungen auszugehen ist.[218] Damit sei jedoch noch nicht gesagt, dass jede noch so kleine Forderung ausreiche, den Konkurs eines zahlungsunfähigen Schuldners zu erwirken. Im Gegensatz zum Klageweg, dessen Verwehrung angesichts von Bagatellforderungen auf eine unangemessene Beeinträchtigung des Anspruchs des Klägers auf effektiven Rechtsschutz hinausliefe, sei das RSI für die Einleitung eines Verfahrens von der Tragweite einer Insolvenz doch viel strenger zu beurteilen. Danach sei einem Insolvenzantrag dann die Zulassung zu verweigern, wenn die Forderung des Gläubigers unter Berücksichtigung des Grundsatzes von Treu und Glauben (§ 242 BGB) und im Hinblick auf die Auswirkungen eines Konkursverfahrens so geringfügig sind, dass dem Gläubiger an dem Insolvenzverfahren des Schuldners als solcher jedes schutzwürdige Interesse abgesprochen werden müsse.[219]
Grundlagen dieser Ansicht finden sich bereits in der Abhandlung von *Jaeger*[220], der sich gegen den „Konkurs wegen 1 Mark"[221] aussprach. Danach fehlt das RSI jedenfalls dann, wenn ein geringfügiger Betrag im Wege der Singularvollstreckung nicht beizutreiben ist. In diesem Fall werde die auch nur teilweise Befriedigung im Wege der anschließenden Gesamtvollstreckung erst recht nicht zu erreichen sein, da schon die Masse zur Deckung der weit höheren Verfahrenskosten nicht ausreicht. Damit fehle es an der Ernsthaftigkeit des Antragstellers, konkursmäßige Befriedigung zu erlangen, vielmehr verfolge er

---

[217] *Jaeger/Weber* § 103 Anm. 6; *Uhlenbruck* NJW 1968 S. 685 f.; *Unger* KTS 1962 S. 205 ff. (212 f.)
[218] LG Nürnberg/Fürth Beschl. v. 01.03. 1967 - 1 T 3/67 - Rpfleger 1968, 57
[219] LG Bremen Beschl. v. 26.10.1971 - 8 T 608/71 - Rpfleger 1972, 27; LG Offenbach Beschl. v. 11.10.1979 - 2 T 91/79 - Rpfleger 1979, 463 = KTS 1980, 167
[220] *Jaeger* KuT 1936 S. 82
[221] So schon *Braß* KuT 1932 S. 36

konkursfremde Zwecke. Als Werkzeuge der Schikane aber habe der Staat seine Gerichte nicht geschaffen. *Brass* wiederum gab zu bedenken, ob bei derart geringen Forderungen überhaupt von einer Zahlungsunfähigkeit des Schuldners gesprochen werden könne, sprach diesbezüglich also den Bereich der Begründetheit des Insolvenzantrags an.[222]

b. Ermittlung der „Geringfügigkeit"

Die Frage, wann eine Forderung als ganz gering in diesem Sinne anzusehen sei, wurde in Rechtsprechung und Lehre freilich unterschiedlich beantwortet. Wurden zunächst Versuche angestellt, allgemeingültige Maßstäbe auszuarbeiten[223], so wurde recht bald erkannt, dass starre Grenzen angesichts der unterschiedlichen Umstände des Einzelfalles unhaltbar sind. Zurückgehend auf die Ausführungen *Brass'*, wonach auf die individuelle Situation des Schuldners, insbesondere auf dessen Berufstätigkeit, Persönlichkeit sowie auf dessen Umfeld abzustellen sei, wurde insoweit die Ermittlung der „Geringfügigkeit" im Wege einer Abwägung vorgenommen.

Dabei wurden folgende Umstände berücksichtigt und verglichen: Auf Seiten des Schuldners die mit Konkurseröffnung regelmäßig einher gehende völlige Zerstörung seiner wirtschaftlichen Existenz; auf der anderen Seite das Interesse des Antragstellers, das sich nach dem Nutzen bemesse, den er aus der Verwertung des Schuldnervermögens ziehen könne. Unter Zugrundelegung der Höhe seines Anspruchs belaufe sich dieses auf die Konkursquote, die bei nichtbevorrechtigten Gläubigern im günstigen Fall bei nur ca. 5 % der Forderung läge. Hinzu komme der hohe Arbeits- und Kostenaufwand der Gerichte, etwa durch einstweilige Maßnahmen zur Sicherung der Masse, Prüfung durch Sachverständige und sonstige sich aus dem Amtsermittlungsgrundsatz (§ 5 InsO) ergebende Maßnahmen. Der Aufwand sei mithin bei der Abwicklung eines Konkursverfahrens ungleich größer als derjenige, der in einem andersartigen Vollstreckungsverfahren, aber selbst in einem durchschnittlichen Zivilprozess zu leisten ist. Er betrage selbst bei kleinen Verfahren mit einer minimalen Aktivmasse mindestens 2.000 DM, übersteige die Forderung des Gläubigers somit erheblich. Hinzu käme, dass diese Kosten im Falle der Eröffnung des Konkursverfahrens vom Gemeinschuldner zu tragen seien, weil die Massekosten aus der Konkursmasse vorweg zu befriedigen sind (§§ 57, 58 Nr. 1 KO[224]). Für die Wahrnehmung der Schutzfunktion, die der Eintrag in die Schuldnerkartei erfülle, sei das Konkursverfahren angesichts der

---

[222] A.a.O. Anm. 4

[223] So *Henze* (Anm. zu AG Hildesheim Beschl. v. 04.09.1971 - 25 N 47/71 - Rpfleger 1972, 61), wonach der Schwellenwert der Gesamtforderung etwa ¼ der empirisch ermittelten Durchschnittskosten eines Konkursverfahrens betragen soll. Vgl. auch OLG Hamburg Beschl. v. 27.12.1972 - 6 W 74/72 - Rpfleger 1973, 254 - MDR 1973, 415 (Schwellenwert 1.000 DM), sowie LG Koblenz, das eine Analogie zu § 866 Abs. 2 ZPO erwägt.

[224] Vgl. dazu die inhaltsgleichen Bestimmungen der §§ 53, 54 Nr. 1 InsO

Alternative des Gläubigers, das (billigere) Verfahren nach § 807 ZPO zu veranlassen, nicht erforderlich.[225]

c. Stellungnahme

Dieser Ansicht ist zunächst zuzugeben, dass sie ebenso wirtschaftliche wie prozessökonomische Vorteile auf ihrer Seite hat. So dürfte sie auch der Meinung der wirtschaftswissenschaftlichen Literatur entsprechen. Hier wird schon seit jeher Verwunderung darüber geäußert, dass ein Gläubiger mit einer verhältnismäßig geringen Forderung einen Schuldner zum Konkurs zwingen und die Zerschlagung eines Unternehmens herbeiführen könne, auch wenn der Schaden, der dem Schuldner daraus erwachse, viel größer sei als der Vorteil des Gläubigers.[226] Es müsse ein Weg gefunden werden, wie jeder einzelne Gläubiger zu Verhaltensweisen angehalten werden könne, die zugleich auch im Interesse der anderen Gläubiger liegen.

aa. Rechtsschutzsperre und Gewaltmonopol

Dennoch ist diese Ansicht abzulehnen, da sie mit den tragenden Grundprinzipien unseres Zivilprozessrechts einschließlich der Zwangsvollstreckung nicht zu vereinbaren ist.[227] Denn einerseits ist unserer Prozessordnung ein Grundsatz wie der des „minima non curat praetor" unbekannt.[228] Gleichzeitig widerstreitet diese Auffassung den Grundzügen unseres Zwangsvollstreckungsrechts, dessen Problematik der Vollstreckung aufgrund von Bagatellforderungen mit dem hier vorliegenden Problem eng verwandt ist. Auch für die Einleitung der Einzelvollstreckung ist keinerlei Mindestforderung vorgesehen,[229] zudem besteht kein grundsätzliches Verbot einer Übermaßvollstreckung in dem Sinne, dass kleinere Forderungen nicht zur Zwangsverwertung größerer Werte führen dürften.[230]
Eine solche Rechtsschutzsperre wäre auch mit dem rechtsstaatlichen Gewaltmonopol des Staates nicht vereinbar. Denn dem Gläubiger ist auch bei

---

[225] AG Heidelberg Beschl. v. 25.09.1981 - 29 N 128/81 - JurBüro 1982, 945; LG Heidelberg Beschl. v. 08.02.1982 - 5 T 78/81 - JurBüro 1982, 946; Hans. OLG Hamburg Beschl. v. 27.12.1972 - 6 W 74/72 - Rpfleger 1973, 254 = MDR 1973, 415; einschränkend für vereinzelte Minimalforderungen LG Köln Beschl. v. 03.02.1986 - 19 T 42/86 - MDR 1986, 507

[226] S. dazu *Kuhn/Uhlenbruck* § 103 KO Anm. 29

[227] So zu Recht *Gerhardt* Grundbegriffe Rnr. 252

[228] A.A. *Hartmann* in: Baumbach/Lauterbach Grdz. § 253 ZPO Rnr. 46 a.E.

[229] Etwas anderes ergibt sich auch nicht aus der Vorschrift des § 866 Abs. 3 ZPO, wonach die Eintragung einer Zwangshypothek an eine bestimmte Forderungshöhe gekoppelt ist. Denn deren Schutzzweck ist lediglich die Übersichtlichkeit des Grundbuchs und findet auf die Zwangsversteigerung und -verwaltung ohnehin keine Anwendung; vgl. *Putzo* in: Thomas/Putzo § 866 Anm. 3; *Hartmann* in: Baumbach/Lauterbach § 866 ZPO Anm. 4

[230] *Gerhardt* in: FS-Weber S. 181 ff. (190 f.)

Minimalbeträgen die - kostensparende - Selbsthilfe verboten. Dann aber kann der Staat nicht die zwangsweise Durchsetzung (vermeintlich) geringer Ansprüche vernachlässigen oder gar verweigern.[231] Vielmehr stellt sich die Durchsetzung - auch - solcher Forderungen als Korrelat des Selbsthilfeverbots dar. Die Vollstreckung dieser Forderungen kann daher nicht durch Erwägungen der Verhältnismäßigkeit staatlichen Handelns - welche im Verhältnis Gläubiger-Schuldner ohnehin fehl am Platze sind[232] - ausgehöhlt und letztlich sinnlos gemacht werden.[233] Wenn also wegen einer geringen Forderung (gesamt-)vollstreckt wird, so ist dem Gläubiger nicht vorzuhalten, er verursache einen unverhältnismäßigen Aufwand und eine unnötige Härte. Vielmehr ist der Schuldner darauf hinzuweisen, dass er einen kostspieligen Weg zur Regulierung seiner Schulden gewählt hat.

Wie sich schon aus der Entstehungsgeschichte der Konkursordnung ergibt, sollte das Interesse des Antragstellers an der Verfahrenseröffnung - gerade im Gegensatz zum anglo-amerikanischen Recht - nicht in Relation zur Höhe des dem Antrag zugrunde liegenden Forderung gestellt werden. So heißt es in den Motiven der Deutschen Konkursordnung vom 10.02.1877[234] hierzu: „Das Antragsrecht des Gläubigers ist nicht, wie in England und Amerika (50 Pfund resp. 250 $) von einem bestimmten Forderungsbetrag abhängig gemacht; hierin würde eine Zurücksetzung der kleinen Gläubiger liegen, deren Nichtbefriedigung die bedenkliche Lage des Gemeinschuldners am schlagendsten beweist." Durch das Rechtsschutzbedürfnis dennoch eine „Messgröße" in das Verfahren einzuführen[235], hieße, sich in unzulässiger Weise über diese ausdrückliche Entscheidung des Gesetzgebers hinwegzusetzen.

Auch der Schutzfunktion des Insolvenzrechts, Schuldner aus dem kaufmännischen Wettbewerb zu entfernen, die nicht einmal mehr in der Lage sind, geringfügige Forderungen zu begleichen,[236] wird so genügt. Eine Schädigung weiterer Gläubiger wird in der Regel verhindert, weil diese durch die Veröffentlichungen nach §§ 23, 30, 26 InsO gewarnt sind.

Zwar ist zutreffend, dass der Begriff des Kleingläubigers nicht pauschal mit dem „kleinen Mann" gleichzusetzen ist und damit nicht ersichtlich ist, dass

---

[231] *Schumann* NJW 1981 S. 1031 f.

[232] Der Grundsatz der Verhältnismäßigkeit paßt nur für die Durchsetzung staatlicher Recht, also für das Verhältnis von Bürger und Staat. Zwischen Gläubiger und Schuldner gilt allenfalls das privatrechtliche Gebot der Rücksichtnahme, das jedoch grundsätzlich nicht zum Verzicht auf Vollstreckungstitel führen kann. So zu Recht *Jauernig* ZVR §§ 54 III 3 b; 1 X, ebenso *Gerhardt* ZZP Band 95 (1982) S. 467 ff. (485);. a.A. *Wieser*, Der Grundsatz der Verhältnismäßigkeit in der Zwangsvollstreckung, S. 8, 55 f.

[233] *Jauernig* ZVR § 1 X; *Gerhardt* ZZP Band 95 (1982) S. 467 ff. (490); *Brehm* Rpfleger 1982 S. 125 ff. (127); *Schumann* NJW 1981 S. 1031 f.

[234] *C. Hahn* Materialien S. 296

[235] *Uhlenbruck* MDR 1973 S. 636; *Uhlenbruck* AnwBl 1972 S. 155

[236] Zu dieser „Reinigungsfunktion" der Insolvenz: *Uhlenbruck* MDR 1973 S. 636 m.w.N.; kritisch dazu *Gerhardt* in: FS-Weber S. 181 ff. (183)

Kleingläubiger per se besonders schutzbedürftig sind.[237] Insoweit ist aber das Argument verfehlt, eine Relation zwischen Forderungshöhe und dem Vermögen des Antragsgegners könne schon deswegen nicht hergestellt werden, weil die Insolvenzordnung nicht dem Schutz großer Unternehmen diene.[238] Jedoch liefe eine derartige Handhabung tatsächlich auf eine Benachteiligung von weniger finanzkräftigen Gläubigern hinaus. Denn insolvente Großunternehmen wären bereits aufgrund der notwendigen Massekosten (§ 54 Nr. 1 und 1 InsO) und der damit für die Bejahung des Rechtsschutzbedürfnisses erforderlichen hohen Antragsforderung gegen Insolvenzeröffnungsanträge weitgehend gesichert.

bb. Auswirkungen auf Kreditwirtschaft und Rechtssicherheit

Auch ein Blick auf die sich aus obiger Ansicht ergebenden Folgen stützt diese Erwägungen. Der Schuldner geringfügiger Forderungen, der - so zeigt die Praxis - häufig nur zahlungsunwillig ist, wäre zu Lasten des Gläubigers begünstigt. Darüber hinaus wäre jeder Schuldner der Versuchung ausgesetzt, seine Schuld um einen Sperrbetrag zu kürzen;[239] die Höhe des Sperrbetrages träfe den armen Gläubiger wiederum schwerer als den Reichen. Dies berücksichtigend, würde sich die Kreditwirtschaft auf ein solches Verhalten einstellen, was zu einer Gesamtverteuerung von Krediten führen würde. Es ist daher nicht zu rechtfertigen, den Rechtsschutz für Kleinbeträge oder -werte grundsätzlich einzuschränken, solange hierzu das Gesetz schweigt.
Schließlich ist zu bedenken, welch hohes Maß an Rechtsunsicherheit durch einen Mindestforderungsbetrag in das Insolvenzverfahren gebracht würde, gerade weil eine einheitliche Bemessung nach übereinstimmender Ansicht nicht möglich ist und sich nicht allgemein sagen lässt, wann eine Forderung „gering" ist.[240] So wurde z.B. schon bei Forderungen zwischen 100 und 150 DM[241], aber auch erst bei einer Forderung von 500 DM[242] oder gar von 1.000 DM[243] das RSI ausgeschlossen. Dagegen haben das RSI bejaht z.B. das LG Braunschweig bei einer Forderung von 777 DM[244] und das LG Offenburg[245] bei einer Forderung von nahezu 1.000 DM. Somit ist davon auszugehen, dass die Bestimmung von festen Wertgrenzen für Anträge und Rechtsmittel grundsätzlich Aufgabe des Gesetzgebers und nicht der Gerichte ist.

---

[237] AG Heidelberg Beschl. v. 25.09.1981 - 29 N 128/81 - JurBüro 1982, 945

[238] So aber *Kuhn/Uhlenbruck* § 105 KO Anm. 6c

[239] *Greger* in: Zöller Vor § 253 ZPO Rnr. 18; *Schiffhauer* ZIP 1981 S. 832 ff. (836); *Olzen/Kerfack* JR 1991 S. 134 ff.

[240] *Jauernig* ZVR § 1 X; *Baur/Stürner* ZwVR Band II Rnr. 7.45

[241] LG Bremen Beschl. v. 26.10.1971 - 8 T 608/71 - Rpfleger 1972, 27; LG Nürnberg/Fürth Beschl. v. 01.03. 1967 - 1 T 3/67 - Rpfleger 1968, 57

[242] AG Hildesheim Beschl. v. 04.09.1971 - 25 N 47/71 - Rpfleger 1972, 61 (m. Anm. *Henze*)

[243] OLG Hamburg Beschl. v. 27.12.1972 - 6 W 74/72 - Rpfleger 1973, 254 = MDR 1973, 415

[244] LG Braunschweig Beschl. v. 23.01.1976 - 8 T 28/76 - Rpfleger 1977, 140

[245] LG Offenburg Beschl. v. 11.10.1979 - 2 T 91/79 - Rpfleger 1979, 463

Doch gerade die Tatsache, dass der Gesetzgeber bei Schaffung der InsO angesichts der schon unter der Geltung der KO bekannten Problematik nicht regelnd eingegriffen hat, lässt auf eine Ablehnung von Mindestforderungen als Grundlage eines Eröffnungsantrags schließen. Der Gesetzgeber war angesichts der Schwierigkeit der Festlegung, die unterschiedlichsten individuellen Verhältnissen gerecht werden muss, gut beraten, als er es unterließ, die Zulässigkeit eines Insolvenzeröffnungsantrags von einer ziffernmäßig festgelegten Mindesthöhe der Gläubigerforderung abhängig zu machen.
Somit ist davon auszugehen, dass eine Koppelung des Rechtsschutzinteresses an die Forderungshöhe abzulehnen ist, vielmehr auch Klein- und Kleinstforderungen zum Insolvenzantrag berechtigen.[246] Der Gläubigerschutz kann vielmehr nur in den Fällen echten Verfahrensmissbrauchs versagt werden.[247] Es bleibt zu hoffen, dass diese Ansicht auch unter der Geltung der InsO Fortbestand haben und die gegenteilige Meinung endgültig als überholt angesehen wird.[248]

d. Geringfügigkeit und Indizwirkung

Eine gesondert zu bewertende Frage ist es, ob der Eröffnungsantrag, der auf eine geringfügige Forderung gestützt wird, als Indiz für die missbräuchliche Antragstellung anzusehen ist und unter dem Gesichtspunkt der Verfolgung insolvenzfremder Zwecke zum Ausschluss des Rechtsschutzbedürfnisses führen kann.
Insoweit wird darauf hingewiesen, dass die Geringfügigkeit der Forderung und die Verfolgung konkursfremder Zwecke in keinerlei ursächlichem Zusammenhang steht. Daraus folge, dass dieser Faktor nicht generell als Indiz für das Fehlen des Rechtsschutzbedürfnisses gewertet werden könne.[249] Dem Gericht sei allenfalls zuzugestehen, bei Geringfügigkeit einer Forderung hinsichtlich des Rechtsschutzbedürfnisses skeptisch zu sein und dies als Anlass zu nehmen, in diese Richtung Ermittlungen anzustellen.
Dazu ist jedoch kurz auf das Wesen des Indizes einzugehen. Indizien (Anzeichen) sind Tatsachen, aus denen der Schluss auf das Vorliegen oder Nichtvorliegen eines Tatbestandsmerkmals gezogen werden soll. Dieses Tatbestandsmerkmal oder Haupttatsache kann äußere, aber auch innere

---

[246] So auch die inzwischen h. Rspr.; vgl. zuletzt LG Berlin Beschl. v. 15.01.1992 - 81 T 890/91 - Rpfleger 1992, 173 = NJW-RR 1992, 83; BGH Beschl. v. 20.03.1986 - III ZR 55/85 - NJW-RR 1986, 1188 = KTS 1986, 470 = BB 1986, 1048 = WM 1986, 652; LG Kempten Beschl. v. 03.04.1987 - 4 T 457/87 - MDR 1987, 771; LG Mannheim Beschl. v. 17.07.1985 - 4 T 79/85 - MDR 1986, 246; LG Stuttgart Beschl. v. 02.02.1982 - 2 T 79 und 80/82 - Rpfleger 1982, 193 = KTS 1982, 499; LG Dortmund Beschl. v. 08.07.1980 - 9 T 340/80 - KTS 1980, 416; LG Mannheim Beschl. v. 30.06.1976 - 4 T 166/76 - BB 1976, 1051

[247] Dazu ausführlich unten Teil 4 III

[248] In diesem Sinne auch *Uhlenbruck* AnwBeratung S. 93

[249] *W. Delhaes* Insolvenzantrag S. 92

Vorgänge, etwa einer Motivation oder Absicht, zum Inhalt haben.[250] Der Indizienbeweis ist überhaupt nur dann überzeugungskräftig, wenn aufgrund von Erfahrungssätzen andere logische Schlüsse aus den Indiztatsachen ernstlich nicht in Betracht kommen.[251] Andererseits ist das Indiz als Beweis keineswegs von vornherein ungeeignet, auch wenn sein Beweiswert in der Regel nur gering sein mag.[252] Der BGH spricht hier zutreffend vom Beweistatbestand als einem „Mosaik", in welchem auch Indiztatsachen als Steinchen bedeutsam werden können.[253]

In dem ohnehin schwer beweislichen Mosaik, welche der innere Beweistatbestand „Verfolgung insolvenzfremder Zwecke" darstellt, ist somit die Geringfügigkeit einer Forderung als Indiz nur eines mehrerer Steinchen. Erst in der Zusammenschau mit anderen mittelbaren Tatsachen, die ihrerseits wiederum dazu geeignet sein müssen, logische Rückschlüsse auf den Beweistatbestand zu ziehen, kann die Geringfügigkeit ausschlaggebende Bedeutung erlangen. Daraus folgt, dass die geringe Forderungshöhe als Indiz fungieren kann, ohne für sich genommen bereits einen Rechtsmissbrauch des Antragstellers zu beweisen.[254]

Durch die konsequente Beachtung dieser Grundsätze wird hinreichend gewährleistet, dass dem Gläubiger nicht vorschnell eine insolvenzfremde Motivation unterstellt und ihm das Anrecht auf Gesamtvollstreckung mit Verweis auf das fehlende Rechtsschutzinteresse verweigert werden kann.

Damit ist einerseits ausgeschlossen, Inhabern von Kleinforderungen pauschal das Rechtsschutzinteresse abzusprechen. Andererseits wird den Gerichten damit in den seltenen Fällen, in denen geringfügige Forderungen zur Antragstellung verwendet werden und dadurch nach der Lebenserfahrung eine Verfolgung verfahrensfremder Ziele nahe liegt,[255] ein Mittel an die Hand gegeben, welches im Zusammenspiel mit weiteren Indizien die typische Beweisnot derartiger Konstellationen überwinden und insoweit den Missbrauch der Insolvenzantragstellung eindämmen kann. Mithin sollte die Scheu vor dieser Einordnung abgelegt und akzeptiert werden: die Geringfügigkeit einer Forderung ist ein Indiz für die Verfolgung verfahrensfremder Ziele - nicht mehr, aber auch nicht weniger.

---

[250] *Rosenberg/Schwab/Gottwald* ZPR § 113 I 1

[251] *Thomas* in: Thomas/Putzo Vor § 284 ZPO Rnr. 11

[252] *Hartmann* in: Baumbach/Lauterbach Einf. § 284 ZPO Rnr. 16

[253] *Greger* in: Zöller § 286 ZPO Rnr. 9a; BGH Urteil v. 04.05.83 - 8 ZR 94/82 - NJW 1983, 2034 (2035)

[254] So auch *Baur/Stürner* ZwVR Bd. II Rnr. 7.18

[255] *Jauernig* ZwVR § 54 III 3 b; *Schroeder* JurBüro 1960 S. 236 ff. (237)

2. Fehlen des Rechtsschutzinteresses mangels Nachweises der Antragsforderung?

a. Problemstellung

Für die Zulassung eines Insolvenzeröffnungsantrages des Gläubigers ist gem. § 14 Abs. 1 InsO[256] neben dem Vorliegen des rechtlichen Interesses an der Verfahrenseröffnung erforderlich, dass der Gläubiger seine Forderung und den Eröffnungsgrund glaubhaft macht (vgl. §§ 4 InsO, 294 ZPO). Der Gesetzgeber lässt es demnach ausreichen, wenn das Bestehen der Forderung nach den Darlegungen des Gläubigers „überwiegend wahrscheinlich" ist.[257] Der Vollbeweis der Forderung ist damit ebenso irrelevant wie Titulierung oder Streitigkeit der Forderung.[258] Gelingt die Glaubhaftmachung im Rahmen der Vorprüfung, so wird der Antrag zugelassen und dem Hauptverfahren zugeleitet. Ist das Insolvenzgericht hingegen der Auffassung, eine „überwiegende Wahrscheinlichkeit" für das Bestehen der Forderung liege nicht vor, so ist der Antrag als unzulässig abzuweisen.

Auch bei der Eröffnungsentscheidung ist ausreichend, wenn die Antragsforderung glaubhaft ist.[259] Da es sich bei der Antragsberechtigung um ein Initiativrecht handelt und die gerichtlichen Ermittlungen hinsichtlich des Insolvenzgrundes im Interesse aller Gläubiger und nicht nur des Antragstellers durchgeführt werden, sind diese nach Antragszulassung auch unabhängig vom Vollbeweis der Antragsforderung möglich. Das Vorliegen des Insolvenzgrundes (Zahlungsunfähigkeit oder Überschuldung) muss hingegen zur vollen Überzeugung des Insolvenzgerichts feststehen, § 16 InsO.

Problematisch wird dies nun, wenn die dem Antrag zugrunde liegende Forderung die einzige ist, die für den Fall des Bestehens den Eröffnungsgrund ausmachen würde und diese Forderung vom Schuldner nicht anerkannt, sondern bestritten wird. Für diesen Sonderfall besteht in Rechtsprechung und Lehre weitgehende Einigkeit darüber, dass die Glaubhaftmachung der Forderung des Antrag stellenden Gläubigers ausnahmsweise nicht ausreicht. Vielmehr müsse diese dann zur vollen Überzeugung des Insolvenzgerichts bewiesen werden, d.h. der volle Beweis über das Bestehen der Forderung erbracht werden. Anderenfalls sei der Insolvenzantrag abzuweisen und der Antragsteller zur Klärung des Forderungsbestandes auf den ordentlichen Zivilrechtsweg zu

---

[256] Bisher § 105 Abs. 1 KO

[257] *Greger* in: Zöller § 294 ZPO Rnr. 1; *Prütting* in: MüKo-ZPO Bd.1 § 294 Rnr. 23; *Rosenberg/Schwab/Gottwald* ZPR § 112 I 2

[258] *Uhlenbruck/Delhaes* HRP Rnr. 286

[259] *Kirchhof* in: HK-InsO § 14 Rnr. 10; LG Düsseldorf Beschl. v. 06.06.1963 - 14 T 106/73 - KTS 1964, 127

verweisen.[260] Uneinigkeit herrscht jedoch über die Konsequenzen dieser Grundsätze. Während die überwiegende Ansicht die Abweisung des Antrags als unbegründet vorzieht,[261] findet sich sowohl in Teilen der insolvenzrechtlichen Literatur als auch in der Rechtsprechung immer wieder die Gegenansicht, wonach entsprechende Anträge als unzulässig abzuweisen sind.[262] Hier wird häufig auf den Gesichtspunkt des fehlenden Rechtsschutzinteresses abgestellt.[263]

b. Die Literatur

Stellt ein Gläubiger Antrag auf Eröffnung des Insolvenzverfahrens mit einer Forderung, die zum einen nicht tituliert ist und zum anderen vom Schuldner bestritten wird, so wird ein schutzwürdiges Interesse an der Durchführung des Verfahrens in der Literatur teilweise verneint.[264] Bereits im Zulassungsverfahren müsse die Forderung nicht nur glaubhaft gemacht werden, sondern zur vollen Überzeugung des Gerichts bestehen, wenn von der Forderung das Vorliegen des Insolvenzgrund abhänge.[265]

aa. Keine Klärung bestrittener Forderungen im Insolvenzverfahren

Diese Ansicht wird meist damit begründet, dass das Insolvenzverfahren nicht das geeignete Verfahren sei, um den Bestand rechtlich zweifelhafter Forderungen zu klären.[266] Eine derartige Klärung sei statt im Insolvenzverfahren in einem individuellen Zivilprozess herbeizuführen.[267] Der Antrag sei daher bei derartigen Konstellationen mangels Rechtsschutzinteresses als unzulässig abzuweisen und der Antragsteller auf den ordentlichen Rechtsweg zu verweisen.

Letztlich steht hinter dieser Auffassung die Überlegung, dass zur Eröffnung des Verfahrens zwar die Überzeugung des Insolvenzgerichts vom Vorliegen des Insolvenzgrundes gem. § 16 InsO hergestellt werden muss, das Insolvenzeröffnungsverfahren jedoch seiner Natur nach als eilbedürftiges

---

[260] Statt aller *Kirchhof* in: HK-InsO § 14 Rnr. 11; vgl. dagegen *Pape* NJW 1993 S. 297 ff.

[261] *Häsemeyer* InsR Rnr. 7.14; *Uhlenbruck* in: Gottwald § 12 Rnr. 22; *Lüke* ZZP Bd. 105 (1992) S. 122; LG Itzehoe Beschl. v. 21.04.1989 - 1 T 22/89 - KTS 1989, 730

[262] *Wienberg* in: Hess/Weis/Wienberg § 14 InsO Rnr. 31; *Wagner* § 14 InsO Rnr. 3

[263] Jüngst LG Meiningen Beschl. v. 13.04.2000 - 4 T 13/00 - ZIP 2000, 1451; OLG Köln Beschl. v. 18.05.1989 - 2 W 41/89 - ZIP 1989, 789; *Kilger/Schmidt* § 105 KO Rnr. 2

[264] *Baumann* 5 I 3 d Fn. 24; *Kilger/Schmidt* § 105 KO Rnr. 2; ähnlich *Goetsch* in: BK-InsO § 14 Rnr. 28

[265] *Wienberg* in: Hess/Weis/Wienberg § 14 InsO Rnr. 31; *Wagner* § 14 InsO Rnr. 3

[266] *Senst/Eickmann/Mohn* Rnr. 100; *Baur* JZ 1951 S. 209 f. (210 a.E.)

[267] *Pape* in: Mohrbutter Rnr. II.6

Verfahren ausgestaltet ist, das keinen Aufschub verträgt.[268] So würden etwa langwierige Beweisaufnahmen gerade während des Eröffnungsverfahrens, in dem regelmäßig über die wirtschaftliche Existenz des Schuldners entschieden wird, die Gefahr möglicher gläubigerschädigender Vermögensverlagerungen nur noch weiter erhöhen und Anfechtungsfristen ungenutzt verstreichen. Im Interesse einer möglichst ergiebigen Insolvenzmasse müsse das Insolvenzverfahren schnell vorangetrieben und gegebenenfalls frühzeitig eröffnet werden. Schon in der Begründung des Entwurfs einer Konkursordnung[269] wurde daher die Möglichkeit einer Aussetzung der Entscheidung über die Eröffnung des Verfahrens bis zur Einholung eines rechtskräftigen Urteils eines Prozessgerichtes ausdrücklich ausgeschlossen. Eine umfassende Klärung einer bestrittenen Forderung würde das Insolvenzeröffnungsverfahren in die Länge ziehen und damit im übrigen auch dem erklärten Ziel des Reformgesetzgebers einer frühzeitigeren Insolvenzeröffnung[270] nicht gerecht.

bb. Missbrauch des Antragsrecht bei „zweifelhafter" Forderung

Andere rücken die Stellung eines Eröffnungsantrags, dem allein eine bestrittene oder - wie häufig formuliert - „zweifelhafte" Forderung zugrunde gelegt sei, in die Nähe einer missbräuchlichen Ausübung des Insolvenzantragsrechts, wenn das Ziel die unter dem Druck des Insolvenzverfahrens erfolgende Anerkennung der zweifelhaften Forderung durch den Schuldner sei. Aus diesem Grund sei dem Antragsteller das schutzwürdige Interesse an der Verfahrenseinleitung abzusprechen.[271] Auf diese Einordnung der Problematik wird unter dem Aspekt des subjektiven Antragsmissbrauchs einzugehen sein.[272]

c. Die Rechtsprechung

Auch in der Rechtsprechung ist immer wieder festzustellen, dass die Antragstellung aufgrund einer eröffnungserheblichen, vom Schuldner ernsthaft bestrittenen Forderung bereits die Zulassung des Antrags ausschließen soll, da dann das rechtliche Interesse des Antragstellers an der Durchführung des Insolvenzverfahrens zu versagen sei. [273] Einigkeit mit der vorherrschenden

---

[268] *Haarmeyer/Wutzke/Förster* Kapitel 3 Rnr. 79; *Uhlenbruck* in: Gottwald § 12 Rnr. 2; *Obermüller/Hess* Rnr. 71

[269] *C. Hahn* Materialien S. 299

[270] Vgl. Amtliche Begründung zum RegE InsO KTS 1992 S. 33 ff. (52 f.); oben Teil 2 II 1d

[271] *Uhlenbruck* in: Gottwald § 12 Rnr. 11; *Kuhn/Uhlenbruck* § 105 KO Rnr. 6a; *Uhlenbruck/Delhaes* HRP Rnr. 217; *Sprung* öJBl. 1969 S. 237 ff. (245); *Unger* KTS 1962 S. 205 ff. (216); vgl. auch *Baur* DRZ 1950 S. 9 ff. (10)

[272] S. dazu unten Teil 4 III 3 a bb

[273] Jüngst LG Meiningen Beschl. v. 13.04.2000 - 4 T 13/00 - ZIP 2000, 1451; OLG Köln Beschl. v. 18.05.1989 - 2 W 41/89 - ZIP 1989, 789 = KTS 1989, 720, dazu *Gerhardt* EWiR § 102 KO 1/89 S.701; OLG Köln Beschl. v. 29.2.1988 - 2 W 9/88 - ZIP 1988, 664, dazu *Stürner/Stadler* EWiR § 105 KO 1/88 S. 603; OLG Hamburg Beschl. v. 24.09.1984 -

Ansicht besteht lediglich insoweit, als der Antragsteller zur Klärung auf den ordentlichen Rechtsweg verwiesen wird. Im Gegensatz zur vorherrschenden Ansicht, die den Antrag erst als unbegründet abweist,[274] soll er jedoch bereits als unzulässig abzuweisen sein.
In den - wenigen - Entscheidungen, in denen diese Rechtsansicht näher begründet wird, wird regelmäßig darauf verwiesen, dass es ein anerkannter Grundsatz des Vollstreckungsrechts sei, den Bestand einer ernsthaft bestrittenen Forderung, die Grundlage der Vollstreckung sein solle, nicht im Vollstreckungsverfahren, sondern nur im ordentlichen Streitverfahren zu klären. Nicht nur, wenn eine Beweisaufnahme erforderlich wäre, sondern auch wenn die rechtliche Beurteilung der Schlüssigkeit des Gläubigervorbringens oder die Erheblichkeit des Bestreitens durch den Schuldner nicht eindeutig ausfalle, müsse das Insolvenzgericht die Klärung der Forderung dem ordentlichen Prozessverfahren überlassen. Angesichts der schwer wiegenden Bedeutung einer Insolvenzeröffnung könne der Insolvenzgrund nicht allein mit einer Forderung glaubhaft gemacht werden, deren Bestehen erst in einem Rechtsstreit mit ungewissem Ausgang festgestellt werden kann.[275]

d. Stellungnahme

Mit dieser Begründung ist freilich nicht viel gewonnen. Denn sie wird von der vorherrschenden Rechtsprechung und Lehre, die eine Abweisung als unbegründet befürwortet, in gleicher Weise verwendet und gibt für die eigentliche Streitentscheidung nicht viel her. Sie zeigt jedoch gleichzeitig den Grund für die differenzierenden Ansätze der Insolvenzpraxis im Umgang mit streitigen Forderungen auf: den teilweise unreflektierten und nachlässigen Umgang mit den unterschiedlichen Kriterien hinsichtlich der Zulassung und Eröffnung des Insolvenzverfahrens und den unzureichend geregelten Umfang der Überprüfungspflicht des Gerichts über den Bestand streitiger Antragsforderungen.
So ist fraglich, ob Fragen des Bestehens oder Nichtbestehens des Gläubigerrechts im Insolvenzeröffnungsverfahren als Problem des RSI, also der Zulässigkeit des Antrags, behandelt werden können oder ob diese Rechtspraxis vielmehr Fragen der Begründetheit des Antrags vorwegnimmt. Dabei wird deutlich werden, dass die Vermengung von Fragen der Zulässigkeit mit solchen

---

6 W 59/84 - KTS 1984, 635; OLG Ffm. Beschl. v. 29.12.1983 - 14 W 187/83 - ZIP 1984, 195 = WM 1984, 670 = KTS 1984, 247; OLG Ffm. Beschl. v. 05.05.1972 - 20 W 50/72 - MDR 1973, 235 = KTS 1973, 140 = Rpfleger 1973, 60 Nr. 46; OLG Hamm Beschl. v. 03.07.1970 - 15 W 282/70 - KTS 1971, 54 = OLGZ 1971, 64 = Rpfleger 1970, 348 = MDR 1970, 1019

[274] So h. Rspr. seit BGH Beschl. v. 19.12.1991 - III ZR 9/91 - ZIP 1992, 947, dazu *Pape* EWiR § 105 KO 1/92 S. 805; OLG Köln Beschl. v. 3.1.2000 - 2 W 268/99 - NZI 2000, 174, dazu *Frind* EWiR § 105 KO 1/2000 S. 349

[275] OLG Tübingen Beschl. v. 27.07.1949 - W 54/49 - DRZ 1950, 18 (m. Anm. *Baur*); *Baur* JZ 1951 S. 209 ff. (211)

der Begründetheit des Antrags dazu führen kann, dass die Zulassung des vom Gläubiger gestellten Insolvenzantrages weit über die gesetzliche Regelung hinaus erschwert wird und wesentliche Schutzvorkehrungen zur Sicherung der Insolvenzmasse verhindert werden. Die jeweiligen Konsequenzen der verschiedenen Ansätze für die Gläubigerschaft werden deshalb skizziert (unten bb.).

Zuvor ist jedoch auch der gemeinsame Ausgangspunkt beider Ansichten und damit die grundlegendere Frage zu prüfen, ob die nahezu einhellige Praxis, Insolvenzanträge aufgrund einer eröffnungs-erheblichen streitigen Forderung auf den Zivilrechtsweg zu verweisen, überhaupt in Einklang mit den Bestimmungen und der Gesetzessystematik zur Prüfungskompetenz des Insolvenzgerichts steht oder ob das Insolvenzgericht statt dessen die Forderung selbst prüfen kann und muss (unten aa.). Als Maßstab zur Bewertung dieser Praxis wird zunächst der Umfang des Rechts zur Überprüfung der streitigen Forderung durch das Insolvenzgericht näher dargestellt.

aa. Erweiterte Prüfungspflicht des Gerichts?

Angesichts der Schwierigkeiten, die sich für den Umgang mit ernsthaft bestrittenen Forderungen, die allein den Insolvenzgrund ausmachen würden, ergeben, ist zunächst zu hinterfragen, ob der Ausgangspunkt der überwiegenden Ansicht hier überhaupt haltbar ist.

Es geht dabei um die Frage, ob es dem Insolvenzgericht tatsächlich verwehrt ist, über derartige Forderungen selbst zu entscheiden oder ob es insoweit erkenntnisrichterlich tätig werden kann und muss, um eine i.E. möglicherweise unrichtige Abweisung des Insolvenzantrags zu vermeiden.

(1.) Volle Überprüfungspflicht der Forderung

Namentlich *Stürner*[276] vertritt die Ansicht, aus der Pflicht des Insolvenzgerichts, im Rahmen der Begründetheit des Insolvenzantrags selbständig über Rechtsfragen zu entscheiden, ergebe sich eine volle Überprüfungspflicht der Forderung durch das Insolvenzgericht, wenn diese den Insolvenzgrund ausmacht.

Sei der Bestand der Forderung des Antragstellers zweifelhaft, so könne sich daraus die Pflicht des Gerichts ergeben, Beweis zu erheben. Diese Auffassung des Insolvenzgerichts, ob der Antragsteller Gläubiger des Schuldners ist oder nicht, sei dann für die Eröffnungsentscheidung ausschlaggebend, solle jedoch keine Rechtskraft- oder Bindungswirkung für das Prozessgericht haben, das endgültig über den Bestand der Forderung entscheide.

---

[276] *Baur/Stürner* ZwVR Bd. II Rnr. 7.21; *Stürner/Stadler* EWiR § 105 KO 1/88 S. 603 (604)

(2.) Ablehnung der Überprüfungspflicht

Die Ansicht einer umfassenden Überprüfungspflicht des Insolvenzgerichts in derartigen Konstellationen hat sich in Literatur und Rechtsprechung nicht durchsetzen können, vielmehr weitgehenden Widerspruch hervorgerufen. Dieser ergibt sich aus den häufig verwendeten Wendungen, das Insolvenzgericht könne, wenn die dem Insolvenzantrag zugrunde liegende Forderung für den Fall ihres Bestehens den Insolvenzgrund ausmachen würde, vom Antragsgegner jedoch bestritten wird, den Bestand dieser Forderung im Rahmen des Eröffnungsverfahrens nicht nachprüfen, da dies häufig erst nach Klärung komplizierter Rechtsfragen und nach langwierigen Beweisaufnahmen möglich ist.[277] Diese Klärung sei nur im Individualverfahren herbeizuführen.[278]
Dies wird im wesentlichen mit dem Charakter des Insolvenzverfahrens als Eilverfahren begründet. Das Insolvenzgericht sei nicht dazu berufen, den Bestand streitiger Forderungen zu klären, da es nicht berechtigt sei, Beweise zu erheben.[279] Letztlich sei sich an der vom Gesetzgeber aufgestellten Kompetenzverteilung zu orientieren, die einerseits in der vereinfachten Beweisführung im Insolvenzeröffnungs-verfahren mittels Glaubhaftmachung und andererseits der Entscheidung materiell-rechtlicher Streitfragen im ordentlichen Rechtszug vor dem Prozessgericht zum Ausdruck kommt.
Auch in der Rechtsprechung ist die Frage des insolvenzgerichtlichen Prüfungsumfangs bei bestrittener Forderung, die allein den Konkursgrund ausmachen würde, mehrfach behandelt worden. Nach Durchsicht der einschlägigen Urteile hat offenbar erstmalig das Kammergericht Stellung dazu genommen.[280] Danach ist es nicht Aufgabe des Konkursgerichtes, bestrittene Forderungen in erschöpfender Weise aufzuklären und über ihr Bestehen oder Nichtbestehen zu entscheiden. Diese Rechtsprechung, die eine Überprüfbarkeit der Antragsforderung durch das Insolvenzgericht ablehnt, wurde in den folgenden Jahrzehnten gefestigt und zuletzt vom BGH bestätigt.[281] Der Beweis für eine streitige Forderung kann sonach durch Beibringung von Beweismitteln nicht erbracht werden, der Antrag ist folglich abzuweisen.

---

[277] *Gerhardt* EWiR § 102 KO 1/89 S. 701 (702)

[278] *Pape* in: Mohrbutter Rnr. II.6; *Kuhn/Uhlenbruck* § 105 KO Rnr. 3 f; *Uhlenbruck/Delhaes* HRP Rnr. 289; *Gerhardt* EWiR § 102 KO 1/89 S. 701 (702)

[279] *Uhlenbruck* in: Gottwald § 12 Rnr. 22; *Braun/Uhlenbruck* S. 231; *Wagner* § 14 InsO Rnr. 2; AG Düsseldorf Beschl. v. 27.10.1987 - 66 N 136, 137/87 - KTS 1988, 177

[280] KG Beschl. v. 03.02.1907 - 10 X 6/06 - LZ 1907, 298 Nr. 8

[281] BGH Beschl. v. 19.12.1991 - III ZR 9/91 - NJW-RR 1992, 919 = KTS 1992, 1257 = ZIP 1992, 947, dazu *Pape* EWiR § 105 KO 1/92 S. 805

(3.) Stellungnahme zur Überprüfungspflicht

(a.) Ausgangslage

Zunächst scheinen für die Ansicht *Stürners* die besseren Argumente zu sprechen. Muss das Gericht vom Bestehen der Gläubigerforderung überzeugt sein, da diese den Insolvenzgrund ausmachen würde, so erscheint es sachgerecht, wenn das Insolvenzgericht die Forderung zu diesem Zwecke nachprüfen könnte. Die gegenwärtige, teilweise als gläubigerbenachteiligend[282] bezeichnete Gerichtspraxis, wonach ein Gläubigerantrag regelmäßig abgewiesen wird, wenn der Schuldner die Forderung bestreitet, könnte geändert werden.
Auf der anderen Seite ist die Gefahr einer Überlastung der Insolvenzgerichte evident. Zum einen wäre unabhängig vom Streitwert das Insolvenzgericht, damit regelmäßig der Richter am Amtsgericht, mit der Prüfung der Forderung befasst. Da die Feststellung des Insolvenzgerichts ohnehin keine Bindungswirkung für einen etwaigen späteren Zivilprozess hätte, würde die Mehrbelastung des Insolvenzgerichts nicht durch eine entlastende Wirkung zugunsten der ordentlichen Gerichte insgesamt kompensiert. Darüber hinaus würde dies in der Tat zu einer Verlängerung des Eröffnungsverfahrens führen, was schwerlich mit der frühzeitigeren Verfahrenseröffnung als Ziel der Insolvenzreform[283] in Einklang zu bringen wäre.
Des weiteren würden dem Gläubiger, der sich für die Beitreibung seiner Forderung im Wege des Insolvenzverfahrens entscheidet, ungerechtfertigte Vorteile zukommen. Denn im Gegensatz zum Zivilprozess, in dem der Beibringungsgrundsatz gilt, herrscht im Insolvenzverfahren der Amtsermittlungsgrundsatz (§ 5 Abs. 1 InsO), so dass das Bestehen der Forderung auch durch amtswegige Ermittlungen überprüft würde.
Bereits die Eröffnung des Insolvenzverfahrens ist in der Regel mit einschneidenden, häufig existenzbedrohenden Auswirkungen für den Schuldner verbunden.[284] Diese können durch eine spätere Feststellung des Zivilgerichts über das Nichtbestehen der Forderung nicht mehr rückgängig gemacht werden und stellen daher keinen adäquaten Ausgleich für den Schuldner dar.

(b.) Behandlung der Evidenzfälle

Zur sachgerechten Auflösung dieser Gemengelage ist zunächst daran zu erinnern, dass auch das Insolvenzgericht in beschränkter Form erkenntnisrichterliche Aufgaben erfüllen muss. So folgt aus dem Amtsermittlungsgrundsatz, dass das Gericht nach Zulassung des Antrags zur Ermittlung aller Umstände und Tatsachen verpflichtet ist, die für das Verfahren

---

[282] *Pape* EWiR § 105 KO 1/92 S. 806 (807); *Pape* NJW 1993 S. 297 ff. (302)
[283] Dazu Amtl. Begründung zu RegE InsO KTS 1992 S. 33 ff. und oben Teil 2 II 5
[284] S. dazu auch oben Teil 4 I

von Bedeutung sind. Selbstverständlich gilt auch im Insolvenzverfahren der Rechtssatz „iura novit curia",[285] wonach der Insolvenzrichter auch Rechtsfragen zu beurteilen hat. Rechtliche Bewertungen werden etwa bei der Prüfung der Antragsbefugnis gem. § 13 Abs. 1 Satz 2 InsO erforderlich. Auch die termini technici der Zahlungsunfähigkeit, Überschuldung, Insolvenzforderung sind Rechtsbegriffe, die einer Subsumtion durch das Gericht zugeführt werden müssen.
Daher wird man dem Gericht im Grundsatz zumuten müssen und dürfen, daß es in Fällen, in denen zwischen Gläubiger und Schuldner strittig ist, ob die vom Gläubiger in Anspruch genommene Forderung besteht, den Rechtsbestand der strittigen Forderung ermittelt - auch dann, wenn diese Forderung ausschlaggebend für die Zahlungsunfähigkeit des Schuldner sein sollte.
Die Überlegung, den Gläubiger zunächst darauf zu verweisen, seine Forderung vor den ordentlichen Gerichten in einem Erkenntnis-verfahren geltend zu machen, darf jedenfalls dann nicht angestellt werden, wenn die Sach- und Rechtslage einfach oder doch unschwer zu entscheiden ist. Dazu müssen auch diejenigen Fälle gezählt werden, in denen die Forderung pauschal und „ins Blaue hinein" bestritten werden, da dieses Bestreiten nach allgemeinen zivilprozessualen Regeln (§ 4 InsO i.V.m. § 138 Abs. 3 ZPO) keine Beachtung findet.[286]

(c.) Kompetenz des Insolvenzgerichts: Abkehr von der Allzuständigkeit und Gedanke der „Dezentralisierung"

Die Grenze, von der ab eine solche Überlegung angestellt werden muss, liegt dort, wo der Kompetenzbereich des Insolvenzgerichts überschritten würde, wenn man von ihm eine Entscheidung über den Rechtsbestand der strittigen Forderung verlangen würde.
Für die Beurteilung des Kompetenzbereichs ist zu vergegenwärtigen, dass das Insolvenzgericht trotz der oben angesprochenen Schnittpunkte kein erkennendes Gericht ist. Es ist nicht dafür geschaffen, Rechtsstreitigkeiten zwischen den Beteiligten zu entscheiden. Dies wird schon aus der Tatsache ersichtlich, dass das Insolvenzgericht und damit in der Regel ein Amtsrichter anderenfalls über Forderungen jeglicher Höhe ohne jede Streitwertbegrenzung zu entscheiden hätte. Deshalb sind auch die Rechtsstreite über Aussonderung, Absonderung und Aufrechnung, über die Gläubigeranfechtung und über streitige Forderungen (§ 179 InsO) gerade nicht vor dem Insolvenzgericht, sondern im kontradiktorischen Zivilprozess zu klären.[287]

---

[285] „Das Recht wendet das Gericht von Amts wegen an."
[286] *Greger* in: Zöller § 138 ZPO Rnr. 10a; *Hartmann* in: Baumbach/Lauterbach § 138 ZPO Rnr. 17; einschränkend *Peters* in: MüKo-ZPO Bd. 1 § 138 Rnr. 8
[287] *Irschlinger* in: HK-InsO § 179 Rnr. 4

Die Allzuständigkeit des Insolvenzgerichts (sog. vis attractiva concursus") war noch im gemeinen Concurs stark ausgeprägt, hatte sich aber entgegen der erwarteten Verfahrensbeschleunigung und Arbeitserleichterung für die zuständigen Organe zum „schweren Funktionsfehler"[288] entwickelt. Ihr wurde bereits mit der Konkursordnung, nun auch mit der Insolvenzordnung eine Absage erteilt. Zumindest im Grundsatz wurde statt dessen eine dezentrale Lösung vorgezogen, wonach die Aufgaben des Insolvenzgerichts auf Leitung und Überwachung des formalen Verfahrensablaufs beschränkt sind und materielle Streitigkeiten bei den gewöhnlich zuständigen Spruchkörpern bleiben. Überspitzt kann man daher sogar sagen, dass dem Insolvenzverfahren jegliche Streitentscheidung fremd ist.[289]
Eingeschränkt wird der Dezentralisierungsgedanke im Insolvenzeröffnungsverfahren lediglich dadurch, dass das Insolvenzgericht etwa bei der Prüfung der Antragsbefugnis (§ 13 Abs. 1 Satz 2 InsO) die Existenz eines materiellen Rechts zu beurteilen und in gewisser Weise auch rechtlich relevant zu entscheiden hat. Gemessen am Grundsatz der Dezentralisierung muss diese Kompetenz denn auch als Ausnahme gewertet werden, die jeden Grundsatz bestätigt. Das Insolvenzgericht darf mit seiner Formalkompetenz nicht in Konkurrenz zu den ordentlichen Gerichten treten.

(d.) Folgerungen aus der systematischen Kompetenzverteilung: Vermeidung einer Beweisaufnahme im Eröffnungsverfahren

Berücksichtigt man weiter den Charakter des Insolvenzeröffnungs-verfahren als Eilverfahren und die vom Gesetzgeber bezweckte Vorverlegung des Eröffnungszeitpunktes,[290] so wären u.U. langwierige und komplizierte Streitigkeiten über den Rechtsbestand im Eröffnungsverfahren kaum zweckdienlich. Vielmehr ist davon auszugehen, dass ein Verstoß gegen den Grundsatz der Dezentralisierung und der darin zum Ausdruck kommenden Kompetenzverteilung zwischen ordentlichem Gericht und Insolvenzgericht dann anzunehmen ist, wenn die Überzeugung des Gerichts nicht ohne Beweisaufnahme hergestellt werden kann.
Kann die Prüfung über das Bestehen einer Forderung nicht ohne Beweisaufnahme durchgeführt werden, weil sie nicht rechtskräftig tituliert ist und auch nicht nur pauschal bestritten wird, so ist das Insolvenzverfahren nicht das geeignete Forum zur Feststellung des Bestehens oder Nichtbestehens der Forderung.[291] Dies muss auch und selbst dann gelten, wenn die Forderung des Gläubigers zwar vorläufig tituliert ist, sie also bereits eine richterliche Untersuchung durchlaufen hat, gegen sie aber vom Schuldner mit einer nicht

---

[288] Vertiefend *Baur/Stürner* ZwVR Bd. II Rnr. 5.47, 50
[289] So *Baur/Stürner* ZwVR Bd. II Rnr. 1.11
[290] Dazu LG Göttingen Beschl. v. 08.03.1993 - 6 T 37/93 - ZIP 1993, 446 = NJW-RR 1993, 767; LG Göttingen Beschl. v. 7.8.1999 - 71 N 34/98 - ZInsO 1998, 190
[291] Vgl. *Uhlenbruck* in: Gottwald § 12 Rnr. 22

von vornherein und offensichtlich aussichtslosen Begründung ein Rechtsmittel eingelegt ist.[292]
Muss die Überzeugung des Gerichts vom Bestehen der Forderung nun ausnahmsweise hergestellt werden, weil von ihr das Vorliegen eines Insolvenzgrundes abhängt, so kann diese Überzeugung in dem vom Antragsteller eingeschlagenen Verfahrensweg nicht gebildet werden. Der Antrag muss vielmehr abgewiesen und der Antragsteller auf den ordentlichen Rechtsweg verwiesen werden.

(e.) Zwischenergebnis

Zunächst ist zusammenfassend festzuhalten, dass unter Berücksichtigung der Systematik der Insolvenzordnung der herrschenden Ansicht insoweit beizupflichten ist, als die umfassende Prüfung der für das Vorliegen des Insolvenzgrundes ausschlaggebenden Forderung durch das Insolvenzgericht abzulehnen ist. Wird diese Forderung über das pauschale Bestreiten hinaus bestritten und würde zu ihrer Feststellung deshalb eine Beweiserhebung erforderlich, so muss der Antrag abgewiesen und die Feststellung über das Bestehen der Forderung im ordentlichen Zivilprozess erstritten werden.

bb. Fehlen des Rechtsschutzinteresses und Abweisung als unzulässig?

Nun ist fraglich, ob die in der Praxis teilweise anzutreffende Einordnung dieser Problematik als Fallgruppe fehlenden Rechtsschutzinteresses aufrechterhalten werden kann. Ausschlaggebend dafür ist, in welchem Stadium des Insolvenzverfahrens (Zulässigkeits- oder Begründetheitsprüfung) die Überzeugung des Gerichts vom Bestehen dieser einzigen Antragsforderung erforderlich ist. Diese Frage ist durchaus nicht nur dogmatischer Natur, sondern wird insbesondere im Zusammenhang mit den Maßnahmen zur Sicherung der Insolvenzmasse im Interesse der Gläubigergemeinschaft relevant. Deshalb werden im folgenden die jeweiligen verfahrensrechtlichen Konsequenzen und Gefahren für die Gläubigergemeinschaft darzulegen sein.

(1.) Abweisung des Antrags als unzulässig - Volle Überzeugung des Gerichts?

Wie bereits erläutert, entspricht es der in Rechtsprechung und Lehre nahezu einhelligen Ansicht, dass in dem Sonderfall, in dem der Insolvenzgrund vom Bestehen der Forderung des Antragstellers abhängt und vom Schuldner bestritten wird, die Glaubhaftmachung der Antragsforderung ausnahmsweise

---

[292] So auch *Haarmeyer/Wutzke/Förster* (2. Auflage 1998) Kap. 3 Rnr. 52; *Pape* in: Mohrbutter Rnr. XVI.47; a.A. LG Aachen Beschl. v. 13.06.1988 - 3 T 163/88 - KTS 1988, 805

nicht genügt. Vielmehr muss das Gericht vom Bestehen dieser Forderung überzeugt sein, da nur auf diese Weise die Überzeugung vom Vorliegen eines Insolvenzgrundes herzustellen sei. Solange Zweifel am Bestand dieser Forderung verblieben, müsse der Antragsteller auf den ordentlichen Zivilrechtsweg verwiesen werden.[293]
Daraus wird teilweise gefolgert, dass der Antrag bereits mangels Rechtsschutzinteresses als unzulässig abgewiesen werden müsse.[294] Mache der Antragsteller eine rechtlich zweifelhafte Forderung geltend, so sei ihr bereits das rechtlich anzuerkennende Interesse an der Durchführung des Insolvenzverfahrens zu versagen.[295]

(2.) Folgen dieser Ansicht für die Gläubigergemeinschaft

Aus dieser Ansicht erwachsen für den Gläubiger bedeutsame Konsequenzen.

(a.) Einschränkung der Gläubigerrechte durch beschränkte Prüfungskompetenz des Insolvenzgerichts

Wie oben gezeigt, kann bei Antragstellung mit einer eröffnungs-erheblichen Forderung die Überzeugung des Gerichts vom Vorliegen eines Insolvenzgrundes nur mit der Überzeugung vom Bestand der Antragsforderung herbeigeführt werden. Da das Insolvenzgericht nur eingeschränkt erkenntnisrichterlich tätig wird und keine Beweisaufnahme stattfindet, muss nach nahezu einhelliger Ansicht der Antrag abgewiesen und der Antragsteller auf den Zivilrechtsweg verwiesen werden.
Ungeachtet der Frage, ob die Abweisung als unbegründet oder unzulässig zu erfolgen hat, ergibt sich als Konsequenz aus diesem übereinstimmenden Grundansatz, dass es dem Gläubiger erheblich erschwert wird, seine Befriedigung im Wege der Gesamtvollstreckung herbeizuführen, wenn er über eine Forderung verfügt, die vom Schuldner nicht anerkannt wird. Sobald der Schuldner seine Forderung mit nicht ganz aussichtslosen Gründen, also nicht gerade „ins Blaue hinein" bestreitet, wird dem Gläubiger der Vollbeweis seiner Forderung abverlangt. Dies dürfte ihm andererseits mangels Statthaftigkeit einer Beweisaufnahme im Insolvenzeröffnungsverfahren kaum gelingen. Besonders schwer wird es für den Gläubiger, wenn das Insolvenzgericht seine

[293] BGH Beschl. v. 19.12.1991 - III ZR 9/91 - ZIP 1992, 947; LG Stendal Beschl. v. 24.05.1994 - 22 T 40/94 - ZIP1994, 1034; OLG Hamm Beschl. v. 03.07.1970 - 15 W 282/70 - KTS 1971, 54 = OLGZ 1971, 64 = Rpfleger 1970, 348 = MDR 1970, 1019; *Uhlenbruck* in: Gottwald § 12 Rnr. 22

[294] *Wienberg* in: Hess/Weis/Wienberg § 14 InsO Rnr. 31; *Wagner* § 14 InsO Rnr. 3; offenlassend *Jänich* ZZP Bd. 109 (1996) S. 183 ff. (185)

[295] So zuletzt LG Meiningen Beschl. v. 13.04.2000 - 4 T 13/00 - ZIP 2000, 1451; OLG Hamm a.a.O.; OLG Köln Beschl. v. 18.05.1989 - 2 W 41/89 - ZIP 1989, 789 = KTS 1989, 720; dazu *Gerhardt* EWiR § 102 KO 1/89 S. 701; OLG Ffm. Beschl. v. 05.05.1972 - 20 W 50/72 = MDR 1973, 235 = KTS 1973, 140 = Rpfleger 1973, 60 Nr. 46

Möglichkeit, die Erfolgsaussichten des vom Schuldner eingelegten Rechtsmittels nach eigenem Ermessen zu würdigen, nicht wahrnimmt und jedes, sei es noch so aussichtslose Bestreiten des Schuldners für die Abweisung des Gläubigerantrags genügen lässt. Nicht besser stellt sich die Situation für ihn dar, wenn er sogar über eine titulierte oder vorläufig vollstreckbare Forderung verfügt, da in der Praxis auch eine nicht ganz aussichtslose Rechtsmittelbegründung die genannten Folgen nach sich zieht.[296]
Die in Insolvenzwissenschaft und -praxis nahezu einhellige Rechtsansicht schränkt das Recht des Gläubigers zur Einleitung des Insolvenzverfahrens für den Gläubiger also bereits erheblich ein.

(b.) Verschärfung bei Unzulässigkeit des Antrags

Diese die Rechte der Gläubiger einschränkende Praxis wird noch verschärft, wenn der Antrag in diesen Fällen nicht als unbegründet, sondern mangels rechtlichen Interesses bereits als unzulässig abgewiesen werden soll. Denn die Abweisung solcher Fälle als unzulässig impliziert die Unzulässigkeit weiterer gerichtlicher Maßnahmen.[297] Damit sind Sicherungsmaßnahmen zugunsten der Insolvenzmasse gem. §§ 21 ff. InsO ebenso unmöglich wie eigene Ermittlungen des Gerichts, da stets die Zulassung das Antrags vorausgesetzt wird. Die Funktion des Insolvenzantrags als Initiativrecht zugunsten der Gesamtgläubigerschaft wird so weitgehend ausgehöhlt.
Darüber hinaus werden die Manipulations- und Verzögerungsmöglichkeiten auf Schuldnerseite, auf die insbesondere *Pape*[298] hingewiesen hat, noch erweitert. Der Schuldner würde durch das Bestreiten noch mehr Zeit gewinnen, in der er sein noch verbliebenes Vermögen verschieben kann. Mangels einstweiliger Sicherungen liefen die Gläubiger Gefahr, zur Zeit der Antragstellung eventuell noch vorhandene Befriedigungsmöglichkeiten zu verlieren. Selbst wenn sich dann bei Stellung eines weiteren Insolvenzantrags ein bereits zum früheren Zeitpunkt vorliegender Insolvenzgrund herausstellt, so fallen zwischenzeitlich eingetretene Schmälerungen der Insolvenzmasse allenfalls unter die Rückschlagsperre gem. § 88 InsO oder sind unter den Bedingungen der Insolvenzanfechtung (§§ 129 ff. InsO) rückgängig zu machen.
Diese Gefahr einer Praxis, die dem Schutz des Schuldners vor missbräuchlich gestellten Insolvenzanträgen größeres Gewicht beimisst als der Gefahr missbräuchlichen Bestreitens, würde folglich weiter wachsen.[299]

---

[296] So etwa BGH Beschl. v. 19.12.1991 - III ZR 9/91 - a.a.O.; anders nur LG Aachen Beschl. v. 13.06.1988 - 3 T 163/88 - KTS 1988, 805 mit Zustimmung von *Vallender* MDR 1999 S. 280 ff. (281)
[297] *Eckardt* EWiR § 21 InsO 1/99 S. 897
[298] In NJW 1993 S. 297 ff.
[299] Vgl. *Pape* EWiR § 105 KO 1/92 S. 805 (806)

(3.) Nachweis der Antragsforderung als Problem der Eröffnung des Insolvenzverfahrens

Diese Ansicht und damit eine weitere Verschärfung der ohnehin gespannten Gläubigersituation ist abzulehnen. Es handelt sich hierbei weder um ein Problem des Rechtsschutzinteresses[300] noch überhaupt der Zulässigkeit des Insolvenzantrags. Denn wenn der Gläubiger seine Forderung glaubhaft macht, so genügt er damit in vollem Umfang den vom Gesetz eindeutig aufgestellten Voraussetzungen des § 14 Abs. 1 Satz 1 InsO. Wählt der Antragsteller das Insolvenzverfahren zur Befriedigung seiner Forderung, so kann ihm nicht allein aufgrund der Tatsache, dass die Forderung nicht rechtskräftig tituliert ist, das Rechtsschutzinteresse für den Insolvenzantrag abgesprochen werden.[301]

Auch die Tatsache, dass die bestrittene Forderung letztlich nicht zur Überzeugung des Gerichts über den Insolvenzgrund führen wird, ändert nichts daran, dass hinsichtlich der Antragsforderung lediglich die Glaubhaftmachung gefordert wird. Das Gesetz sieht ausdrücklich nicht vor, dass es sich bei der Antragsforderung um eine schon rechtshängige oder sogar titulierte Forderung handeln müsse. So hat denn auch der Reformgesetzgeber in Kenntnis der bereits aufgrund der KO bestehenden Streitigkeit einen Zusatz unterlassen, dass die Insolvenzforderung in dem benannten Sonderfall bereits im Zulassungsverfahren zur Überzeugung des Gerichts feststehen müsse, anderenfalls eine Abweisung des Antrags aufgrund Unzulässigkeit drohe. Im Gegenteil hat sich auch die Kommission für Insolvenzrecht für eine Abweisung des Antrags als unbegründet entschieden, wenn sich das Insolvenzgericht nicht vom Bestehen der Forderung überzeugen könne und vom Bestand dieser Forderung der Insolvenzgrund abhänge.[302]

Vielmehr betrifft die Problematik des Nachweises über das Bestehen der Forderung im Kern Fragen des Hauptprüfungsverfahrens.[303] Letztlich steht nicht der Grad der Überzeugung des Gerichts im Vorprüfungs- oder Zulassungsverfahren zur Disposition, sondern die Überzeugungsbildung über den Eröffnungsgrund geht ausnahmsweise mit der Überzeugung von der Insolvenzforderung einher.[304] Es darf jedoch der Umstand, dass die bestrittene Forderung in ihrer Eigenschaft als Voraussetzung des Insolvenzgrundes absehbarerweise zur Rechtfertigung der Verfahrenseröffnung untauglich sein wird, nicht einfach „nach vorne“ in das Zulassungsverfahren projiziert

---

300 So zutreffend *Uhlenbruck/Delhaes* HRP Rnr. 231

301 *Pape* NJW 1993 S. 297 ff. (298); i.E. auch *Uhlenbruck* in: Gottwald § 12 Rnr. 22; *Uhlenbruck/Delhaes* HRP Rnr. 289; *W. Delhaes* Insolvenzantrag S. 90

302 Erster Bericht der Insolvenzrechtskommission (Zu Leitsatz 1.2.4.) S. 109

303 *Schmerbach* EWiR § 6 InsO 8/2000 S. 1063 (1064)

304 Klarstellend *Jaeger*, Anm. zu LG Hamburg Beschl. v. 31.3.1927 - K Bs 17/27 - in ZZP Bd. 54 (1929) S. 143

werden.[305] Das widerspräche dem zutreffenden Verständnis vom Verhältnis der Zulässigkeits- zur Begründetheitsprüfung des Insolvenzverfahrens und stellte eine unsystematische Vermengung der beiden Prüfungsabschnitte dar.
Diese Ungenauigkeit resultiert sicherlich nicht zuletzt aus der Besonderheit des Zulassungsverfahren, nach der lediglich im Falle der Abweisung ein ausdrücklicher Beschluss erforderlich ist, die Annahmeentscheidung hingegen inzident und ohne ausdrücklichen Beschluss durch bloße Zustellung des Insolvenzantrages an den Schuldner zum Übergang in das Haupteröffnungsverfahren führt.[306] Der Übergang zwischen den verschiedenen Verfahrensstadien erfolgt somit fließend, Abgrenzungsschwierigkeiten erscheinen daher nachvollziehbar.
Allerdings schließt die mangelnde Überzeugung vom Bestehen der Forderung nicht zwingend aus, dass das Gericht sich im weiteren Verfahrensverlauf vom Vorliegen eines Insolvenzgrundes überzeugen kann. So können sich nach Zulassung des Antrags im Laufe des Eröffnungsverfahren weitere Gläubiger melden und mit den ihrerseits erhobenen Forderungen das Gericht vom Vorliegen eines Insolvenzgrundes überzeugen.[307]
Zum anderen ändert es auch nichts daran, dass der Insolvenzeröffnungsantrag nicht etwa unzulässig ist, wenn die Forderung glaubhaft gemacht ist. Kann sich der Richter aber vom Vorliegen eines Insolvenzgrundes nicht überzeugen, so ist der Antrag als unbegründet zurückzuweisen, denn ein non liquet geht immer zu Lasten des Antragstellers.[308]

(4.) Folgen dieser Ansicht

Eine saubere Trennung zwischen Fragen der Zulassungs- und der Begründetheitsprüfung hat neben methodischen durchaus praktische Gründe. Denn nur, wenn der Antrag (zunächst einmal) zugelassen wird und das Gericht in das Hauptprüfungsverfahren eintritt, wird die Anordnung von Sicherungs- und Ermittlungsmaßnahmen gem. § 21 InsO ermöglicht, die im Interesse der Gläubiger die (künftige) Insolvenzmasse vor Vermögensverschiebungen zu ihren Lasten schützen.[309] Des weiteren ist das Gericht erst nach Zulassung des Antrags gem. § 5 InsO zur Ermittlung von Amts wegen verpflichtet,[310] wodurch

---

305 So zu Recht *Eckardt* in EWiR § 21 InsO 1/99 S. 897 (898); kritisch auch *Uhlenbruck/Delhaes* HRP Rnr. 289 und *Gerhardt* EWiR § 102 KO 1/89 S. 701

306 *Schmerbach* in: FK-InsO § 14 Rnr. 99; *Pape* in: Kübler/Prütting § 14 InsO Rnr. 20; *Uhlenbruck* in: Gottwald § 12 Rnr. 24; *Kuhn/Uhlenbruck* § 105 KO Rnr. 9; KG Beschl. v. 7.2.1963 - 1 W 2274/62 - KTS 1963, 111 (112)

307 Vgl. jüngst OLG Köln Beschl. v. 03.01.2000 - 2 W 268/99 - NZI 2000, 174

308 *Uhlenbruck/Delhaes* HRP Rnr. 289; zustimmend *Lüke* ZZP Band 105 (1992) S. 122

309 S. dazu oben Teil 2 II 1c aa (b); weiter *Schmerbach* in: FK-InsO § 14 Rnr. 109a, § 21 InsO Rnr. 16; *Eckardt* EWiR § 21 InsO 1/99 S. 897 (898); *Schmerbach* EWiR § 6 InsO 8/2000 S. 1063 (1064); *Vallender* ZIP 1997 S. 1993 ff. (1995); vgl. auch *Gerhardt* ZZP Bd. 109 (1996) S. 415 ff. sowie *Kuhn/Uhlenbruck* § 104 KO Rnr. 3f

310 *Schmerbach* in: FK-InsO § 14 Rnr. 5

u.U. ein von der umstrittenen Forderung des Antragstellers unabhängiger Insolvenzgrund festgestellt, zumindest jedoch weitere sachdienliche Hinweise erlangt werden können. Nicht zuletzt wird den Gläubigern ein breiterer zeitlicher Spielraum eingeräumt, etwa zur Hinzuziehung anderer betroffener Gläubiger, zur Erschütterung der Gegenglaubhaftmachung des Schuldners sowie zur Erlangung weiterer Informationen durch die Ermittlungen des Gerichts.

Die berechtigten Interessen des Schuldners sind insofern gewahrt, als das Insolvenzverfahren nicht allein aufgrund rechtlich angreifbarer Forderungen eröffnet wird. Stellt sich im Laufe des Eröffnungsverfahrens heraus, dass die geltend gemachte Forderung nicht zur Überzeugung des Gerichts vom Vorliegen eines Insolvenzgrundes führt und kann ein Insolvenzgrund auch aufgrund anderer Umstände im Laufe des Eröffnungsverfahrens, etwa der Geltendmachung weiterer Forderungen durch denselben oder durch andere Gläubiger, nicht festgestellt werden, so ist der Antrag als unbegründet abzuweisen. Die angeordneten Sicherungsmaßnahmen sind in diesem Fall nach § 25 Abs.1 InsO aufzuheben.[311]

5. Ergebnis

Ein Vorgehen nach diesem Ansatz stellt somit einen ausgewogenen Ausgleich zwischen den Interessen der Gläubiger an einer Sicherung der Insolvenzmasse sowie des Schuldners vor ungerechtfertigter Verfahrenseinleitung dar. Die Gegenmeinung, wonach bei Bestreiten einer eröffnungserheblichen Insolvenzforderung bereits im Zulassungs-verfahren dem Gläubiger der Vollbeweis über deren Bestehen obliegt, der Antrag anderenfalls mangels Rechtsschutzinteresses als unzulässig abzuweisen ist, ist folglich aus systematischen ebenso wie aus Gründen der Rechtsfolgenbetrachtung abzulehnen.

Vielmehr ist anhand der klaren gesetzlichen Regelung daran festzuhalten: im Zulassungsverfahren genügt die Glaubhaftmachung der Forderung; die Überzeugungsbildung des Gerichts über ihr tatsächliches Bestehen kann erst im Haupteröffnungsverfahren relevant werden und über Erfolg oder Ablehnung des Insolvenzeröffnungsantrages entscheiden, weil sie dort die Überzeugung über das Bestehen des Insolvenzgrundes bedingt.[312]

3. Mit Einreden behaftete Antragsforderungen

Umstritten ist die Frage, ob bei Antragstellung aufgrund von Forderungen, denen Einreden entgegenstehen, das rechtliche Interesse an der

---

[311] *Schmerbach* in: FK-InsO § 25 Rnr. 4; vgl. dazu Amtliche Begründung in *Schmidt-Räntsch* Teil 2 § 25 InsO Rnr. 1

[312] So i.E. auch *Pape* in: Kübler/Prütting § 14 InsO Rnr. 8;

Verfahrenseröffnung gegeben ist. Dies wird sowohl bei dauernden als auch bei aufschiebenden Einreden bezweifelt.

a. Peremptorische Einreden, insbesondere Verjährung

Für die dauernde Einrede der Verjährung wird zum Teil die Auffassung vertreten, auch mit verjährten Forderungen könne ein Insolvenzantrag gestellt werden, da auch diese Forderungen grundsätzlich einklagbar sind und somit auch zur Insolvenztabelle angemeldet werden können. Die Verjährung der Forderung stelle kein Problem des Rechtsschutzinteresses dar, vielmehr habe der Insolvenzverwalter die Möglichkeit, die Einrede der Verjährung zu erheben und die Forderungen zu bestreiten.
Die entgegengesetzte Ansicht verwehrt dem Gläubiger einer verjährten Forderung das Rechtsschutzinteresse bei der Beantragung eines Insolvenzverfahrens.[313] Andere verweisen in derartigen Fällen auf eine fehlende Antragsbefugnis des Gläubigers.[314]
Begründet werden die beiden zuletzt genannten Meinungsansätze mit der eher praktischen Erwägung, dass eine solche Forderung im Insolvenzverfahren nie durchzusetzen sein wird. Denn der Insolvenzverwalter wird in einem eröffneten Verfahren die Einrede der Verjährung allein schon aus dem Grunde geltend machen, um sich nicht der persönlichen Haftung (§ 60 InsO, vormals § 82 KO) auszusetzen.[315] Für die Konkursordnung folgerte bereits *Jaeger* aus dieser „Abschwächung“ des verjährten Anspruchs, dass er nicht mehr als Konkursforderung zu gelten habe.[316] Zudem stehe einer Zulassung verjährter Forderungen das überwiegende Interesse des zahlungsunfähigen Schuldners entgegen, nicht wegen des Antrags seine Verfügungsbefugnis zu verlieren. Im Vergleich dazu und in Hinblick auf die gravierenden Folgen einer - ggf. vorschnellen -Verfahrenseröffnung müsse das Interesse des Gläubigers, die Durchsetzung seines verjährten Anspruches durch ein von ihm betriebenes Insolvenzverfahren zu versuchen, hintan stehen. Zweifel an der Durchsetzbarkeit der Forderung dürften nicht erst durch eine Ingangsetzung des Eröffnungsverfahrens im Wege der Anhörung des Schuldners bzw. des vorläufigen Insolvenzverwalters geklärt werden. Werde erst nach Anhörung des Schuldners der Antrag wegen der Einrede der Verjährung zurückgewiesen, so bedeute dies eine unzumutbare Belastung für das Insolvenzgericht und die Autonomie des Schuldners.

---

[313] *Mönning* in: Nerlich/Römermann § 14 InsO Rnr. 23; *Wienberg* in: Hess/Weis/Wienberg § 13 InsO Rnr. 21, § 14 InsO Rnr. 14; *Kirchhof* in: HK-InsO § 14 Rnr. 21; *Schmerbach* in: FK-InsO § 14 Rnr. 38; *Uhlenbruck* AnwBeratung S. 95; *Braun/Uhlenbruck* S. 222
[314] *Smid* § 14 InsO Rnr. 13; offenlassend *Kilger/Schmidt* § 105 KO Rnr. 2
[315] OLG Köln Beschl. v. 01.09.1969 - 2 W 31/69 - KTS 1970, 226
[316] *Jaeger/Weber* § 3 KO Rnr. 14; *Schmahl* in: MüKo-InsO § 13 Rnr. 47

Aus diesen Gründen sei die Gewissheit über die Durchsetzbarkeit der Forderung Teil des erforderlichen Rechtsschutzinteresses und müsse bereits bei der Zulassung des Insolvenzantrags geprüft werden.[317]

b. Stellungnahme

Zunächst ist festzustellen, dass sich die Brisanz der Thematik auch unter der Geltung der Insolvenzordnung fortsetzt. Das Gesetz trifft weiterhin keine klare Entscheidung darüber, ob bei Antragstellung aufgrund einredebehafteter, insbesondere verjährter Insolvenzforderungen dem Gläubiger das rechtliche Interesse abzusprechen ist. Eine Lösung dieser Frage muss sich daher an den vom Gesetz vorgegebenen Grundsätzen orientieren.
Einigkeit besteht darüber, dass es sich bei einer verjährten Forderung um einen gerichtlich durchsetzbaren Anspruch handelt, der auch als anmeldefähige Insolvenzforderung ausreichen muss.[318] Die Verjährung des Anspruchs lässt die Forderung als solche nicht zweifelhaft erscheinen, sondern lediglich deren Durchsetzbarkeit.[319] Wenn *Jaeger* daraus den Schluss zieht, das Schuldnerinteresse an der Beibehaltung seiner Verfügungsgewalt wiege gegenüber solchen Forderungen schwerer, so bedeutet dies eine Abwägung der widerstreitenden Rechtsschutzinteressen von Schuldner und Antragsteller, die der Systematik des Insolvenzeröffnungsverfahren, insbesondere dem Formalisierungsgrundsatz der InsO[320] fremd ist. Denn die Zulassung eines Gläubigerantrags richtet sich nach § 14 Abs. 1 InsO ebenso wie nach § 105 KO u.a. danach, ob seine Forderung glaubhaft gemacht wird. Allein an diesem Maßstab hat sich die Prüfung durch das Gericht zu orientieren. Die Frage nach dem Bestehen der Insolvenzforderung ist grundsätzlich nicht von Belang, deren Klärung kann nach oben Gesagtem auch nicht Aufgabe des Insolvenzgerichts sein.[321] Vielmehr soll nach dem Willen des Gesetzgebers im Interesse einer zügigen Verfahrenseröffnung für die Zulassung die überwiegende Wahrscheinlichkeit nach § 294 ZPO erforderlich und ausreichend sein. Dies entspricht auch der dem Gläubigerantrag verwandten Rechtslage des Arrestgesuches (§ 916 Abs. 1, 2 ZPO), für dessen Zulässigkeit ebenfalls die Glaubhaftmachung ausreicht und das dennoch als unbegründet abzuweisen ist, wenn der Arrestanspruch nicht besteht.[322]
Erst bei der Prüfung der Eröffnungsvoraussetzungen ist die Überzeugung des Gerichts vom Vorliegen des Insolvenzgrundes zwingend notwendig.[323] Nur

---

[317] *Mönning* in: Nerlich/Römermann a.a.O.; i.E. ebenso *Haarmeyer/Wutzke/Förster* Kap. 3 Rnr. 67; *Senst/Eickmann/Mohn* Rnr. 100
[318] *Schumacher* in: FK-InsO § 38 Rnr. 24; *Eickmann* in: HK-InsO § 38 Rnr. 8
[319] OLG Köln a.a.O. S. 227
[320] Dazu *Baur/Stürner* ZwVR Bd. II Rnr. 5.52 ff.; *Prütting* in: KS-InsO S. 221 ff. Rnr. 69 ff.
[321] Dazu umfassend oben Teil 4 II 2 b - d
[322] *Häsemeyer* InsR Rnr. 7.14; *Jauernig* ZVR § 35 I 1
[323] *Gerhardt* Grundbegriffe Rnr. 253

dann, wenn der Schuldner Einwendungen erhebt, wonach die Durchsetzbarkeit der Forderung bestritten wird, und das Gericht sich dadurch nicht vom Bestehen des Insolvenzgrundes überzeugen kann, ist der Eröffnungsantrag als unbegründet abzuweisen.
Daraus ergibt sich, dass erst dann, wenn die Forderung des Antragstellers verjährt ist und der Schuldner die Verjährungseinrede erhebt, der Antrag als unbegründet, nicht bereits als unzulässig abzuweisen ist. Für die Erhebung ist im Rahmen der Anhörung des Schuldners bzw. vorläufigen Insolvenzverwalters ausreichend Gelegenheit.
Diese Rechtsfolge ergibt sich zwanglos aus der Anwendung des geschriebenen Rechts und lässt somit keinen Raum für eine Behandlung der Problematik im Rahmen des Rechtsschutzinteresses.[324] Das gegen dieses Ergebnis vorgebrachte Argument, die Glaubhaftmachung mache eine Prüfung des RSI nicht überflüssig, verkennt, dass über das RSI nicht Fragen der Begründetheit in die Zulässigkeitsprüfung vorgezogen werden dürfen.

Etwas anderes muss allein für die Antragstellung aufgrund verjährter Steuerforderungen gelten. Da die Ansprüche der Finanzbehörde aus dem Steuerschuldverhältnis und die von ihnen abhängigen Zinsen bei Verjährung gem. §§ 232, 47 AO erlöschen und eine bereits vor Antragstellung erloschene Forderung keinesfalls zur Stellung eines Insolvenzantrages berechtigt, bieten sie im Gegensatz zu sonstigen Forderungen, denen durch Verjährung lediglich ihre Durchsetzbarkeit verwehrt ist, keine ausreichende Grundlage für einen Insolvenzantrag.[325]

c. Dilatorische Einreden, insbesondere Stundung

Ähnlich umstritten ist die Stellung von Insolvenzanträgen aufgrund von Forderungen, denen aufschiebende Einreden, insbesondere die der Stundung entgegenstehen.
Auch bei gestundeten Forderungen wird überwiegend vertreten, der Gläubiger habe kein rechtliches Interesse an der Verfahrenseröffnung.[326] Dabei wird zumeist auf eine Entscheidung des LG Bielefeld[327] verwiesen, die dies jedoch ohne nähere Begründung nur lapidar feststellt.
Doch auch hier sprechen die besseren Argumente für die gegenteilige Ansicht. So sind gestundete Forderungen solche, die vor der Eröffnung begründet

---

[324] So auch *Häsemeyer* InsR Rnr. 7.14; *W. Delhaes* Insolvenzantrag S. 89
[325] *Eickmann* in: HK-InsO § 38 Rnr. 8; *Kuhn/Uhlenbruck* § 3 KO Rnr. 25
[326] Jüngst AG Göttingen, Beschl. v. 28.8.2001 - 74 IN 123/01; *Schmerbach* in: FK-InsO § 14 Rnr. 38; *Wienberg* in: Hess/Weis/Wienberg § 13 InsO Rnr. 21; *Mönning* in: Nerlich/Römermann § 14 InsO Rnr. 23; *Kirchhof* in: HK-InsO § 14 Rnr. 21; *Uhlenbruck* in: Gottwald § 12 Rnr. 13; *Kuhn/Uhlenbruck* § 105 KO Rnr. 6d; *Kilger/Schmidt* § 105 KO Rnr. 2
[327] Beschl. v. 5.10.1959 - 8 T 683/59 - NJW 1961, 2316

wurden und deren Fälligkeit durch vertragliche Abrede hinausgeschoben wird, die also erfüllbar, aber noch nicht fällig sind. Nicht fällige Forderungen begründen gem. § 38 InsO die Stellung als Insolvenzgläubiger. Sie werden, da ihre Rechtsbeständigkeit feststeht, als fällige Forderungen behandelt, § 41 Abs. 1 InsO. Entsprechend werden bedingte Forderungen als unbedingt behandelt, § 42 InsO. Da im Insolvenzverfahren also auch nicht fällige und bedingte Forderungen berücksichtigt werden, widerspricht es der Systematik des Gesetzes, wenn über das Institut des RSI die Fälligkeit mittelbar zur - ungeschriebenen - Antragsvoraussetzung erkoren wird. Eine vom Antragsteller gewährte Stundung kann der Zulassung des Antrags folglich grundsätzlich nicht entgegenstehen.[328]

Etwas anderes kann allenfalls gelten, wenn im Rahmen eines außergerichtlichen Vergleichs Stundung gewährt wird und der Gläubiger Insolvenzantrag stellt, ohne dass sich die Geschäftsgrundlage, auf der die Vereinbarung beruht, inzwischen wesentlich geändert hat. Hier kann das Rechtsschutzinteresse ausnahmsweise fehlen, weil der Verstoß gegen Treu und Glauben, insbesondere das widersprüchliche Verhalten hinsichtlich vertraglicher Pflichten durch das RSI prozessual umgesetzt wird.[329]

Unabhängig davon ist es denkbar, dass bei Erhebung der Stundungseinrede durch den Schuldner Zweifel an der Zahlungsunfähigkeit des Schuldners bestehen, so dass das Insolvenzgericht nicht die zur Eröffnung des Verfahrens erforderliche Überzeugung vom Vorliegen eines Insolvenzgrundes bilden kann. Dies hat jedoch nichts mit dem Fehlen des rechtlichen Interesses zu tun und würde zur Abweisung des zulässigen Antrags als unbegründet führen.

4. Alternative Befriedigungsmöglichkeiten

a. Ablehnung des Rechtsschutzinteresses bei Sicherung der Gläubigerforderung durch Absonderungsrechte

Ausgehend von den Grundsätzen, die zum allgemeinen RSI des Zivilprozessrechts entwickelt wurden, soll dem Gläubiger das rechtliche Interesse an der Eröffnung des Insolvenzverfahrens abzusprechen sein, wenn er auf einfachere, billigere oder zweckmäßigere Art und Weise als durch das Insolvenzverfahren die Befriedigung seiner Forderung durch den Schuldner erreichen kann.[330]

Dies soll insbesondere der Fall sein, wenn der Gläubiger durch Wertrechte an Vermögensgegenständen des Schuldners oder dritter Personen, etwa durch Pfandrechte, Pfändungspfandrechte oder Sicherungsübereignungen in vollem

---

[328] So auch *Häsemeyer* InsR Rnr. 7.14

[329] *Schmahl* in: MüKo-InsO § 14 Rnr. 56

[330] OLG Schleswig Beschl. v. 22.6.1950 - 2 W 259/50 - NJW 1951, 119 (m. Anm. *Böhle-Stamschräder*); Baur JZ 1951 S. 209 ff. (210); *Uhlenbruck* in: Gottwald § 12 Rnr. 12 mit umfangreichen Nachweisen

Umfang abgesichert ist und er gem. §§ 49 ff. InsO die abgesonderte Befriedigung seiner Forderung herbeiführen kann.[331] In diesem Fall könne er sich den von ihm erstrebten Erfolg der vollständigen Befriedigung durch die Verwertung der Sicherungsrechte auch ohne Inanspruchnahme der Organe der Rechtspflege verschaffen. Um einer Zurückweisung seines Antrags mangels RSI entgegenzuwirken, müsse der Absonderungsberechtigte auf sein Vorzugsrecht verzichten und die Rechtsposition eines gewöhnlichen Insolvenzgläubigers wegen seiner persönlichen Forderung einnehmen.[332] Eingeräumt wird dem vollständig gesicherten Gläubiger das RSI an der Insolvenzeröffnung lediglich dann, wenn er mit der Sicherung ganz oder teilweise ausfallen wird.[333]

b. Bedenken gegen diese Ansicht

Smid hält dieser Ansicht den Wortlaut des § 13 Abs. 1 InsO entgegen. Sie lasse sich für die InsO schon deswegen nicht mehr halten, weil die absonderungsberechtigten Gläubiger nunmehr in der Kreis der Antragsbefugten aufgenommen worden seien. Die Sichtweise, die Insolvenz allein als Gesamtvollstreckung zum Zwecke der liquidierenden Verwertung des Schuldner-vermögens zu begreifen, sei zu stark von dem Paradigma der Insolvenz natürlicher Personen beherrscht.[334]

Pape[335] gibt des weiteren zu bedenken, dass der Gläubiger nicht nur einen Anspruch auf Sicherung aus dem Vermögen des Schuldners, sondern vielmehr auf Befriedigung habe. Insofern sei es generell zweifelhaft, ob man ihn auf eine bloße Sicherung verweisen dürfe, die in der Praxis häufig nicht oder nur sehr umständlich zu realisieren sei. Zumindest sei ein insolvenzfestes Pfändungspfandrecht erforderlich, das nicht mehr nach § 88 InsO zerstört werden könne.[336]

An anderer Stelle weist er zutreffend darauf hin, dass die Betreibung der Zwangsvollstreckung bis zur Erlangung einer wirksamen Sicherung (z.B. Eintragung einer Zwangshypothek) und die daraus resultierende Möglichkeit des Gläubigers, von der Befriedigung zunächst abzusehen, auch erhebliche Gefahren für die übrige Gläubigerschaft in sich birgt. Das bewusste Betreiben der Zwangsvollstreckung nur bis zur Begründung einer Sicherheit ohne Verwertung dieser Sicherheit trage dazu bei, wirtschaftlich nicht mehr

---

331 *Mohrbutter* Anm. zu LG Dortmund Urteil v. 6.7.1982 - 7 (5) O 263/81a - KTS 1984 S. 150 ff. (151); OLG Hamm Beschl. v. 27.4.1973 - 23 W 84/73 - MDR 1973, 1029; OLG Hamm Beschl. v. 22.3.1961 - 15 W 112/61 - JMBl. NW 1961, 237; *Uhlenbruck/Delhaes* HRP Rnr. 114

332 *Mönning* in: Nerlich/Römermann § 14 InsO Rnr. 25 m.w.N.

333 *Uhlenbruck* in: Gottwald § 12 Rnr. 12; *W. Delhaes* Insolvenzantrag S. 86; a.A. *Goetsch* in: BK-InsO § 14 Rnr. 9, der Fragen der Antragsberechtigung und des rechtlichen Interesses vermischt.

334 *Smid* § 14 InsO Rnr. 17

335 In EWiR § 2 GesO 4/95 S. 665 (666)

336 *Pape* in: Kübler/Prütting § 14 Rnr. 11

lebensfähigen Unternehmen künstlich ein Weiterwirtschaften zu ermöglichen. Andere Gläubiger würden bei der schließlich doch nicht abwendbaren Insolvenz erheblich geschädigt, weil für sie die marode finanzielle Situation nicht erkennbar sei. Anders als Pfändungspfandgläubigern, die wissen, dass eine krisenhafte Situation eingetreten ist und fällige Verbindlichkeiten schon lange nicht mehr bedient werden können, werde ungesicherten Gläubigern der Eindruck eines intakten Unternehmens vermittelt.[337]
Auch und gerade mit Rücksicht auf die Gesamtgläubigerschaft, deren Interessen im Insolvenzverfahren weitaus eher gewahrt werden als bei der Betreibung der Einzelzwangsvollstreckung, sollte die vollständige Sicherung eines Gläubigers nicht dazu führen, diesem sein rechtliches Interesse an der Eröffnung des Insolvenzverfahrens abzusprechen. Liegen beim Schuldner Insolvenzgründe vor, die eine Verfahrenseröffnung begründen würden, darf die Bedeutung einer Antragstellung auch und gerade für weniger informierte Gläubiger nicht übersehen werden. Die Stellung des Antrags dient eben stets auch der Wahrnehmung der Interessen der Gemeinschaft aller Gläubiger.[338]

c. Stellungnahme

Für eine Ablehnung der vorherrschenden Ansicht[339] fallen neben den genannten praktischen Risiken bei der Durchsetzung von Sicherungs-rechten und den Gefahren für weniger informierte Gläubigerkreise zwei weitere Argumente ins Gewicht.
Zum einen hat das Insolvenzrecht mit der Insolvenzordnung eine weitreichende Veränderung erfahren, indem die Sanierung vom Gesetzgeber als Hauptzweck neben der Liquidation festgelegt wurde, § 1 InsO. Auch dieser Zweck muss die Auslegung der einschlägigen Normen bestimmen und kann eine Modifizierung gegenüber den hergebrachten Rechtsansichten zur KO gebieten.[340]
Betrachtet man unter diesem Blickwinkel die (noch) vorherrschende Ansicht, so wird deutlich, dass sie die Sanierungsfunktion der Insolvenz nicht hinreichend berücksichtigt. Die Ansicht, dass der vermeintlich einfachere (Individual-)Vollstreckungszugriff aufgrund von Sicherungsrechten das RSI am Insolvenzantrag ausschließt, begreift die Insolvenz zu eindimensional als Zwangsvollstreckung mit dem alleinigen Ziel, das schuldnerische Vermögen zu liquidieren, um damit die Befriedigung der Gläubiger herbeizuführen. Die Insolvenzordnung ist mit der Sanierungsfunktion neue Wege gegangen, indem sie den Gläubigern die oftmals naheliegende Verfolgung von Sanierungs-zwecken im eröffneten Insolvenzverfahren ausdrücklich einräumt und den

---

[337] *Pape/Voigt* Anm. zu BGH Urteil v. 26.1.1995 - IX ZR 99/94 - ZIP 1995 , 480 (482 f.); zur „Abstinenz gesicherter Gläubiger" s. auch *Drukarczyk* ZIP 1987 S. 205 ff. (210)
[338] Vgl. *Häsemeyer* InsR Rnr. 7.19
[339] I.E. auch *Schmerbach* in: FK-InsO § 14 Rnr. 33
[340] S. *Goetsch* in: BK-InsO § 1 Rnr. 26

Wettbewerb der Beteiligten um die beste Verwertungsart fördert.[341] Gerade auch der gesicherte Gläubiger kann an dem Fortbestand des schuldnerischen Unternehmens nachdrücklich interessiert sein und daher der Zerschlagung der Vermögenswerte im Vorfeld der Gesamtvollstreckung durch Maßnahmen der Einzelzwangsvollstreckung durch frühzeitigen Antrag entgegen treten.[342] So wenig die Sanierungsfunktion der Insolvenz dazu missbraucht werden darf, vom Gedanken der Haftungsverwirklichung losgelöste Ziele arbeits- oder sozialpolitischer Art zu verfolgen, die letztlich aus den privaten Rechten der Gläubiger in ihrer Gesamtheit finanziert werden müssten,[343] so wenig darf der Zugang zu den gesetzlich bereitgestellten Instrumentarien zur Sanierung durch eine Übertragung hergebrachter Antragsanforderungen auf die InsO eingeschränkt werden.

Zum anderen kann dem Gläubiger dann, wenn es ihm auf die ihm vom Gesetzgeber ermöglichte Haftungsverwirklichung im Wege der Gesamt-ollstreckung ankommt, dieser Weg nicht mit dem Hinweis verwehrt werden, er habe eine andere Vollstreckungsart zu wählen. Denn das Insolvenzverfahren ist keine Verlängerung der Einzelzwangsvollstreckung. Vielmehr ist angesichts der höchst unterschiedlichen Perspektiven, Voraussetzungen und Rechtsfolgen beider Verfahrensarten[344] davon auszugehen, dass das Insolvenz-verfahren ein aliud darstellt und daher in keinem Konkurrenzverhältnis zu anderen Vollstreckungsarten stehen kann. Schon weil sich die Ergebnisse der verschiedenen Verfahren im wesentlichen unterscheiden, kann die Frage nach „eindeutiger und erheblicher Einfachheit, Schnelligkeit und Billigkeit" anderer vom Gesetzgeber bereitgestellter Rechtsschutzarten gar nicht relevant werden.[345]

Kommt das Gericht hingegen zu der Überzeugung, dass es dem Gläubiger gar nicht auf die Wirkungen des Insolvenzverfahrens ankommt, sondern er etwa die Erreichung anderer Ziele beabsichtigt, die im konkreten Fall als insolvenzfremd einzustufen sind, so liegt ein Missbrauch seines Insolvenzantragsrechts vor, was bereits aus sich heraus zu einer Verneinung des rechtlichen Interesses an der Verfahrenseröffnung führt.[346]

Zuletzt sei darauf hingewiesen, dass die Zulassung von Insolvenzanträgen gesicherter Gläubiger sich praktisch weniger folgenreich auswirken dürfte, als dies zunächst scheinen möchte. Denn auch von den Vertretern der Gegenansicht wird das rechtliche Interesse nicht immer abgesprochen, sobald der Gläubiger

---

341 Dazu etwa *Uhlenbruck u.a.* BB 1992 S. 1734 ff. (1736)

342 So *Smid* § 14 InsO Rnr. 15; vgl. auch *Smid* DZWiR 1994 S. 278 ff. (281)

343 S. dazu *Häsemeyer* InsR Rnr. 2.19, 2.20; *Gottwald* in: Gottwald § 1 Rnr. 48; dazu gehört auf der anderen Seite auch die Vergabe von Staatswohltaten auf Kosten der Steuerzahler.

344 Erinnert sei hier insbesondere an die unterschiedlichen Verfahrensziele: bestmögliche Befriedigung des einzelnen Gläubigers (individueller Ansatz der Einzelvollstreckung) gegenüber bestmöglicher Befriedigung aller vermögensrechtlichen Gläubiger (kollektiver Ansatz der Gesamtvollstreckung).

345 Ähnlich *Pohle* in: FS-Lent S. 195 ff. (223)

346 Dazu unten Teil 4 III

über dingliche Sicherungen verfügt. Vielmehr wird diese Rechtsfolge häufig an weitere Voraussetzungen geknüpft, wie die Einleitung der Einzelvollstreckung, die Erstrangigkeit eines Grundpfandrechts oder das Vorliegen eines insolvenzfesten Pfändungspfandrechts, das nicht mehr der Rückschlagsperre gem. § 88 InsO unterliegt.[347] Aus diesem Grund sind hierzu ergangene, das RSI ablehnende Entscheidungen bisher ohnehin vereinzelt geblieben.

5. Rechtsschutzinteresse Aussonderungsberechtigter?

a. Aktuelle Rechtslage

Wie bereits oben skizziert,[348] brachten die gegenüber der KO veränderten Bestimmungen zur Antragsberechtigung der InsO erhebliche Veränderungen mit sich. So knüpft die InsO nicht mehr an die einschränkende Regelung des § 103 Abs. 2 KO an, wonach lediglich (künftige) Konkursgläubiger und bestimmte Massegläubiger zur Stellung eines Insolvenzeröffnungsantrags berechtigt waren. Statt dessen folgte der Reformgesetzgeber inhaltlich § 15 RegEInsO und erweiterte die Antragsberechtigung nach § 13 Abs. 1 Satz 2 InsO auf alle Gläubiger, ohne diese von einer bestimmten Stellung im Insolvenzerfahren abhängig zu machen.
Nach den Vorstellungen des Reformgesetzgebers sollen heute somit nicht mehr nur Inhaber persönlicher, schuldrechtlicher Ansprüche, sondern auch Inhaber dinglicher Ansprüche zur Antragstellung berechtigt sein. So soll etwa der Eigentümer, der als Aussonderungsberechtigter seinen Herausgabeanspruch aus § 985 BGB außerhalb des Insolvenzverfahrens durchsetzen kann, zur Einleitung des Insolvenzverfahrens berechtigt sein.
Wie sich aus der Begründung ergibt, soll sich eine dem vormals gefassten § 105 KO ähnliche Einschränkung der Antragsberechtigung nunmehr aus dem Erfordernis des rechtlichen Interesses (§ 14 Abs. 1 InsO) ergeben.[349] Das in der InsO normierte Erfordernis des RSI stelle - neben der Vorbeugung vor Missbräuchen - sicher, dass der Antrag nur dann zulässig sei, wenn der Gläubiger im Falle der Eröffnung des Insolvenzverfahrens an diesem Verfahren beteiligt sein wird.[350] Anträge solcher Gläubiger, die sich außerhalb des Insolvenzverfahrens befriedigen können, sollen damit im Ergebnis ausgeschlossen bleiben.[351]
Folglich kommt dem RSI nach den Vorstellungen des Gesetzgebers neben der Missbrauchskontrolle die - insoweit neue - Funktion zu, als Korrektiv für das in

---

[347] *Wienberg* in: Hess/Weis/Wienberg § 14 InsO Rnr. 14; *Goetsch* in: BK-InsO § 14 Rnr. 16; *Pape* in: Kübler/Prütting § 14 InsO Rnr. 11; vgl. auch *Kilger/Schmidt* § 105 KO Rnr. 2 und OLG Schleswig Beschl. v. 22.6.1950 - 2 W 259/50 - NJW 1951, 119

[348] Vgl. Teil 3 III 1

[349] BT-Drs. 12/2443, S. 113 „Zu § 15"

[350] BT-Drs. 12/2443, S. 113 „Zu § 16"; *Haarmeyer/Wutzke/Förster* Kap. 3 Rnr. 65

[351] *Pape* in: Kübler/Prütting § 13 InsO Rnr. 1a

der InsO auf jeden Gläubiger erweiterte Antragsrecht zu dienen. Dies gilt zum einen für die Aussonderungs-berechtigten, die ihre Befriedigung ohnehin außerhalb des Insolvenzverfahrens zu betreiben haben. Zum anderen gilt dies für solche Absonderungsberechtigten, die - entgegen der Regel - keine persönliche Forderung gegen den Schuldner haben und somit materiell-rechtlich allein die Stellung dinglich Berechtigter an Massegegenständen einnehmen.[352]

b. Problemstellung: Fehlleistung des Gesetzgebers

Welchen Vorteil man sich von der Trennung zwischen dem unbeschränktem Antragsrecht aller Gläubiger und der Einschränkung durch die Notwendigkeit eines rechtlichen Interesses versprochen hat, ist bislang unklar geblieben. Vielmehr hat sich aus den misslungenen Versuchen in der Insolvenzrechtswissenschaft, trotz dieser Trennung griffige Definitionen herauszubilden, gezeigt, dass insoweit eher Verwirrung als Erleichterung geschaffen worden ist.[353]

Der Grund für diese Konfusion liegt darin, dass mit der Einführung des Erfordernisses eines rechtlichen Interesses an der Verfahrenseröffnung zweierlei Ziele verfolgt wurden, die sich trotz ihrer gemeinsamen Rechtsfolge nicht miteinander vergleichen lassen.

Zunächst ist davon auszugehen, dass das Bestehen einer Insolvenzforderung - ähnlich wie die Nichterfüllung der behaupteten Forderung bei der Leistungslage - in der Regel das rechtliche Interesse des Gläubigers an der Eröffnung des Insolvenzverfahrens begründet. In den Missbrauchsfällen geht es nun darum, dass dem Antragsteller ausnahmsweise das RSI an der Verfahrenseröffnung fehlt, weil er Ziele verfolgt, die mit der Insolvenz unvereinbar sind.[354] Zusammenfassend begründet also die Gläubigerschaft in der Regel das RSI, nur im Einzelfall fehlt es ausnahmsweise.

Demgegenüber hat der Gesetzgeber mit § 16 RegEInsO den folgenden, im Ansatz konträren Fall nun ebenfalls über das RSI geregelt: Der Gläubiger, der etwa als Aussonderungsberechtigter (§ 47 InsO) seine Rechte außerhalb des Verfahrens geltend machen muss, soll zwar zur Antragstellung berechtigt sein; der Antrag soll aber wegen Fehlens des rechtlichen Interesses unzulässig sein. Gleiches gilt für die zur abgesonderten Befriedigung Berechtigten ohne persönliche Forderung gegen den Schuldner (vgl. § 52 Satz 1 InsO).[355]

Bei den in der Begründung genannten Gläubigergruppen ist eine Legitimation des Antragstellers aber gar nicht denkbar, da ihnen nicht nur ausnahmsweise, sondern stets die Fähigkeit fehlt, am eröffneten Insolvenzverfahren teilzunehmen - sie sind stets auf den ordentlichen Rechtsweg verwiesen. Der

---

[352] *Schmerbach* in: FK-InsO § 14 Rnr. 35; vgl. *Jauernig* ZVR § 45 III

[353] Siehe dazu die bei *Jauernig* in: FS-Uhlenbruck S. 3 ff. (10 f.) angeführten Bemühungen.

[354] *Jauernig* in: FS-Uhlenbruck S. 3 ff. (11)

[355] *Schmerbach* in: FK-InsO § 14 Rnr. 35

ausnahmslose Ausschluss dieser Gläubigerkategorie kann aber keine Frage des RSI sein, da dieses nur im Ausnahme- und konkreten Einzelfall fehlen kann.
Mit dieser Vorgehensweise wird - worauf *Jauernig*[356] zutreffend hinweist - „unter der Tarnkappe des RSI" ein Problem gelöst, das unter der Herrschaft der KO keines war und unter der Herrschaft der InsO keines sein müsste. Statt der Frage des Fehlens oder Bestehens des RSI geht es hier um eine Frage der Antragsberechtigung ganzer Gläubigerkategorien, die folglich auch kategorial beantwortet werden muss.[357] Damit kann die vom Gesetzgeber misslungene Normstrukturierung zumindest insoweit nur als misslich bezeichnet werden.

c. Lösung über die Antragsberechtigung

Ungeachtet der Intention des Gesetzgebers ist eine Lösung dieser Problematik auch ohne den Rückgriff auf das gegenüber sonstigen Zulässigkeits-oraussetzungen subsidiäre Rechtsschutzinteresse möglich und vorzugswürdig. Denn der Charakter des RSI als Kriterium einer ausnahmsweisen Rechtsschutzsperre eignet sich nicht für die Eliminierung ganzer am eröffneten Verfahren nicht beteiligter Gläubigergruppen.
Vielmehr muss sich dieser Regelungszweck bereits früher, nämlich an systematisch korrekter Stelle bei der Auslegung des § 13 Abs. 1 Satz 2 InsO auswirken. Entstehen durch die unzulängliche Systematisierung des Gesetzgebers Unklarheiten in der Rechtsanwendung, so steht es dem Gericht frei, sich bei einer notwendigen klarstellenden Auslegung zur Antragsberechtigung an dem mit den Vorschriften der §§ 38, 39 und 87 InsO vorgegebenen Regelungszusammenhang zu orientieren.[358] Der Gläubigerbegriff der InsO ist schließlich mehrfach so wenig stringent verwendet worden, dass auch an anderen Stellen des Gesetzes unter „Gläubigern" nur „Insolvenzgläubiger" verstanden werden können.[359] Angesichts der terminologischen Defizite erscheint es ergiebiger, sich an der von *Hommelhoff*[360] aufgestellten Regel zu orientieren, wonach derjenige „nicht auf das Insolvenzverfahren Einfluss nehmen soll, dem es eh' nichts nützt."
Sonach muss § 13 Abs. 1 Satz 2 InsO dahingehend interpretiert werden, dass antragsberechtigt nur diejenigen Gläubiger sind, die ihre Forderungen nach den Vorschriften über das Insolvenzverfahren verfolgen und im eröffneten Verfahren auch durchsetzen können. Das aber sind gem. § 87 InsO nur die Insolvenzgläubiger.

---

[356] *Jauernig* in: FS-Uhlenbruck S. 3 ff. (12)
[357] *Jauernig* ZwVR § 54 III 3a; *Uhlenbruck* in: Gottwald § 12 Rnr. 4
[358] *Uhlenbruck* a.a.O. § 12 Rnr. 4
[359] *Jauernig* a.a.O. S. 12 mit Verweis auf die §§ 1 Satz 1; 152 Abs. 1, 2 Satz 2; 153 Abs. 2 Satz 1; 213 Abs. 1 Satz 2; 230 Abs. 2, 3 InsO
[360] *Hommelhoff* in: FS-Döllerer S. 245 ff (259); ähnlich *Haarmeyer/Wutzke/Förster* Kap. 3 Rnr. 65

Daraus ergibt sich, dass bei systematisch zutreffender Auslegung des § 13 Abs. 1 Satz 2 InsO antragsberechtigt nur die Insolvenzgläubiger im Sinne von § 87 InsO sind.[361] Im Einzelnen sind dies die nichtnachrangigen und die nachrangigen Insolvenzgläubiger (§§ 39, 39 InsO) sowie die zur abgesonderten Befriedigung berechtigten Insovlenzgläubiger (§ 52 InsO) wegen ihrer Ausfallforderung. Nicht erfasst werden aber die aussonderungsberechtigten Gläubiger, deren Anspruchsdurchsetzung sich nach § 47 InsO außerhalb des Insolvenzverfahrens vollzieht, sowie Absonderungsberechtigte ohne persönliche Forderung gegen den Schuldner.[362]
Insolvenzeröffnungsanträge letztgenannter Gläubiger müssen daher bereits mangels Antragsrecht als unzulässig zurückgewiesen werden. Dass der Gesetzgeber zur Begründung desselben Ergebnisses das Kriterium des Rechtsschutzinteresses herangezogen hat, ist als verfehlt zu korrigieren.

6. Rechtsschutzinteresse bei Insolvenzantragstellung des Bürgen

Für den Insolvenzantrag des Bürgen wird vereinzelt angenommen, dass diesem das Rechtsschutzinteresse für den Insolvenzeröffnungsantrag gegen den künftigen „Insolvenzschuldner"[363] fehle, solange er die Hauptverbindlichkeit noch nicht wenigstens zum Teil getilgt hat und sich nur auf den Regressanspruch stützt, der sich aus dem künftigen gesetzlichen Forderungsübergang nach § 774 Abs. 1 BGB ergeben könnte.[364]
Dies wird damit begründet, dass es dem Bürgen in dieser Lage typischerweise nicht um die Durchführung eines gemeinsamen Befriedigungsverfahrens gehe. Statt dessen sei es ihm regelmäßig daran gelegen, auf den (Gemein-) Schuldner wirksamen Druck auszuüben, den Befreiungsanspruch nach § 775 Abs. 1 Nr. 1 BGB zu erfüllen. Das RSI sei deshalb wegen Rechtsmissbrauchs ausgeschlossen.[365]

a. Ausgangslage

Zunächst ist davon auszugehen, dass dem Bürgen oder anderen ausgleichsberechtigten Mitschuldnern[366] nach herrschender Ansicht das Recht zuerkannt wird, die Eröffnung des Insolvenzverfahrens gegen den Insolvenzschuldner zu beantragen.
Zwar ist nach systematisch zutreffender Auslegung der Kreis der Antragsberechtigten auf die Insolvenzgläubiger im Sinne der §§ 87, 38 InsO zu

---

[361] So i.E. auch *Häsemeyer* InsR Rnr. 7.03
[362] *Jauernig* ZwVR § 54 III 3
[363] Begriff nach *Jauernig* ZwVR § 40: der Schuldner des Insolvenzverfahrens
[364] *Uhlenbruck* in: Gottwald § 8 Rnr. 19
[365] *Wiedemann/Küpper* in: FS-Pleyer S. 445 ff. (449)
[366] Die Darstellungen sind auf die Parallelprobleme bei sonstigen zum Ausgleich verpflichteten Mitschuldnern, etwa Gesamtschuldnern aus § 426 Abs. 2 BGB, übertragbar.

beschränken.[367] Bei dem künftigen Regressanspruch soll es sich jedoch um einen aufschiebend bedingten Anspruch handeln, der somit zur Zeit der Insolvenzeröffnung bereits begründet ist. Seine Bedingung ist die Erfüllung der Hauptforderung durch den Bürgen. Dies führt dazu, dass der Bürge die Stellung eines Insolvenzgläubigers einnimmt und er so zur Stellung des Eröffnungsantrages berechtigt ist.
Soweit überhaupt ein Unterschied gemacht wird,[368] ob der künftige Regressanspruch auf gesetzlichem Forderungsübergang gem. §§ 774 Abs. 1 BGB basiert oder aus dem Innenverhältnis zwischen dem Bürgen und dem späteren Gemeinschuldner stammt (z.B. aus Auftrag, Geschäftsbesorgung oder Schenkung), so werden beide Anspruchsgruppen dennoch gleich behandelt. Denn sowohl bei der gesetzlichen wie bei der persönlichen Regressforderung soll als Bedingung die Erfüllung der Hauptforderung durch den Bürgen anzusehen sein.[369]

b. Rechtslage bei gesetzlichem Forderungsübergang

Zunächst ist bei dem gesetzlichen Forderungsübergang (cessio legis) gem. § 774 BGB festzustellen, dass die Einordnung als Problem des Rechtsschutzinteresses nicht haltbar ist. Vielmehr fehlt in solchen Fällen bereits das Antragsrecht des Bürgen.
Erst mit Zahlung der Bürgschaftssumme oder eines Teils hiervon an den Gläubiger tritt der Bürge in die ehemalige Forderungsberechtigung des Gläubigers ein. Vorher steht diese Forderung allein dem Gläubiger zu, es besteht kein hiervon losgelöstes Recht zugunsten des Bürgen. Damit mangelt es vor Inanspruchnahme der Bürgschaft und dem dadurch ausgelösten Forderungsübergang an jener Rechtsbeziehung zwischen Bürgen und Schuldner, aus welcher ein auch nur aufschiebend bedingter gesetzlicher Anspruch dem Grunde nach bereits entstanden sein könnte.[370] Aus diesem Grund ist ein Anspruch des Bürgen gegen den Insolvenzschuldner in diesem Zeitraum noch gar nicht begründet. Die spätere Berechtigung aufgrund des gesetzlichen Forderungsübergangs kann auch nicht zurückwirken.[371]
Künftige Forderungen berechtigen jedoch nur dann zur Teilnahme an der Insolvenz, sobald die Forderung dem Grunde nach zumindest aufschiebend bedingt entstanden ist. Dies ist bei Forderungen, deren Rechtsgrund erst nach Eröffnung des Insolvenzverfahrens entsteht, jedoch nicht der Fall.[372] Für den Fall der vor Insolvenzeröffnung nicht in Anspruch genommenen Bürgschaft hat

---

[367] S. dazu soeben Teil 5 II 4c; ebenso *Uhlenbruck* in: Gottwald § 9 Rnr. 13
[368] Teilweise wird von einem einheitlichen Rückgriffsanspruch ausgegangen, vgl. dazu *Thomas* in: Palandt § 775 BGB Rnr. 2 ff. m.w.N.
[369] LG Hagen NJW 1961, 1680; *Kilger/Schmidt* § 3 Rnr. 4h; *Kuhn/Uhlenbruck* § 3 Rnr. 37
[370] Ebenso *Mönning* in: Nerlich/Römermann § 13 InsO Rnr. 28
[371] *W. Delhaes* Insolvenzantrag S. 130 f.
[372] So auch *Wiedemann/Küppers* in: FS-Pleyer S. 445 ff. (446)

dies zur Folge, dass vor Inanspruchnahme noch keine Berechtigung des Bürgen zur Stellung des Insolvenzeröffnungsantrags besteht.[373]
Entgegen der oben skizzierten Gegenansicht handelt es sich damit bei dieser Problematik wiederum nicht um ein Problem des rechtlichen Interesses i.S.d. § 14 Abs. 1 InsO, sondern des Antragsrechts gem. § 13 Abs. 1 InsO.[374]

c. Rechtslage bei Regressansprüchen aus dem Innenverhältnis

Anders ist die Rechtslage, wenn dem Insolvenzeröffnungsantrag ein künftiger Regressanspruch zugrunde gelegt wird, der dem Bürgen aus dem jeweiligen Innenverhältnis zukommt, etwa aus § 670 BGB (Auftrag), § 675 BGB (Geschäftsbesorgung) oder §§ 683, 684 BGB (Geschäftsführung ohne Auftrag). In diesem Fall liegt tatsächlich ein von der Erfüllung der Hauptforderung aufschiebend bedingter Vermögensanspruch vor. Denn aufgrund des zwischen Bürgen und Insolvenzschuldner bestehenden Rechtsverhältnisses besteht dieser Rückgriffsanspruch im Gegensatz zur gesetzlich übergehenden Forderung unabhängig von der Fälligkeit der Hauptforderung des Gläubigers gegen den Insolvenzschuldner. Dieser Rückgriffsanspruch des Bürgen ist deshalb auch schon zur Zeit der Insolvenzeröffnung begründet (§ 38 InsO). Demnach steht dem Bürgen aufgrund der persönlichen Forderung im Grundsatz das Recht zur Stellung des Insolvenzeröffnungsantrags zu.
Einschränkungen ergeben sich für ihn jedoch aus der Bestimmung des § 44 InsO. In Anschluss an die bisher vorherrschende Ansicht zur Konkursordnung[375] können danach sämtliche Regressansprüche des Bürgen sowie des Gesamtschuldners nur dann geltend gemacht werden, wenn der Gläubiger auf die Geltendmachung seiner Forderung verzichtet. Damit soll ausgeschlossen werden, dass eine gegenüber der Insolvenzmasse nur einmal zu zahlende Schuld von mehreren Gläubigern mehrfach geltend gemacht wird.[376]
Die Regelung führt dazu, dass bei Geltendmachung der Forderung durch den Gläubiger Bürgen und Gesamtschuldner am Verfahren nicht teilnehmen können. Sie bedeutet für diese Gläubigergruppen eine erhebliche Einschränkung, da ihr nach zutreffender Auslegung des § 4 i.V.m. § 38 InsO[377] dann auch die Berechtigung zur Antragstellung fehlt und der Antrag als unzulässig abzuweisen ist. Zugleich stellt der Gesetzgeber damit sicher, dass es

---

[373] *Breutigam* in: BK-InsO § 13 Rnr. 21; *Mönning* in: Nerlich/Römermann § 13 InsO Rnr. 28; a.A. *Kirchhof* in: HK-InsO § 38 Rnr. 13, der den künftigen Regreßanspruch als einen aufschiebend bedingten Anspruch ansieht und somit unabhängig von der Inanspruchnahme das Antragsrecht des Bürgen bejaht.
[374] So auch *W. Delhaes* Insolvenzantrag S. 130 f. für die KO
[375] Schon zur KO bestritten; vgl.; *W. Delhaes* Insolvenzantrag S. 131; *Kuhn/Uhlenbruck* § 3 KO Rnr. 37 m.w.N.
[376] BT-Drs. 12/2443 S. 124 „Zu § 51"
[377] Dazu bereits oben Teil 4 II 5c

in diesen Fällen einer Heranziehung des Kriteriums „Fehlen des Rechtsschutzinteresses“ nicht bedarf.

7. Rechtsschutzinteresse des Pensions-Sicherungs-Vereins auf Gegenseitigkeit

Uneinigkeit herrscht des weiteren über das Bestehen eines rechtlichen Interesses des Pensions-Sicherungs-Vereins auf Gegenseitigkeit (PSVaG) an der Stellung eines Antrags auf Eröffnung des Insolvenzverfahrens über das Vermögen eines Arbeitgebers, der seinen Arbeitnehmern Ruhegeldzusagen gewährt hat.

a. Grundlagen

Der PSVaG ist eine Einrichtung, die aufgrund des Gesetzes zur Verbesserung der betrieblichen Altersversorgung (BetrAVG) geschaffen wurde. Mit dem BetrAVG beabsichtigt der Gesetzgeber, die Arbeitnehmer als Inhaber von Pensionsansprüchen und unverfallbaren Pensionsanwartschaften aus einer betrieblichen Altersversorgung vor Verlusten dieser Rechte bei Insolvenz des Arbeitgebers zu schützen. Der PSVaG ist damit ein gesetzlich eingerichteter Fonds zur Insolvenzsicherung der Arbeitnehmer (vgl. § 14 BetrAVG). Die Mittel dieses Fonds sind von der Gesamtheit der sicherungspflichtigen Arbeitgeber aufzubringen. Mit Eröffnung des Insolvenzverfahrens über das Vermögen des Arbeitgebers übernimmt der PSVaG dessen Verpflichtungen hinsichtlich der Pensionsrechte der Arbeitnehmer, § 7 Abs. 1 BetrAVG; gleichzeitig gehen die Ansprüche der Arbeitnehmer gegen den Arbeitgeber nach § 9 Abs. 2 BetrAVG auf ihn über.[378]

b. Problemstellung und Meinungsstand

Hinsichtlich der Stellung eines Insolvenzeröffnungsantrags ergibt sich damit beim PSVaG die Besonderheit, dass dieser erst mit der Verfahrenseröffnung und dem daran angeknüpften Forderungsübergang kraft Gesetzes in die Pensionsberechtigungen eintritt und damit Gläubiger des Arbeitgebers/ Schuldners wird.[379] Aus der Tatsache, dass er im Zeitpunkt der Antragstellung - noch - gar nicht Inhaber der Pensionsforderungen ist, wird teilweise gefolgert, der PSVaG könne an der Insolvenzeröffnung kein berechtigtes Interesse haben, der Antrag sei mithin als unzulässig abzuweisen.[380]

---

[378] Vertiefend *Heinze* in: Gottwald § 107 Rnr. 1 ff.

[379] Vgl. *Heinze* in: Gottwald § 107 Rnr. 75 f.

[380] *Kirchhof* in: HK-InsO § 14 Rnr. 5; *Goetsch* in: BK-InsO § 13 Rnr. 11

c. Stellungnahme

Bei genauerer Betrachtung stellt sich jedoch heraus, dass es sich hierbei nicht um ein Problem des Rechtsschutzinteresses handelt. Insbesondere verfolgt der PSVaG mit der Antragstellung keinen insolvenzfremden Zweck, sondern die Absicht, durch die Verfahrenseröffnung den gesetzlichen Übergang der Pensionsberechtigungen herbeizuführen, um dann als Insolvenzgläubiger im Rahmen des gemeinschaftlichen Befriedigungsverfahrens für die ihm zustehenden Rechte Befriedigung aus der Insolvenzmasse zu erlangen. Daher ergibt sich das Interesse an einer rechtzeitigen Einleitung des Insolvenzverfahrens daraus, beim Verteilungskonflikt zwischen den Verfahrensbeteiligten die Interessen der Solidargemeinschaft seiner Mitgliedsunternehmen zu wahren und die Befriedigung aus einer möglichst umfangreichen Insolvenzmasse herbeizuführen.[381]

Letztlich handelt es sich um ein Problem der Antragsberechtigung des PSVaG, welche aufgrund der Forderungsinhaberschaft des versorgungsberechtigten Arbeitnehmers im Zeitpunkt der Antragstellung ihrerseits umstritten ist. Insoweit setzt sich die bereits unter der Herrschaft der KO vorliegende Unklarheit nun unter der Geltung der InsO fort, da sich die Änderungen der Vorschriften des BetrAVG insoweit weitgehend auf sprachliche Anpassungen an die InsO beschränkt haben, ohne eine Klarstellung der materiellen Rechtslage herbeizuführen. Trotz der Anregungen des PSVaG zu einer entsprechenden Bestimmung in der InsO oder zumindest in der Gesetzesbegründung der maßgeblichen Vorschriften hat sich der Gesetzgeber anders entschieden und dem PSVaG kein ausdrückliches Recht zur Beantragung eines Insolvenzverfahrens eingeräumt.[382]

aa. Einräumung des Antragsrechts

Das Antragsrecht wird dem PSVaG trotz fehlender expliziter Regelungen teilweise zugesprochen. Die bis dahin dem Arbeitnehmer zustehende Forderung sei im Zeitpunkt der Insolvenzeröffnung gem. § 9 Abs. 2 BetrAVG auf ihn übergegangen und damit begründet; sie entspreche somit den Anforderungen des § 38 InsO[383] an die Teilnahme am Verfahren. Im Interesse der Aufrechterhaltung einer funktionsfähigen Insolvenzsicherung müsse der PSVaG bestrebt sein, die Haftungsmasse als Grundlage für seinen Regress zu erhalten, um die Verluste aus der Insolvenzsicherung im Interesse der Versicherungs-nehmer gering zu halten. Dies könne er nur erreichen, wenn er die rechtliche Möglichkeit habe, durch einen eigenen Antrag rechtzeitig die Einleitung des

---

[381] Insoweit zutreffend *Wiedemann/Küpper* in: FS-Pleyer S. 445 ff. (449); *Paulsdorff/Wohlleben* in: KS-InsO S. 1655 ff. Rnr. 9

[382] S. dazu *Paulsdorff/Wohlleben* in: KS-InsO S. 1655 ff. Rnr. 6

[383] Entsprechend dem insoweit inhaltsgleichen § 3 KO.

Insolvenzverfahrens zu erwirken.[384] Obwohl der PSVaG bei der Antragstellung lediglich zukünftiger Gläubiger sei, müsse es für die Bejahung des Antragsrechts ausreichen, dass er die Forderung gleichzeitig, d.h. unmittelbar mit Eröffnung des Verfahrens erwirbt.

bb. Differenzierung hinsichtlich des Antragsrechts

Dieser Ansicht muss entgegenhalten werden, dass sie die Bestimmungen zur Teilnahme am eröffneten Verfahren und jene zum Recht zur Antragstellung ohne Not vermischt. Der PSVaG tritt grundsätzlich erst mit Eröffnung des Insolvenzverfahrens kraft Gesetzes in die Pensionsberechtigungen ein und wird erst zu diesem Zeitpunkt Insolvenzgläubiger.[385] Dem PSVaG steht vor diesem Zeitpunkt noch keine aufschiebend bedingte Forderung zu, die gem. § 191 Abs. 1 InsO mit ihrem vollen Betrag zu berücksichtigen wäre. Vielmehr ist der gesetzliche Forderungsübergang gem. § 9 Abs. 2 BetrAVG bedingt.
Auch eine Rückverlagerung der Forderungsberechtigung, welche demnach Voraussetzung für ein Antragsrecht wäre, ist nicht geboten. Denn vor der Eröffnung des Insolvenzverfahrens stehen die Forderungen den berechtigten Arbeitnehmern zu, die ihrerseits berechtigt sind, wegen ihrer Forderungen Insolvenzantrag zu stellen. Hinzu kommt, dass anderenfalls der PSVaG in der Lage wäre, für einen Großteil der gewerblichen Wirtschaft, nämlich alle, die eine betriebliche Altersversorgung durchführen, ein Insolvenzverfahren einzuleiten. Ein gleichsam amtswegiges Insolvenzverfahren durch einen privatrechtlichen Verein, der mit hoheitlichen Befugnissen ausgestattet ist, wäre aber mit der Dispositionsfreiheit des Insolvenzantragsverfahrens gar nicht zu vereinbaren.[386]
Etwas anderes muss freilich gelten, wenn der PSVaG aufgrund eines vorherigen Sicherungsfalls und des mit seinem Eintritt erfolgten gesetzlichen Übergangs der Ansprüche des Versorgungsbegünstigten auf ihn bereits eine Gläubigerstellung innehat. Die gilt insbesondere dann, wenn der PSVaG einem außergerichtlichen (Stundungs-, Quoten-, Liquidations-)Vergleich zugestimmt hat, der nach § 7 Abs. 1 Satz 4 Nr. 2 BetrAVG einen dem Eröffnungsbeschluss gleichwertigen Sicherungsfall darstellt. In diesem Fall ist der Verein wie alle anderen Gläubiger zur Stellung des Insolvenzeröffnungsantrags berechtigt.[387]

8. Vorrang der Singularvollstreckung?

Ausgehend von dem bereits oben dargestellten Grundsatz,[388] das Rechtsschutzinteresse für den Insolvenzantrag fehle dann, wenn der antragstellende

---

[384] *Wiedemann/Küpper* in: FS-Pleyer S. 445
[385] *Uhlenbruck* in: Gottwald § 8 Rnr. 20; *Schmerbach* in: FK-InsO § 13 Rnr. 14
[386] So zutreffend *W. Delhaes* Insolvenzantrag S. 133; s. dazu auch oben Teil 3 I
[387] *Paulsdorff/Wohlleben* in: KS-InsO S. 1655 ff. Rnr. 8
[388] S. dazu Teil 4 II 4

Gläubiger auf einfachere und billigere Art und Weise als durch das Insolvenzverfahren seinen Anspruch durchzusetzen vermag, hat sich teilweise die Auffassung durchgesetzt, dies führe zu einem Vorrang der Singularvollstreckung gegenüber der Gesamtvollstreckung. Dem Gläubiger sei mithin das RSI abzusprechen, solange er noch nicht alle ihm zur Verfügung stehenden Maßnahmen der Einzelzwangsvollstreckung ausgeschöpft habe.

a. Kein Rechtsschutzinteresse bei möglicher Einzelbefriedigung

Hatte bereits *Friedrich Weber* diese Ansicht ohne nähere Begründung vertreten, solange die Möglichkeit einer Befriedigung im Wege der Einzelzwangsvollstreckung bestand, [389] so wird dies heute insbesondere in den Fällen erwogen, in denen der Gläubiger bereits über einen vorläufig vollstreckbaren Titel für seine Forderung verfügt.[390]
In diesem Fall stehe ihm die Einzelzwangsvollstreckung nach § 720a ZPO als einfacherer und schnellerer Weg zur Befriedigung seiner Forderung zur Verfügung. Der Gesetzgeber habe mit der Regelung des § 720a ZPO (sog. Sicherungsvollstreckung) ein spezielles und effektives Mittel zur Verfügung gestellt, um den Gläubiger davor zu schützen, dass sich der Schuldner auf Dauer der Vollstreckung entzieht und um die Verfahrensdauer zu verkürzen. Die Regelung des § 720a ZPO ermöglicht nämlich dem Gläubiger, aus einem nur gegen Sicherungsleistung vorläufig vollstreckbaren Urteil bereits vor Erbringung der Sicherheit die Vollstreckung einzuleiten. Die Sicherungsvollstreckung erlaubt dem Gläubiger zwar keine Befriedigung, wohl aber Maßnahmen zur rangwahrenden Sicherung seines Anspruchs und ermöglicht es ihm so, sich vor Vermögensverschiebungen und Vermögensverfall des Schuldners zu schützen.[391]
Das Rechtsschutzinteresse für einen Insolvenzantrag mit einer vorläufig vollstreckbar titulierten Forderung sei nur dann ausnahmsweise gegeben, wenn dem Gläubiger der Schutzcharakter des § 720a ZPO nicht zur Seite steht oder die Gesamtvollstreckung aus sonstigen Gründen gerechtfertigt sei. Dies könne etwa der Fall sein, wenn der Schuldner seine Zahlungen bereits eingestellt oder ein offenkundiges Anerkenntnis abgegeben habe, nicht zahlen zu können.[392]

b. Auffassung der Rechtsprechung

Auch in der Rechtsprechung hat diese Einschätzung teilweise Zuspruch erfahren. Zwar wird generell anerkannt, dass die Ausschöpfung aller

[389] In *Jaeger/Weber* § 103 KO Rnr. 6

[390] *Haarmeyer/Wutzke/Förster* Kap. 3 Rnr. 70; ausführlich dazu *dies.* (2. Auflage 1997) Kap. 3 Rnr. 46

[391] *Rosenberg/Gaul/Schilken* ZVR § 14 V 2c; *Putzo* in: Thomas/Putzo § 720a ZPO Rnr. 1; *Hartmann* in: Baumbach/Lauterbach § 720a ZPO Rnr. 2

[392] *Haarmeyer/Wutzke/Förster* a.a.O.

Möglichkeiten der Einzelzwangsvollstreckung nicht Voraussetzung für die Stellung eines Insolvenzantrages sei.
Bei einer bereits titulierten Einzelforderung müsse aber dargetan werden, warum nicht auch ohne den schwerer wiegenden Eingriff in die Rechtsstellung des Schuldners das Recht des Gläubigers im Wege der ihm eingeräumten und möglichen Einzelzwangsvollstreckung realisiert werden könne. Gelänge dies nicht, da die Erfolglosigkeit nicht hinreichend glaubhaft gemacht werde, so wäre das Rechtsschutzinteresse für einen Insolvenzeröffnungsantrag des Gläubigers zu verneinen.[393]

c. Kritik an dieser Ansicht

Die Ansicht, wonach das Rechtsschutzinteresse durch aussichtsreiche Möglichkeiten einer Befriedigung in der Einzelzwangsvollstreckung ausgeschlossen sein soll, ist nicht ohne Kritik geblieben.
Insbesondere *Gerhardt*[394] wendet gegen das Urteil des OLG Köln ein, der Gläubiger einer titulierten Forderung dürfe nicht auf den Weg der Einzelzwangsvollstreckung verwiesen werden, da dieser nicht dieselben Sicherungsmöglichkeiten gewähre wie ein Insolvenzverfahren. In der Gesamtvollstreckung gehe der Umfang der Beschlagnahme weiter, und auch das Anfechtungsrecht des § 30 KO[395] komme dem Gläubiger zugute. Schließlich sei es auch nicht gerechtfertigt, den Gläubiger mit dem Nachweis zu belasten, dass er mit Hilfe aller möglichen einschaltbaren Vollstreckungsorgane in concreto nicht dasselbe Resultat erzielen würde wie bei der Gesamtvollstreckung in das schuldnerische Vermögen.
Zu den weitergehenden Sicherungsmöglichkeiten, die die Konkursanfechtung biete, führt *Gerhardt* an anderer Stelle aus,[396] dass hierdurch kongruente und inkongruente Sicherungen und Befriedigungen und damit verbundene Vermögensübertragungen an Dritte, die in der Einzelzwangsvollstreckung nebst Einzelanfechtung nicht behoben werden könnten, rückgängig gemacht werden könnten. Insoweit gehörten zur Insolvenzmasse gegebenenfalls auch Vermögenswerte, die dem Zugriff des Gläubigers in der Einzelzwangsvollstreckung entzogen seien.
Andere weisen darauf hin, durch die Forderung nach vorheriger Einzelzwangsvollstreckung würde auch einer unerwünschten Aushöhlung der

---

[393] OLG Köln Beschl. v. 18.05.1989 - 2 W 41/89 - ZIP 1989, 789 (791); LG Magdeburg Beschl. v. 08.02.1995 - 3 T 27/95 - ZIP 1995, 579 zu § 2 GesO; kritisch dazu *Pape* EWiR § 2 GesO 4/95 S. 666 und AG Göttingen, Beschl. v. 03.05.2002 – 74 IN 134/02 – NZI 2003, 104

[394] In EWiR § 102 KO 1/89 S. 701 (702)

[395] Entspr. §§ 130 ff. InsO

[396] In FS-Gaul S. 139 ff. (150)

Insolvenzmasse Vorschub geleistet und der Gläubiger müsste damit rechnen, das Erlangte im Wege der Anfechtung später wieder herausgeben zu müssen.[397] Schließlich wird vorgebracht, es bestehe kein allgemeiner Grundsatz, wonach die Zulassung des Insolvenzantrags von einer vorhergehenden Einzelzwangsvollstreckung abhängig zu machen sei.[398] Die Verweisung auf den hindernisreichen und langwierigen Weg beispielsweise einer Immobiliarzwangsvollstreckung sei dem Gläubiger schon aufgrund der durch Zeitablauf bedingten Gefahr der Vermögensverschlechterung und der Entstehung weiterer, unnützer Kosten nicht zumutbar.[399]

d. Stellungnahme

Letztlich macht der oben genannte Ansatz die Durchführung der Einzelzwangsvollstreckung und deren Erfolglosigkeit zumindest dann zur Voraussetzung des Rechtsschutzinteresses für einen Insolvenzantrag, wenn der Gläubiger bereits über einen Titel verfügt.

Bislang entspricht es der vorherrschenden Ansicht, dass das RSI entfällt, wenn für die Durchsetzung einer Forderung ein schnellerer oder einfacherer Weg als der vom Antragsteller Gewählte zur Verfügung steht.[400]

aa. Konkurrenz zwischen Einzel- und Gesamtvollstreckung?

Es ist jedoch nicht ersichtlich, weshalb *Frind*[401] annimmt, durch die Fassung des § 14 Abs. 1 InsO werde der Möglichkeit des Gläubigers, Befriedigung auf einfachere Art und Weise im Insolvenzverfahren zu erlangen, nunmehr verstärkte Bedeutung als bisher zukommen. Denn zumindest für den Gläubigerantrag wurde nur die bislang bereits bestehende Rechtspraxis kodifiziert, eine weitergehende Absicht des Gesetzgebers lässt sich für diese Fälle anhand der Materialien nicht ermitteln. Zum anderen würde diese Vorgehensweise ein freies Wahlrecht des Gläubigers zwischen den verschiedenen Vollstreckungsarten zumindest mittelbar einschränken, wenn nicht gar abschaffen.

Zunächst gilt im Einzelvollstreckungsrecht das Prinzip des freien Vollstreckungszugriffs, d.h. der Gläubiger ist gerade nicht an eine bestimmte

---

[397] *Mönning* in: Nerlich/Römermann § 14 InsO Rnr. 18

[398] *Wienberg* in: Hess/Weis/Wienberg § 14 InsO Rnr. 13; *Kirchhof* in: HK-InsO § 14 Rnr. 23; LG Göttingen Beschl. v. 23.02.1998 - 10 T 10/98 - ZIP 1998, 571; *Kuhn/Uhlenbruck* § 105 KO Rnr. 6b

[399] *Schmerbach* in: FK-InsO § 14 Rnr. 33; *Pape* in: Mohrbutter Rnr. XVI.46; LG Göttingen Beschl. v. 08.03.1993 - 6 T 37/93 - ZIP 1993, 446 = NJW-RR 1993, 767;

[400] S. dazu bereits oben Teil 4 II 4 und *Jauernig* ZwVR § 54 III 3b; *Wienberg* in: Hess/Weis/Wienberg § 14 InsO Rnr. 14; *Pape* in: Kübler/Prütting § 14 InsO Rnr. 11; *Mönning* in: Nerlich/Römermann § 14 InsO Rnr. 18

[401] *Frind* EWiR § 105 KO 1/2000 S. 349 (350)

Vollstreckungsreihenfolge gebunden.[402] Dieses Prinzip wird als Verlängerung von Privatautonomie und Dispositionsmaxime bis in das Vollstreckungsrecht gedeutet.[403] Begründet wird dies vor allem damit, dass eine starre Reihenfolge der Vollstreckungsarten die Energie der Zwangsvollstreckung erheblich schwächen würde.[404]

Gleiches muss im Verhältnis der Einzelzwangsvollstreckung zur Gesamtvollstreckung gelten, denn beide Vollstreckungstypen stellen voneinander unabhängige Befriedigungsmöglichkeiten für den Gläubiger dar. Die Gesamtvollstreckung ist nicht etwa die Verlängerung der Einzelzwangsvollstreckung für „besonders schwere Fälle". Solange der Gläubiger ihre speziellen Antragsvoraussetzungen erfüllt, stellt sie für ihn vielmehr eine außerhalb eines Konkurrenzverhältnisses stehende, eigenständige Vollstreckungsalternative dar. Dem entspricht die nahezu einhellige Auffassung, wonach zumindest im Grundsatz die Zulässigkeit eines Insolvenzantrages nicht von der vorherigen Durchführung der Singularvollstreckung abhängig ist.[405] Dem Gläubiger steht mithin ein freies Wahlrecht zwischen der Möglichkeit der Einzel- und der Gesamtvollstreckung zu, wenn er aus einem Titel Befriedigung zu erlangen sucht.

bb. Einschränkung durch die Möglichkeit einer Sicherungsvollstreckung gem. § 720a ZPO?

Auch die Möglichkeit einer Sicherungsvollstreckung nach § 720a ZPO für Gläubiger vorläufig titulierter Forderungen vermag hieran nichts zu ändern. Aus ihrem Charakter als Gläubigerschutzvorschrift ergibt sich zwar, dass die Sicherungsvollstreckung nach § 720a ZPO dem Gläubiger eine besondere Form der Sicherung seines Anspruchs bietet. Allerdings kann aus der Begründung des Gesetzgebers[406] nicht darauf geschlossen werden, dass anhand dieser Einzelbestimmung ein generelles Konkurrenzverhältnis zwischen Einzel- und Gesamtvollstreckungszugriff statuiert werden sollte. Sie ergänzt vielmehr die dem Gläubiger unabhängig davon eingeräumten Vollstreckungsmöglichkeiten.

Hinzu kommt, daß der Verweis auf eine andere Vollstreckungsart nur dann gerechtfertigt erscheint, wenn hierdurch für den Gläubiger gleichwertige Sicherungs- und Befriedigungsmöglichkeiten gewährleistet sind. Dies ist aber gerade nicht der Fall, da etwa der Umfang der Beschlagnahme im Insolvenzverfahren wesentlich weiter geht als in der Einzelzwangs-

---

402 *Rosenberg/Gaul/Schilken* ZVR § 5 II 3; *Stürner* ZZP Bd. 99 (1986) S. 291 ff. (301); *Gaul* JZ 1974 S. 279 ff. (283); *Gaul* JZ 1973 S. 473 ff. (481); vgl. auch *Uhlenbruck* JurBüro 1976 S. 417 ff. (420)

403 Vgl. *Gerhardt* ZZP Band 95 (1982) S. 467 ff. (486)

404 *Rosenberg/Gaul/Schilken* ZVR § 5 II 3

405 Statt aller *Schmerbach* in: FK-InsO § 14 Rnr. 33 und AG Göttingen Beschl. v. 07.08.1998 - 71 N 34/98 - ZInsO 1998, 190; vgl. auch oben Teil 4 II 4c

406 BT-Drs. 7/2729 S. 44, 109 („zu Nummer 87")

vollstreckung. Weiter hat der Antragsteller mit dem Eröffnungsantrag zugleich das Interesse für die Sicherung seiner Forderung dargetan. Daher darf er - auch im Interesse der Gesamtgläubigerschaft an einer ungeschmälerten Insolvenzmasse - hierfür nicht auf die Einzelsicherung durch Arrest oder einstweilige Verfügung verwiesen werden.[407]

cc. Ergebnis

Wenn aber einerseits ein allgemeiner Grundsatz, der die Zulässigkeit eines Insolvenzeröffnungsantrages von der - erfolglosen - Durchführung der Singularvollstreckung abhängig macht, nicht existiert[408] und andererseits dem Gläubiger im Rahmen der Gesamtvollstreckung eine umfassendere Sicherung seiner Ansprüche als in der Einzelvollstreckung ermöglicht wird, so ist die Ansicht abzulehnen, das Rechtsschutzinteresse für einen Insolvenzantrag solle insbesondere dann entfallen, wenn der Gläubiger bereits über einen Titel für seine Forderung verfüge und er diesen damit auch im Wege der Einzelvollstreckung durchsetzen könnte.

9. Kein Rechtsschutzinteresse ohne Abgabe der Eidesstattlichen Versicherung gem. § 807 ZPO?

Dogmatisch eng verbunden mit der soeben dargestellten Problematik eines - abzulehnenden - Vorrangs der Singularvollstreckung gegenüber der Insolvenzantragstellung ist die Frage, ob ein Rechtsschutzinteresse für den Insolvenzantrag auch dann besteht, wenn der Gläubiger in der Lage ist, statt dessen die Abgabe der Eidesstattlichen Versicherung des Schuldners bzw. Schuldnerunternehmens nach §§ 807, 899 ff. ZPO zu beantragen.
Solange es dem Antragsteller möglich ist, vor Stellung des Insolvenzeröffnungsantrages den Schuldner zur Ableistung der Eidesstattlichen Versicherung laden zu lassen, wird ihm vereinzelt das rechtliche Interesse an der Verfahrenseröffnung abgesprochen.[409] Begründet wurde dies damit, dass das RSI nach allgemeinen Grundsätzen dann fehle, wenn der Gläubiger auf einfachere und zweckmäßigere Weise die Befriedigung seiner Forderungen erreichen könne. Gegenüber der Gesamtvollstreckung sei das Verfahren nach § 807 ZPO als der billigere und bequemere Weg anzusehen. Dies gelte auch dann, wenn der Schuldner bereits vorher die Eidesstattliche Versicherung abgegeben

---

[407] *Häsemeyer* InsR Rnr. 7.14; *Goetsch* in: BK-InsO § 14 Rnr. 17; vgl. dagegen *Kilger/Schmidt* § 2 GesO Rnr. 2

[408] So auch *Braun/Uhlenbruck* S. 222; AG Göttingen Beschl. v. 07.08.1998 - 71 N 34/98 - ZInsO 1998, 190; LG Osnabrück Beschl. v. 16.07.1971 - 1 T 142/71 - KTS 1972, 270

[409] LG Bremen Beschl. v. 26.10.1971 - 8 T 608/71 - Rpfleger 1972, 27; LG Berlin Beschl. v. 16.12.1966 - 81 T 770/66 - KTS 1967, 187

hat, inzwischen jedoch mit erneutem Vermögenserwerb seitens des Schuldners zu rechnen sei.[410]

Diese Ansicht verkennt jedoch, dass das Insolvenzeröffnungsverfahren mit Rücksicht auf die damit meist verbundene Existenzgefährdung oder Existenzvernichtung für den Schuldner und im Hinblick auf die betroffenen allgemeinen Belange der Gesamtgläubigerschaft (Lauf der Anfechtungsfristen etc.) immer Eilverfahren ist.[411] Dann widerspricht es aber den wohlverstandenen Gläubigerinteressen, die Zulassung des Insolvenzantrages durch die Forderung vorhergehender Zwangsmaßnahmen wie des Antrages nach § 807 ZPO zeitlich weiter hinauszuschieben. Auch wird diese Ansicht den Zielvorstellungen des Reformgesetzgebers nach möglichst frühzeitiger Verfahrenseröffnung gegen insolvente Schuldner nicht gerecht.[412]
Dies gilt auch und gerade dann, wenn der Schuldner bereits vor längerer Zeit eine eidesstattliche Versicherung abgegeben hatte. Dem Gläubiger wird es hier besonders schwer fallen, den Anforderungen des § 903 ZPO entsprechend späteren Vermögenserwerb seitens des Schuldners glaubhaft zu machen und den Schuldner damit zur erneuten Ableistung zu zwingen. Wollte man dem Antragsteller das Darlegungsrisiko auferlegen, so würde gerade dann der Zugang zum Insolvenzverfahren erheblich einschränken,.
Werden die Forderungen nicht beglichen, so muss es dem Gläubiger freistehen, ohne zeit- und kostenintensive Zwischenmaßnahmen den Weg der Gesamtvollstreckung zu begehen. Hat der Schuldner zwischenzeitlich wieder Vermögenswerte gebildet, ist er also lediglich zahlungsunwillig, so liegt es bei ihm, im Haupteröffnungsverfahren die Überzeugung des Gerichts bzw. im Zulassungsverfahren die überwiegende Wahrscheinlichkeit eines vorliegenden Insolvenzgrundes im Wege der Gegenglaubhaftmachung zu erschüttern.
Letztlich stellt also auch diese Ansicht Kriterien auf, die über die im Gesetz vorgegebenen Eröffnungsvoraussetzungen hinausgehen und schränkt auf diese Weise den Zugang zum Insolvenzverfahren unangemessen ein. Ist der Gläubiger demnach in der Lage, den Eröffnungsgrund glaubhaft zu machen, fehlt ihm auch dann nicht das Rechtsschutzinteresse, wenn er nicht vor der Antragstellung die Abnahme der eidesstattlichen („Offenbarungs"-)Versicherung betrieben hat.[413]

---

[410] LG Berlin a.a.O.

[411] *Uhlenbruck* in: Gottwald § 12 Rnr. 2

[412] So auch *Kirchhof* in: HK-InsO § 14 Rnr. 23; vgl. auch *Haarmeyer/Wutzke/Förster* Kap. 3 Rnr. 70

[413] So auch *Kirchhof* in: HK-InsO § 14 Rnr. 24; *Pape* in: Kübler/Prütting § 14 InsO Rnr. 14; *Uhlenbruck* NJW 1968 S. 685 (686 Anm. 12)

10. Rechtsschutzinteresse bei völliger Vermögenslosigkeit des Schuldners?

Umstritten ist ferner die Behandlung der umgekehrten Konstellation, in der bereits Nachweise darüber bestehen, dass der Schuldner über keinerlei Vermögen mehr verfügt und dies gegebenenfalls bereits durch die Ableistung einer Eidesstattlichen Versicherung (§ 807 ZPO) belegt ist. Fraglich ist demnach, ob bei völliger Vermögenslosigkeit des Schuldners das Rechtsschutzinteresse des Gläubigers an der Stellung eines Insolvenzeröffnungsantrags vorliegen kann.

a. Ablehnung des Rechtsschutzinteresses bei völliger Vermögenslosigkeit

Teilweise wird die Ansicht vertreten, in Fällen, in denen der Schuldner keinerlei Vermögen besitze, sei der Antrag stets als unzulässig abzuweisen.[414] Dies wird mit der Aufgabe der Insolvenz begründet, als Gesamtvollstreckungsverfahren eine gleich- und anteilsmäßige Befriedigung der Gläubigerforderungen herbeizuführen. Sei keinerlei Vermögen mehr vorhanden und mit nicht einmal teilweiser Forderungsbefriedigung zu rechnen, so könne der Gläubiger kein rechtliches Interesse an der Durchführung des Verfahrens haben.[415]
Eingeräumt wird von den Vertretern dieser Ansicht, dass die Zurückweisung des Antrags wegen völliger Vermögenslosigkeit einen extremen Ausnahmefall darstellen müsse. Dem Gläubiger würde anderenfalls die Möglichkeit zur Leistung eines Massekostenvorschusses und zur Abwendung der Ablehnung der Verfahrenseröffnung mangels Masse abgeschnitten.[416]

b. Bejahung des Rechtsschutzinteresses bei völliger Vermögenslosigkeit

Dagegen wird eingewandt, eine zu erwartende Vermögenslosigkeit des Schuldners werde bereits speziell nach der Vorschrift des § 26 Abs. 1 InsO gesetzlich erfasst. Demnach dürfe ein Insolvenzeröffnungsantrag trotz Aussichtslosigkeit wegen Massemangels nicht zurückgewiesen werden („...die Abweisung unterbleibt..."), wenn ein ausreichender Geldbetrag vorgeschossen wird. Diese vom Gesetzgeber vorgesehene Möglichkeit der Privatinitiative der Gläubiger werde unmöglich gemacht, wenn der Insolvenzantrag bereits mangels RSI als unzulässig abgewiesen werde.[417]

---

[414] *Hess* (1. Auflage 1997) § 14 InsO Rnr. 19; *Smid* § 14 InsO Rnr. 12; *Hess* § 105 KO Rnr. 9

[415] So etwa AG St. Ingbert Beschl. v. 10.06.1983 - 5 N 11/83 - KTS 1983, 648

[416] *Smid* § 14 InsO Rnr. 14.; vgl. dazu auch *Smid* in: Smid/Zeuner § 2 GesO Rnr. 41

[417] *Wienberg* in: Hess/Weis/Wienberg § 14 InsO Rnr. 17; für die KO: *Kuhn/Uhlenbruck* § 105 KO Rnr. 6g; *Uhlenbruck* in: Gottwald (1. Auflage 1990) § 13 Rnr. 14; *Kilger/Schmidt* §

Zudem könne der Gläubiger trotz aussichtsloser Befriedigungschancen durchaus ein berechtigtes Interesse daran haben, dass der Antragsgegner durch eine Abweisung des Antrags mangels Masse (§ 26 InsO) aus dem Rechts- und Geschäftsverkehr ausgeschlossen und im Handelsregister als juristische Person gelöscht wird.[418] Dieser Aspekt sei auch und gerade für die Betreibung der Gewerbeuntersagung durch das Finanzamt von Bedeutung.[419] Überdies sei die Eintragung des Schuldners bei Abweisung mangels Masse in das Schuldnerverzeichnis gem. § 26 Abs. 2 InsO ein wirksames und probates Mittel zum Schutz des Rechtsverkehrs, aus welchem sich ein ausreichendes, rechtlich anzuerkennendes Interesse des Gläubigers an der Insolvenzantragstellung ergebe.[420]

c. Stellungnahme

Letztlich wird diese Problematik zutreffenderweise mit der Überlegung zu lösen sein, ob über die zumindest teilweise Befriedigung der Gläubigerforderung durch das Insolvenzverfahren hinaus noch weitere legitime Zwecke denkbar sind, die mit der Stellung eines Insolvenzeröffnungsantrags verfolgt werden können.

aa. Liquidationsfunktion des Insolvenzverfahrens

Zu den Hauptaufgaben des Insolvenzrechts gehört unter der Geltung der InsO weiterhin[421] auch die Eliminierung insolventer Marktteilnehmer, die im Rechtsverkehr eine Risiko für jeden Gläubiger darstellen und sich zu einer Existenzbedrohung nicht nur für sich, sondern auch für andere entwickeln können. Zwar wird das Insolvenzrecht heute nicht mehr allein auf die Funktion einer „Reinigungsprämie der Wirtschaft" oder als „Instrument zur Ausschaltung überzähliger Wirtschaftseinheiten" reduziert.[422] Vielmehr steht seit Einführung der InsO mehr denn je neben der Liquidationsfunktion gleichberechtigt die Sanierungsfunktion. Diese Sanierungsaufgabe wurde bereits in den Zielen des Insolvenzverfahrens gem. § 1 Satz 1 InsO verankert, wonach „abweichende Regelungen insbesondere zum Erhalt des Unternehmens getroffen werden können". Die vormals diesen Zweck verfolgenden Bestimmungen über den

---

105 Rnr. 2; OLG Frankfurt/M. Beschl. v. 03.05.1971 - 6 W 145/71 - KTS 1971, 285 = BB 1971, 847

[418] Vgl. oben Teil 2 II 1c bb (4.); weiter *Kuhn/Uhlenbruck* § 105 KO Rnr. 6g; *Uhlenbruck* in: Gottwald (1. Auflage 1990) § 13 Rnr. 14

[419] *Haarmeyer/Wutzke/Förster* Kap. 3 Rnr. 69

[420] OLG Frankfurt/M. Beschl. v. 03.05.1971 - 6 W 145/71 - KTS 1971, 285 = BB 1971, 847; *Kirchhof* in: HK-InsO § 14 Rnr. 23

[421] Vgl. zur Liquidationsfunktion des Konkurses etwa *Hornung* KTS 1976 S. 103 ff. (104); *Uhlenbruck* MDR 1973 S. 636 ff.

[422] Nachweise bei *Uhlenbruck u.a.* BB 1984 S. 1949 ff.

Vergleich (VerglO) gingen denn auch in der InsO auf, die Vergleichsordnung wurde, ihrer Zweckbestimmung entledigt, als überflüssig abgeschafft.[423]
Nicht minder bedeutsam als die Sanierung erhaltungswerter Unternehmen ist jedoch die Erzwingung des Marktaustritts nicht lebensfähiger Unternehmen und die Freisetzung der in ihnen gebundenen Produktionsfaktoren für andere Verwendungen geblieben.[424] Das Insolvenzrecht könnte bei zwangsweiser Subventionierung Not leidender Unternehmen aus dem Vermögen der privaten Verfahrensbeteiligten anderenfalls zu einer Verzerrung des Wettbewerbs zwischen gesunden und insolventen Unternehmen zugunsten der kranken Unternehmen führen.
Verfolgt nun ein Gläubiger mit der Stellung des Insolvenzeröffnungsantrags diesen dem Insolvenzrecht immanenten Zweck der Marktbereinigung und des Verkehrsschutzes, ohne mit einer auch nur teilweisen Befriedigung seiner Forderung ernsthaft rechnen und somit das primäre Ziel der Haftungsverwirklichung nicht erreichen zu können, so erfüllt er gleichzeitig die Aufgabe, die ihm als Teilnehmer am Markt zukommt und die vom Staat in einer marktwirtschaftlich geprägten Wirtschaftsordnung mangels Interventionskompetenz nicht unmittelbar wahrgenommen werden kann.[425] Die Intention des Antragstellers, den Abweisungsbeschluss herbeizuführen, um durch Einleitung des Amtslöschungsverfahrens durch das Registergericht gem. § 31 Nr. 2 InsO, § 141a FGG den insolventen Schuldners aus dem Rechtsverkehr auszuschließen, stellt somit im Grundsatz einen legitimen Zweck dar, zu dessen Verfolgung ihm der Gesetzgeber das Insolvenzverfahren zur Verfügung gestellt hat. Auch wird der Zweck des Schuldnerverzeichnisses, den Geschäftsverkehr bezüglich der Kreditwürdigkeit des Schuldners zu warnen,[426] nur erreicht, wenn auch und gerade bei zu befürchtender Vermögenslosigkeit des Schuldners der Insolvenzeröffnungsantrag zunächst zugelassen wird, um den Abweisungsbeschluss herbeizuführen. Schon aus diesem Grund kann dem Antragsteller ein berechtigtes Interesse an der Durchführung des Insolvenzverfahrens nicht abgesprochen werden.
Dem Abweisungsbeschluss kommt darüber hinaus hohe Bedeutung zu, wenn - ausnahmsweise - den Ordnungsbehörden Maßnahmen eingeräumt sind, zumindest mittelbar in den Markt einzugreifen, so etwa bei der Untersagung der weiteren Ausübung eines Gewerbes wegen Unzuverlässigkeit des Gewerbetreibenden gem. § 35 Abs. 1 Satz 1 GewO. Die Unzuverlässigkeit des Gewerbetreibenden ist vor allem dann anzunehmen, wenn eine „andauernde wirtschaftliche Leistungsunfähigkeit vorliegt, die infolge des Fehlens von Geldmitteln eine ordnungsgemäße Betriebsführung einschließlich der Erfüllung öffentlich-rechtlicher Zahlungsverpflichtungen verhindert, ohne dass

---

[423] Vgl. *Baur/Stürner* ZwVR Band II Rnr. 1.3
[424] So zutreffend Allg. Begründung zum RegE InsO in KTS 1992 S. 33 ff. (39); *Uhlenbruck* GmbHR 1995 S. 81 ff. (83)
[425] Dies verkennt LG Koblenz Beschl. v. 16.05.1975 - 4 T 208/75 - Rpfleger 1975, 318 (319)
[426] Dazu *Uhlenbruck* in: Gottwald § 16 Rnr. 8; *Kuhn/Uhlenbruck* § 107 KO Rnr. 8d

insbesondere durch Vorlage eines tragfähigen Sanierungskonzeptes Anzeichen für eine Besserung der wirtschaftlichen Situation erkennbar sind",[427] kurz: wenn der Schuldner in ungeordneten Vermögensverhältnissen lebt.[428] Bei einem allgemeinen Unzuverlässigkeitstatbestand kommt dem Abweisungsbeschluss eine dahingehende Indikationsfunktion zu, bei einzelnen speziellen Bestimmungen des Gewerberechts wie etwa §§ 34 b Abs. 4 Nr. 2, 34 c Abs. 2 Nr. 2 GewO[429] wird sogar ausdrücklich an den Abweisungsbeschluss angeknüpft.

bb. Aufstockung der Insolvenzmasse nach Zulassung

Zum anderen ist es stets denkbar, dass die eidesstattliche Versicherung eines Schuldners entweder unrichtig oder unvollständig abgeleistet wurde und noch im Laufe des Insolvenzeröffnungsverfahrens dessen zunächst angenommene Vermögenslosigkeit widerlegt wird. Erst nach Zulassung des Eröffnungsantrags ist das Insolvenzgericht in der Lage, einen Sachverständigen mit der Prüfung des Eröffnungsgrundes zu beauftragen oder, zur Sicherung der Insolvenzmasse, einen vorläufigen Insolvenzverwalter zu bestellen. Im Laufe ihrer Ermittlungen decken diese häufig weitere Vermögensstücke in Form von Sachwerten oder Forderungen auf, über die der Schuldner nicht oder nicht vollständig Angaben gemacht hat.[430] Durch die Geltendmachung der aufgedeckten Forderungen und die Anfechtung solcher Vermögensverfügungen, die Schuldner angesichts der sich abzeichnenden Krise häufig an besonders drängende oder nahestehende Gläubiger tätigen, kann der Insolvenzverwalter zu einer weiteren, unerwarteten Erhöhung der Insolvenzmasse beitragen, die im Zeitpunkt der Insolvenzantragstellung noch nicht vorauszusehen ist. Die Eröffnung des Verfahrens kann dann sogar trotz (zunächst) fehlender Kostendeckung aus dem Vermögen des Schuldners erfolgen.

cc. Ergebnis

Bereits aus diesem Grunde kann die Antragstellung auch bei ex ante gegebener Aussichtslosigkeit, die Forderungen der Gläubiger auch nur teilweise zu befriedigen, nicht von vornherein durch die Verneinung des Zulässigkeitskriteriums Rechtsschutzinteresse eingeschränkt

---

[427] Ständige Rechtsprechung, z.B. BVerwG Beschl. v. 19.1.1994 - 1 B 5/94 - GewArch 1995, 115 = Buchholz 451.20 § 35 GewO Nr. 57

[428] Dazu *Hahn* GewArch 2000 S. 361

[429] §§ 34 b Abs. 4 Nr. 2, 34 c Abs. 2 Nr. 2 GewO lauten: „Die Erlaubnis ist zu versagen, wenn der Antragsteller in ungeordneten Vermögensverhältnissen lebt; dies ist in der Regel der Fall, wenn über das Vermögen des Antragstellers das Insolvenzverfahren eröffnet worden ist oder er in das vom Insolvenzgericht oder vom Vollstreckungsgericht zu führende Verzeichnis (§ 26 Abs. 2 InsO, § 915 ZPO) eingetragen ist."

[430] *Schmerbach* in: FK-InsO § 13 Rnr. 82, § 14 Rnr. 40; *Senst/Eickmann/Mohn* Rnr. 100

werden. Die Gegenauffassung reduziert die Verfahrensziele der Insolvenz in einer mit der InsO nicht zu vereinbarenden Weise.[431] Die Abgabe der eidesstattlichen Versicherung mag zwar ein Indiz für die voraussichtliche Abweisung des Antrags mangels Masse sein, sie kann dem Gläubiger aber nicht das rechtliche Interesse an der Überprüfung der Vermögensverhältnisse des Schuldners im Insolvenzeröffnungs-verfahren nehmen.[432]

11. Rechtsschutzinteresse nachrangiger Insolvenzgläubiger, insbesondere Gläubiger kapitalersetzender Darlehen i.S.d. § 32a GmbHG

a. Allgemeines

Besondere Schwierigkeiten ergeben sich bei der Stellung von Insolvenzeröffnungsanträgen durch solche Gläubiger, die selbst Gesellschafter der schuldnerischen Gesellschaft (GmbH, AG, kapitalistische oHG oder KG) sind und die ihren Antrag auf Forderungen stützen, die sie im Wege eines Eigenkapital ersetzenden Darlehens der insolvent gewordenen Gesellschaft gewährt haben. Hier war unter der Geltung der Konkursordnung umstritten, ob es sich um eine Frage des Rechtsschutzinteresses oder um eine Frage des Antragsrechts der Gläubiger handelte. Doch auch im Geltungsbereich der InsO ergeben sich mit dem Rechtsschutzinteresse zusammen-hängende Fragen.

b. Geltungsbereich der Konkursordnung

Die Berechtigung zur Antragstellung ergab sich im Geltungsbereich der KO aus § 103 Abs. 2 KO. Danach war neben Gemeinschuldner und bestimmten (unechten) Massegläubigern gem. 59 Abs. 1 Nr. 3 KO jeder Konkursgläubiger zur Stellung des Konkursantrages berechtigt. Konkursgläubiger waren gemäß der Legaldefinition des § 3 Abs. 1 KO wiederum alle persönlichen Gläubiger, welche einen zur Zeit der Eröffnung des Verfahrens begründeten Vermögensanspruch an den Gemeinschuldner hatten.

Damit waren im Grundsatz auch Gesellschafter der insolventen Gesellschaft, die Gläubiger nicht gesellschaftsspezifischer Verbindlichkeiten sind, berechtigt, als Gläubiger Konkurseröffnungsantrag zu stellen. Denn die Gesellschafter waren dann zugleich Gläubiger von Forderungen gegen die Gesellschaft.

---

[431] Vgl. *Kuhn/Uhlenbruck* § 105 KO Rnr. 8 m.w.N.

[432] Vgl. jüngst AG Magdeburg Beschl. v. 21.4.1999 - N 871/95 - ZInsO 1999, 359; auch *Pape* in: Kübler/Prütting § 14 InsO Rnr. 14; jetzt auch *Wienberg* in: Hess/Weis/Wienberg § 14 InsO Rnr. 17

aa. Kapitalersetzende Darlehen

Gleiches galt für Gesellschafterdarlehen, die der Gesellschaft zugeführt wurden, solange diese wirtschaftlich gesund dastand. In diesem Fall übernimmt nur das für die wirtschaftliche Betätigung der Gesellschaft eingeschlossene Kapital wirtschaftlich die Funktion von Eigenkapital, während Fremdmittel vereinbarungsgemäß zurückgezahlt werden müssen.
Anders stellte sich die Rechtslage jedoch dar, wenn der Gesellschafter der Gesellschaft das Darlehen in einem Zeitpunkt gewährt hatte, in dem sich bereits die Krise der Gesellschaft abzeichnete, d.h. wenn die Gesellschaft unter marktüblichen Bedingungen keinen Kredit mehr erhalten würde und ohne das Eigenkapital ersetzende Gesellschafterdarlehen liquidiert werden müsste.[433] Denn dann müsste ein Gesellschafter als ordentlicher Kaufmann statt Darlehensgewährung Mittel zuschießen, die endgültig und nicht nur vorübergehend in den Vermögensbestand der Gesellschaft gelangen.[434] Dies folgt aus der sog. Finanzverantwortung jedes Gesellschafters, d.h. aus seiner Verantwortung für eine seriöse Finanzierung der GmbH.[435]
Für diesen Fall sah der Gesetzgeber in § 32a GmbHG vor, dass die Forderung auf Rückzahlung aus einem kapitalersetzenden Darlehen im Konkurs über das Vermögen der Gesellschaft „nicht geltend" gemacht werden konnte. Diese Bestimmung galt nicht nur für die GmbH, sondern über § 172a HGB auch für die Kommanditgesellschaft und über § 129a HGB für die offene Handelsgesellschaft, sofern jeweils keine natürliche Person unbeschränkt haftet.[436] Weiter fand sie wegen § 32 a Abs. 3 GmbHG auf Forderungen aus solchen Rechtsverhältnissen Anwendung, die nach wirtschaftlicher Betrachtung in Art und Wirkung einem kapitalersetzenden Darlehen entsprachen.[437]
Terminologisch entsprach diese Norm dem § 63 KO, wonach z.B. Zinsen und Kosten der Verfahrensteilnahme im Konkurs nicht geltend gemacht werden konnten. Diese Forderungen waren also nicht nur faktisch undurchsetzbar, da sie hinter alle anderen Forderungen zurücktraten, sondern durften im Konkursverfahren überhaupt nicht geltend gemacht werden. Hier war man sich darüber einig, dass die Träger der Ansprüche des § 63 als Nicht-Konkursgläubiger außerstande seien, die Eröffnung des Konkursverfahrens zu

---

[433] *Hueck* in: Baumbach/Hueck § 32a GmbHG Rnr. 43 m.w.N.; *Lutter/Hommelhoff* §§ 32a, b GmbHG Rnr. 19; BGH Urteil v. 14.12.1992 - II ZR 298/91 - BGHZ 121, 32 (38); Urteil v. 13.7.1992 - II ZR 169/91 - BGHZ 119, 201 (206); Urteil v. 16.10.1989 - II ZR 307/88 - BGHZ 109, 55 (62 f.)

[434] BGHZ 109, 55 (57); *Lutter/Hommelhoff* §§ 32a, b GmbHG Rnr. 2

[435] BGH Urteil v. 7.11.1994 - II ZR 270/93 - BGHZ 127, 336 (344)

[436] *Uhlenbruck* GmbH & Co. KG S. 347; *Loritz* in: Leipold S. 91

[437] Etwa Eigenkapital ersetzende Leistungen Dritter als „Zahlungsmittler" (z.B. nahe Verwandte, Tochterunternehmen) oder Eigenkapital ersetzende Nutzungsüberlassungen. Auch das Stehenlassen einer in der Krise als Fremdkapital gewährten Darlehens kann als Eigenkapital ersetzendes Gesellschafterdarlehen anzusehen sein; *Lutter/Hommelhoff* §§ 32a, b GmbHG Rnr. 44 f.; *Ulmer* in: Hachenburg §§ 32a, b GmbHG Rnr. 25 ff.

erwirken.[438] Dies wurde zu Recht damit begründet, dass die Antragsberechtigung eines Gläubigers voraussetze, dass die Durchsetzung seiner Forderung im eröffneten Verfahren überhaupt möglich sein müsse. Derjenige, der über eine Forderung verfüge, die im Konkursverfahren gar nicht geltend gemacht werden kann und der somit kein rechtlich anzuerkennendes Interesse an dessen Durchführung habe, dürfe nicht die Eröffnung des Verfahrens betreiben können.[439] Aufgrund der in §§ 63 KO, 32a GmbHG identischen Formulierung, die eine Behandlung als Konkursforderung rechtlich ausschloss, folgerte die h. M. zu Recht, dass der Gesellschafter hinsichtlich der kapitalersetzenden Leistung kein Konkursgläubiger und daher auch nicht berechtigt war, wegen der kapitalersetzenden Forderung nach § 103 Abs. 2 KO einen Antrag auf Eröffnung des Konkurses über das Vermögen der Gesellschaft zu stellen.[440]
Freilich rückte bereits die Formulierung eines „rechtlich anzuerkennenden" oder „schützenswerten Interesses" an der Durchführung eines Konkursverfahrens diese Auffassung in die Nähe zum Rechtsschutzinteresse. Vielfach wurde die Problematik Eigenkapital ersetzender Darlehen ausdrücklich als gesetzlich geregelte Fallgruppe fehlenden Rechtsschutzinteresses angesehen.[441] Damit setzte man sich einmal mehr in Widerspruch zu der vorherrschenden Zivilprozessrechtsdogmatik, die das Rechtsschutzinteresse als subsidiäres Rechtsinstitut angewandt wissen will.[442] Das RSI soll gerade nicht zu einem allgemeinen Sammelbecken prozessualer Mängel ausgeweitet werden.[443] Die Frage nach der Zulässigkeit von Anträgen durch Gläubiger kapitalersetzender Darlehen war jedoch klar anhand der positivrechtlichen Regelungen zum Antragsrecht (§§ 103, 3 KO) zu verneinen, ein Rückgriff auf das Institut des RSI verbot sich daher. Selbst relativierende Formulierungen, „spätestens" bei der Prüfung des Rechtsschutzbedürfnisses seien Gläubiger solcher Forderungen auszuschließen[444] oder „im übrigen" fehle in den genannten Fällen das Rechtsschutzbedürfnis,[445] berücksichtigen nur unzureichend die klaren Strukturen, die bereits die gesetzlich vorgesehenen Zulässigkeitsvoraussetzungen aufzeigen. Nur allzu oft, das zeigt die Auseinandersetzung mit der einschlägigen Rechtsprechung, entwickelt sich aus derart unpräzisen

---

[438] *Kuhn/Uhlenbruck* § 103 KO Rnr. 33; *Uhlenbruck* JuS 1985 S. 403 ff.
[439] *Hommelhoff* in: FS-Döllerer S. 245 ff. (259); *Kuhn/Uhlenbruck* § 105 KO Rnr. 6k
[440] *Uhlenbruck* in: Gottwald (1. Auflage 1990) § 13 Rnr. 17; *Uhlenbruck* GmbH & Co. KG S. 347; *Kuhn/Uhlenbruck* § 103 KO Rnr. 33; dagegen wohl *Hommelhoff* in: FS-Döllerer S. 245 ff. (249)
[441] *Kilger/Schmidt* § 105 KO Nr. 2; *Ulmer* in: Hachenburg § 63 GmbHG Rnr. 55; vgl. auch *Kuhn/Uhlenbruck* § 105 KO Rnr. 6k
[442] *Pohle* in: FS-Lent S. 195 ff. (231)
[443] *Pohle* in: FS-Lent S 195 ff. (216); ähnlich auch *Simshäuser* S. 128
[444] *Pape* in: Mohrbutter Rnr. II.5
[445] *Kuhn/Uhlenbruck* § 105 KO Rnr. 6k; *Uhlenbruck* in: Gottwald (1. Auflage 1990) § 13 Rnr. 17; *Uhlenbruck/Delhaes* HRP Rnr. 217a

Formulierungen heraus eine dem geschriebenen Recht nicht gerecht werdende Übung.[446]

bb. Verbotene Rückzahlungen gem. § 30 GmbHG

Ebenso wie bei der Geltendmachung von Forderungen auf Rückzahlung aus kapitalersetzenden Darlehen wurde auch die Stellung von Insolvenzeröffnungsanträgen aufgrund von Forderungen, die dem Auszahlungsverbot gem. § 30 GmbHG unterliegen, teilweise unzutreffend als Frage des Rechtsschutzinteresses statt als Problem des Antragsrechts behandelt.[447]
Doch ist hier ein Rückgriff auf das subsidiäre Institut des Rechtsschutzinteresses ebenfalls ausgeschlossen, da dem Gläubiger-Gesellschafter bereits das Antragsrecht abgesprochen werden muss. Denn auch wenn den Gesellschaftern Ansprüche gegen die Gesellschaft zustehen, die mit ihrer mitgliedschaftlichen Stellung zusammenhängen (z.B. auf Rückzahlung von Einlagen, Gewinnausschüttung), so dürfen Auszahlungen des zur Erhaltung des Stammkapitals erforderlichen Vermögens an die Gesellschafter aus Gründen des Gläubigerschutzes vor Kapitalentzug gem. § 30 Abs. 1 GmbHG nicht vorgenommen werden. Damit ist es dem Gesellschafter nicht möglich, seine Forderung im Insolvenzverfahren durchzusetzen. Dann darf es ihm aber nach oben Gesagtem gleichfalls nicht möglich sein, aus diesem Anspruch heraus ein Insolvenzverfahren einzuleiten. Nach *Hommelhoff* soll „auf das Insolvenzverfahren nicht Einfluss nehmen können, wem es eh' nichts nützt."[448]

c. Geltungsbereich der Insolvenzordnung

aa. Klarstellung des Antragsrechts nachrangiger Insolvenzgläubiger

Eine Klarstellung hat die Reform in § 39 Abs. 1 Nr. 5 InsO für die Frage entsprechenden Gläubigerberechtigungen in mehreren bislang umstrittenen Bereichen gebracht.[449]

---

[446] Erinnert sei hier nur an die Entwicklung der Rechtsprechung zu den Mitteln der Glaubhaftmachung des Insolvenzgrundes. Hier wurde die mehrfache beispielhafte Aufzählung u.a. einer Fruchtlosigkeitsbescheinigung gem. § 63 GVGA in der Kommentarliteratur dahingehend mißverstanden, daß diese durch Instanzgerichte mehrfach gefordert, der Insolvenzantrag ansonsten abgewiesen wurde. Diese Fehlentwicklung mußte obergerichtlich korrigiert werden; vgl. jüngst OLG Celle, Beschl. v. 09.02.2000 - 2 W 101/99 - NZI 2000, 214

[447] So etwa *Kirchhof* in: HK-InsO § 14 Rnr. Rnr. 5; *Ulmer* in: Hachenburg § 63 GmbHG Rnr. 55; *Kuhn/Uhlenbruck* § 105 KO Rnr. 6k; *Uhlenbruck* in: Gottwald (1. Auflage 1990) § 11 Rnr. 15; unklar *Schmidt* in: Scholz § 63 GmbHG Rnr. 39

[448] *Hommelhoff* in: FS-Döllerer S. 245 ff. (259)

[449] S. dazu *Vallender* MDR 1999 S. 280 ff. (283)

(1.) Antragsrecht der Gläubiger kapitalersetzender Darlehen

War nach der Konkursordnung die Geltendmachung von Forderungen aus kapitalersetzenden Darlehen ebenso wie die von Forderungen i.S.d. § 63 KO noch ausgeschlossen, so ist in § 39 Abs. 1 Nr. 5 InsO i.V.m. § 32a Abs. 1 GmbHG nunmehr ausdrücklich normiert, dass Gesellschafter, die kapitalersetzende Darlehen gewährt haben, die Position von Insolvenzgläubigern im Sinne der Legaldefinition des § 38 InsO einnehmen und damit grundsätzlich am Insolvenzverfahren teilnehmen.[450] Gesellschafter, denen Forderungen aus kapital-ersetzenden Darlehen zustehen, werden als sog. nachrangige Insolvenzgläubiger im Rang nach den Forderungen der übrigen Insolvenzgläubiger berichtigt; entsprechendes gilt für Forderungen aus wirtschaftlich gleichgestellten Leistungen oder Nutzungsüberlassungen der Gesellschafter.[451]
Nicht betroffen sind nach der Formulierung der Norm hingegen Forderungen aus Leistungen, die zwar Kapitalersatzfunktion haben, die jedoch nicht von einem Gesellschafter, sondern von einem Dritten gewährt worden sind. Wurde ein Darlehen von einem Dritten gewährt und hatte es wegen einer diesem von einem Gesellschafter bestellten Sicherheit oder Bürgschaft Eigenkapitalersatzfunktion, so kann der Dritte mit seiner Ausfallforderung am Insolvenzverfahren teilnehmen. Er hat insoweit alle Rechte eines gewöhnlichen, also „vollrangigen" Insolvenzgläubigers.[452] Damit sollen die nachteiligen Rechtsfolgen eigenkapitalersetzender Darlehen primär den Gesellschafter und nicht den Dritten treffen. Lediglich Forderungen Dritter, die nach § 32a Abs. 3, 1 GmbHG einer Darlehensgewährung durch einen Gesellschafter wirtschaftlich entsprechen, werden als „gleichgestellte Forderungen" von § 39 Abs. 1 Nr. 5 InsO erfasst.[453] Insoweit wurden die einschlägigen Regelungen des Gesellschaftsrechts vom Reformgesetzgeber übernommen.

(2.) Antragsrecht sonstiger nachrangiger Insolvenzgläubiger

Auch Gläubigern, die über sonstige nachrangige Insolvenzforderungen verfügen, wurde das Antragsrecht ausdrücklich eingeräumt. Zu diesen Forderungen gehören Zinsforderungen, Forderungen auf Verfahrenskosten, dem Schuldner wegen Rechtsverstößen auferlegte Geldleistungen sowie Forderungen auf eine unentgeltliche Leistung. Gleichzeitig wird in § 39 Abs. 1 InsO eine Rangfolge angeordnet, wonach die Forderungen aus kapitalersetzenden Darlehen zuletzt, d.h. nach allen anderen nachrangigen Forderungen berücksichtigt werden.

---

[450] *Häsemeyer* InsR Rnr. 17.13; *Schmidt* in: Scholz § 63 GmbHG Rnr. 27
[451] S. dazu bereits oben Teil 4 II 11b aa Fn. 437
[452] *Schumacher* in: FK-InsO § 39 Rnr. 10; *Eickmann* in: HK-InsO § 39 Rnr. 11; Begriff nach *Häsemeyer* InsR Rnr. 17.13
[453] BT-Drs. 12/2443 S. 123 f. („Zu § 46"); *Schmidt-Räntsch* Teil 2 § 39 Rnr. 4

Diese Einbeziehung beruht auf der zutreffenden Erwägung, dass es nicht sachgerecht erscheint, in den Insolvenzfällen, in denen ein Überschuss verbleibt, diesen an den Schuldner herauszugeben, bevor nicht die genannten Forderungen getilgt sind. Zwar dürfte dies die seltene Ausnahme bleiben, dieser Regelung wird somit bei der Verteilung eines im Insolvenzverfahren liquidierten Vermögens regelmäßig keine Bedeutung zukommen.[454] Doch sind Fälle denkbar, in denen entweder alle „vollrangigen" Insolvenzgläubiger voll befriedigt werden können und dann noch ein Überschuss in der Masse verbleibt oder ein Insolvenzplan vorgelegt wird, der - insbesondere im Zusammenhang mit der Sanierung des Schuldners - auch Zahlungen an nachrangige Gläubiger vorsieht.[455]

(3.) Gerichtliche Aufforderung zur Forderungsanmeldung

Bedenken hinsichtlich des Antragsrechts der nachrangigen Insolvenz-gläubiger hat trotz des klaren Gesetzeswortlautes hervorgerufen, dass die Gläubiger kapitalersetzender Darlehen ebenso wie die sonstigen nachrangigen Insolvenzgläubiger in der Regel nicht zur Anmeldung ihrer Forderungen berechtigt sind. Durch die Regelung des § 174 Abs. 3 InsO ist eine Anmeldung von Forderungen nachrangiger Insolvenzgläubiger lediglich nach besonderer Aufforderung durch das Insolvenzgericht möglich. Dies sollte nach der amtlichen Begründung die Belastung der Insolvenzverfahren mit der Anmeldung und Prüfung der nachrangigen Forderungen grundsätzlich ausschließen, da insoweit - abgesehen von den genannten Ausnahmefällen - keinerlei Aussicht auf auch nur teilweise Befriedigung besteht.[456] Das damit einhergehende regelmäßige Fehlen einer Beteiligung könnte gegen ein Antragsrecht der nachrangigen Insolvenzgläubiger sprechen.[457]
Andererseits beschränkt § 13 Abs. 1 Satz 2 den Kreis der Antrags-berechtigten gerade in Abkehr von den Regelungen der Konkursordnung (§ 103 Abs. 2 KO) nicht auf Insolvenz- und unechte Massegläubiger,[458] vielmehr wird eine Antragsberechtigung aller, folglich auch nachrangiger Gläubiger postuliert. Dies berücksichtigend, ist an einem Antragsrecht dieser Gläubigergruppe nicht zu zweifeln, wollte man sich nicht in Widerspruch zu der vom Gesetzgeber ausdrücklich weit gefassten Antragsberechtigung setzen.[459]

---

[454] *Loritz* in: Leipold S. 91 ff. (94); *Jauernig* ZVR § 41 VI

[455] BT-Drs. 12/2443, S. 184 („zu § 201"); BT-Drs. 12/7302, S. 178 zu Nr. 114 („ zu § 201 Abs.1"); BT-Drs. 12/7302, S. 159, zu Nr. 22 („zu § 32"); *Schmidt-Räntsch* Teil 2 § 174 Rnr. 2

[456] *Loritz* in: Leipold S. 91 ff. (93)

[457] *Pape* in: Kübler/Prütting § 13 InsO Rnr. 10a

[458] BT-Drs. 12/2443, S. 113 („zu § 15"); *Schmidt-Räntsch* Teil 2 § 13 Rnr. 2; *Wienberg* in: Hess/Weis/Wienberg § 14 InsO Rnr. 5

[459] *Häsemeyer* InsR Rnr. 17.13

Dadurch hat sich auch der oben dargelegte Streit um die Verortung der Problematik „Gläubiger kapitalersetzender Darlehen" innerhalb der Zulässigkeitsprüfung des Insolvenzeröffnungsantrags erledigt, da deren Antragsrecht zweifelsfrei gegeben ist.

bb. Rechtsschutzinteresse nachrangiger Gläubiger?

Unter Berücksichtigung der besonderen Anforderungen an die Geltendmachung nachrangiger Forderungen in der Insolvenz wird in der Literatur teilweise erwogen, über das Rechtsschutzinteresse eine Einschränkung bei der Stellung von Insolvenzeröffnungsanträgen zu statuieren. So sollen nachrangige Insolvenzgläubiger ein Rechtsschutzinteresse an der Verfahrenseröffnung nur dann haben, wenn sie ihrerseits eine konkrete Befriedigungsaussicht dartun.[460] Fraglich ist dabei jedoch, ob sich eine derartige Einschränkung des Verfahrenszugangs für nachrangige Insolvenzgläubiger mit dem vom Gesetzgeber gewählten weiten Antragsrecht vereinbaren lässt. Wie oben dargelegt, wurde bei der Schaffung dieser Norm nämlich durchaus erkannt, dass diese Einbeziehung nachrangiger Insolvenzgläubiger nur in seltenen Fällen zu deren auch nur teilweisen Befriedigung führen wird. Andererseits erscheint es dann, wenn das Insolvenzverfahren zur vollständigen Befriedigung aller übrigen Gläubiger führt und dann noch ein Überschuss verbleibt, in der Tat sachgerechter, diesen Überschuss nicht an den Schuldner herauszugeben, ehe nicht die in § 39 InsO genannten Forderungen in vollem Umfang getilgt sind.[461] Demnach erschiene es widersinnig, wenn der Gesetzgeber einerseits die Antragsberechtigung mit guten Gründen weiter fasst und - zumindest im Grundsatz - auch nachrangige Gläubiger ausdrücklich am Verfahren beteiligen will, man dann aber über das Rechtsschutzinteresse, das als subsidiäres Rechtsinstitut allenfalls in Ausnahmefällen zu einer Rechtsschutzsperre führen kann, den Kreis der antragsberechtigten nachrangigen Gläubiger für die weitaus überwiegenden Fälle wieder einschränkt. Dabei soll nicht übersehen werden, dass der Gesetzgeber durch das Rechtsschutzinteresse den Zugang zur Verfahrenseinleitung für solche Gläubiger beschränken will, die im Laufe des Verfahrens ohnehin nicht berücksichtigt werden.[462] Abgesehen von der Fragwürdigkeit dieser Normkonzeption[463] gilt dies für nachrangige Gläubigern gerade nicht, da diese - anders etwa als Aussonderungsberechtigte - nicht allgemein von der Verfahrensteilnahme ausgeschlossen sind.
Im übrigen wird die Forderung, der nachrangige Gläubiger solle selbst eine konkrete Befriedigungsaussicht darlegen, diesen in der Regel überfordern. Meist wird dieser kaum in der Lage sein, die aktuelle wirtschaftliche Situation des Schuldners derart umfassend zu ermitteln. Solche Chancen werden bei der

---

460 *Kirchhof* in: HK-InsO § 14 Rnr. 18; *Uhlenbruck* in: Gottwald § 12 Rnr. 10

461 *Loritz* in: Leipold S. 91 ff. (93)

462 BT-Drs. 12/2443, S. 113 („zu § 15" und „zu § 16 RegE InsO")

463 Kritisch dazu bereits oben Teil 4 II 5 b, c

Eröffnung des Verfahrens häufig gar nicht absehbar sein, sondern sich erst zu einem späteren Zeitpunkt herausstellen, etwa wenn nach der vollständigen Verwertung des Schuldnervermögens noch Mittel zur Befriedigung der nachrangigen Gläubiger zur Verfügung stehen. Mit Blick auf das Hauptziel der Reform, durch frühere Antragstellung den „Konkurs des Konkurses" einzudämmen und aussichtsreichere Sanierungsmöglichkeiten zu eröffnen, dürfte es dem Gesetzeszweck eher entsprechen, Einschränkungen der Antragstellung - auf welchem Weg auch immer - möglichst gering zu halten. Auch und gerade Insolvenzanträge nachrangiger Gläubiger können als wichtiger Gradmesser für die wirtschaftliche Situation des Schuldners fungieren. Der Gefahr einer Verzögerung des einmal eingeleiteten Verfahrens durch die nachrangigen Insolvenzgläubiger, die keine Befriedigung erwarten können, wird durch die Einschränkungen der §§ 174 Abs. 3 und 177 Abs. 2 InsO hinreichend begegnet.[464] Danach ist den nachrangigen Gläubigern zum einen die Anmeldung ihrer Forderungen nur nach besonderer Aufforderung durch das Insolvenzgericht gestattet. Zum anderen wird dem Gericht bei nachträglich angemeldeten Forderungen zur Vermeidung eines besonderen Prüfungstermins eine Prüfung im schriftlichen Verfahren ermöglicht.
Mithin sollte dieser Gläubigergruppe die neu gewonnene Antragsberechtigung nicht über das Rechtsschutzinteresse abgeschnitten werden, auch wenn für sie lediglich eine potentielle Befriedigungsaussicht besteht.

12. Rechtsschutzinteresse des Arbeitnehmers und Insolvenzgeldschutz

Zweifelhaft ist, ob ein rechtliches Interesse eines Arbeitnehmers an der Eröffnung eines Insolvenzverfahrens über das Vermögen seines Arbeitgebers besteht, wenn die Lohn- oder Gehaltsforderungen durch die Bestimmungen über die Insolvenzgeldversicherung abgesichert sind.
Zur bisherigen Rechtslage wurde vereinzelt erwogen, das Rechtsschutzinteresse des Arbeitnehmers sei zu verneinen, soweit die zugrunde liegende Masseforderung durch das Konkursausfallgeld (KauG) gesichert ist, als das Arbeitsamt hierfür aufzukommen hat.[465] Diese Ansicht findet sich nunmehr auch in der neueren Literatur zu InsO bzw. Insolvenzgeld wieder.[466]

a. Grundlagen - Insolvenzgeld gem. §§ 183 ff. SGB III

Risiken einer Insolvenz des Arbeitgebers ergeben sich für die Arbeitnehmer vor allem daraus, dass sie regelmäßig mit ihrer Arbeitsleistung in Vorleistung treten

---

[464] Dazu BT-Drs. 12/2443, S. 123/124 „Zu § 46 RegE InsO"

[465] Dazu etwa *Uhlenbruck* in: Gottwald (1. Auflage 1990) § 13 Rnr. 42; vgl. dagegen *Uhlenbruck* a.a.O. § 13 Rnr. 15

[466] *Mönning* in: Nerlich/Römermann § 13 InsO Rnr. 35; vgl. auch *Uhlenbruck* in: Gottwald § 8 Rnr. 23

und rückständige Lohnansprüche nicht dinglich gesichert sind. Das Insolvenzgeld (InsG) hat daher den Zweck, für Arbeitnehmer die Folgen der Zahlungsunfähigkeit beim Unternehmer zu mildern und ihnen möglichst schnell zur Auszahlung ihrer Lohnrückstände zu verhelfen.[467] So sind rückständige Arbeitnehmeransprüche durch die Insolvenzgeldversicherung für die letzten drei der Verfahrenseröffnung vorausgehenden Monate abgesichert, § 183 Abs. 1 Satz 1 SGB III. Stellt ein Arbeitnehmer Antrag auf Insolvenzgeld, so gehen seine Ansprüche auf Arbeitsentgelt für die letzten drei Monate seines Arbeitsverhältnisses im Wege einer cessio legis auf die Bundesanstalt für Arbeit (BfA) über, § 187 SGB III. Finanziert wird das InsG von der Gemeinschaft der Arbeitgeber, die im Umlageverfahren über die Berufsgenossenschaften gemäß der §§ 358-362 SGB III im nachhinein zur Beitragsleistung herangezogen werden.

Die Risiken, die im Jahre 1974 zur Schaffung eines Konkursausfallgeldes (KauG) geführt hatten, bestehen auch nach Inkrafttreten der neuen InsO fort, zumal die mit der Einführung des KauG geschaffenen Vorrechte für rückständiges Arbeitsentgelt im Konkurs (§§ 59 Abs. 1 Nr. 3, 61 Abs. 1 Nr. 1a KO) zum Erreichen einer besseren Verteilungsgerechtigkeit - wie alle anderen allgemeinen Konkursvorrechte - mit Inkrafttreten der InsO am 1.1.1999 entfallen sind.[468] Die Regelungen der §§ 141a ff. AFG wurden im wesentlichen in das SGB III übernommen; das KauG wurde in InsG umbenannt.[469] Der Anwendungsbereich der Ausfallversicherung wurde in der InsO gegenüber dem alten Recht ausgeweitet, indem das Insolvenzverfahren auch Sanierungsfälle einschließt, in denen nach bisherigem Recht das Vergleichsverfahren eröffnet worden. Für das Vergleichsverfahren bestand bisher keine dem Konkursausfallgeld entsprechende Sicherung von Ansprüchen auf rückständiges Arbeitsentgelt.[470]

Als Anspruchsvoraussetzung knüpft § 183 Abs. 1 SGB III an drei verschiedene Insolvenztatbestände an: die Eröffnung des Insolvenzverfahrens des Arbeitgebers (Nr. 1), die Abweisung des Antrags gem. § 26 Abs. 1 InsO (Nr. 2) oder die vollständige Beendigung der Betriebstätigkeit, wenn ein Insolvenzverfahren offensichtlich mangels Masse nicht in Betracht kommt (Nr. 3).

---

[467] S. *Henckel* in: FS-Weber S. 237 ff. (250)

[468] *Henkes/Baur/Kopp/Polduwe* „Insolvenzgeld" Anm. 1; *Uhlenbruck* KTS 1994 S. 169 ff. (183)

[469] *Heinze* in: Gottwald § 108 Rnr. 6

[470] Vgl. Amtliche Begründung in *Schmidt-Räntsch* Teil 3 Art. 93 Rnr. 4; kritisch dazu *Uhlenbruck* KTS 1994 S. 169 ff. (183); *Henkes/Baur/Kopp/Polduwe* Insolvenzgeld Rnr. 1; *Braun/Uhlenbruck* S. 22

b. Rechtsschutzinteresse des Arbeitnehmers trotz Insolvenzgeldschutz?

Die vereinzelt anzutreffende Ansicht, das rechtliche Interesse des Arbeitnehmers an der Eröffnung des Insolvenzverfahrens über das Vermögen des Arbeitgebers sei bei Sicherung seiner rückständigen Forderungen durch InsG zu verneinen, da ihm der Ausgang der Entscheidung gleichgültig sein könne,[471] ist abzulehnen.
Nachdem vom Reformgesetzgeber die Arbeitnehmervorrechte der KO abgeschafft wurden, sind die Arbeitnehmer aufgrund ihrer rückständigen Lohn- und Gehaltsforderungen gegen den Arbeitgeber gegenüber allen sonstigen Gläubigerkategorien gleichberechtigte Gläubiger. Die Wahl der Verfahrensart zur Durchsetzung ihrer Forderung (Einzelzwangsvollstreckung oder - bei Vorliegen eines Insolvenzgrundes - die Eröffnung der Insolvenz über das Vermögen des Arbeitgebers) muss ihnen damit auch gleichermaßen offen stehen.[472] Andernfalls ginge die mit dem Kaug bzw. InsG geschaffene Verbesserung der Rechtsposition der Arbeitnehmer einher mit einer Beschneidung ihrer Rechte im Insolvenzverfahren. Das InsG soll jedoch nach dem Willen des Gesetzgebers lediglich den Schutz der Arbeitnehmereinkommen verwirklichen, nicht aber Möglichkeiten zu anderweitiger Rechtsverwirklichung einschränken.[473]
Darüber hinaus würde die Verneinung des RSI des Arbeitnehmers dahin führen, dass er zur Erhaltung seiner Existenzgrundlage gezwungen wäre, Insolvenzgeld zu beantragen. Das Insolvenzgeld ist jedoch als Angebot an den Arbeitnehmer zu verstehen, dem es frei steht, ob er es im Einzelfall in Anspruch nehmen will oder nicht.[474] Die vom Gesetzgeber dem Arbeitnehmer-Gläubiger eingeräumte Dispositionsfreiheit würde also durch die Ablehnung eines rechtlichen Interesses an der Eröffnung des Insolvenzverfahrens ausgehöhlt werden.[475]
Hat der Arbeitnehmer hingegen bereits einen Antrag auf Insolvenzgeld gestellt, so ist er aufgrund des gesetzlichen Überganges seiner Lohn- oder Gehaltsforderung auf die BfA (§ 187 Satz 1 SGB III) nicht mehr Inhaber einer zur Stellung des Insolvenzeröffnungsantrags berechtigenden Forderung.[476] In diesem Fall ist der Antrag bereits mangels Antragsrecht des Arbeitnehmers unzulässig.

---

[471] *Uhlenbruck* in: Gottwald § 8 Rnr. 23; vgl. dagegen *Uhlenbruck* a.a.O. § 12 Rnr. 15; *Mönning* in: Nerlich/Römermann § 13 InsO Rnr. 35
[472] Ähnlich *Uhlenbruck* in: Gottwald § 12 Rnr. 14
[473] Vgl. *Heinze* in: Gottwald § 108 Rnr. 7
[474] *Mönning* in: Nerlich/Römermann § 14 InsO Rnr. 24; ähnlich *Haarmeyer/Wutzke/Förster* (2. Auflage 1998) Kap. 3 Rnr. 43
[475] I.E. auch LG Duisburg Beschl v. 13.02.2002 – 7 T 7/02 – ZInsO 2002 S. 988; *Frind* in: EWiR § 14 InsO 1/03 S. 24
[476] Dazu *Peters/Lange* in: Gagel § 183 SGB III Rnr. 57

Der Arbeitnehmer wird sich folglich entscheiden müssen, ob er persönlich Insolvenzeröffnungsantrag stellt oder Insolvenzgeld beantragt; ein paralleles Vorgehen ist ihm nicht möglich. Eine Antragsdoppelung wird jedoch nicht durch das Fehlen des rechtlichen Interesses, sondern durch den Übergang der Antragsberechtigung des Schuldners auf die Bundesanstalt für Arbeit ausgeschlossen.

13. Insolvenzeröffnungsantrag während Sanierungsverhandlungen

Finden im Zeitpunkt der Stellung eines Insolvenzantrages Verhandlungen zwischen Schuldner und Gläubigern statt, die auf eine außergerichtliche Sanierung hinwirken sollen (sog. externe Sanierung),[477] so ist es denkbar, dass dem antragstellenden Gläubiger das Rechtsschutzinteresse zur Stellung eines Insolvenzeröffnungsantrages abzusprechen wäre. So wird etwa bei Vorliegen eines außergerichtlichen Vergleichs angenommen, dieser beseitige das Rechtsschutzinteresse für einen Insolvenzantrag.[478]
Diese Rechtsauffassung wird durch die Intention der InsO bestärkt, Liquidation und Sanierung des Schuldners als gleichberechtigte Ziele zu verfolgen, § 1 InsO.[479] Weitergehend wurden gleichzeitig mit der InsO Maßnahmen beschlossen, die auch eine außergerichtliche Sanierung erleichtern sollen. Die bisherige Haftung des Vermögensübernehmers (§ 419 BGB) wurde durch Art. 33 Nr. 16 EGInsO gestrichen, für die GmbH wurde das Verfahren der vereinfachten Kapitalherabsetzung (§§ 58a ff. GmbHG) neu geregelt, Art. 48 Nr. 3 EGInsO. Für die am Vergleich Beteiligten fallen insbesondere die Vorteile der geringeren Kosten, der schnelleren Abwicklung und der Vermeidung negativer Publizitätsfolgen ins Gewicht.[480]

a. Vorliegen eines außergerichtlichen Vergleichs

Ist bereits ein außergerichtlicher Vergleich abgeschlossen worden, so stellt sich zunächst die Frage, ob dieser für alle Gläubiger des Schuldners gilt und dieselben Rechtsfolgen nach sich ziehen kann, oder ob er nur für die dem Vorschlag zustimmenden Gläubiger gilt.
Eine Ausdehnung der Geltung wäre beim Vergleich nur dann anzunehmen, wenn sich in diesem Krisenstadium ein Interesse der Gesamtgläubigerschaft an einer außergerichtlichen Sanierung ergäbe, das das Interesse eines Einzelgläubigers an vollständiger Befriedigung, etwa im Wege des Insolvenzverfahrens, überwiegt.

---

[477] Zur sog. internen Sanierung vgl. *Schmidt* in: Schmidt/Uhlenbruck Rnr. 241 ff.
[478] *Uhlenbruck* AnwBeratung S. 60
[479] *Gottwald* in: Gottwald § 1 Rnr. 43
[480] *Drukarczyk/Brüchner* in: Gottwald § 3 Rnr. 1

aa. Rechtsschutzinteresse ablehnender Gläubiger

Eine dem Insolvenzverfahren vergleichbare Situation einer Gefahrengemeinschaft aller Gläubiger des in die Krise geratenen Schuldners bereits im Stadium der außergerichtlichen Sanierungsbemühungen kann aber nicht angenommen werden. Sie hätte zur Folge, dass nicht zustimmende Gläubiger durch verbindliche Mehrheitsentscheidungen überstimmt werden könnten. Ein derartig weitreichender Eingriff in die Gläubigerrechte vor Verfahrenseröffnung entbehrt einer vergleichbaren Legitimation wie sie dem gerichtlich überwachten Insolvenzverfahren und dessen Billigkeitskontrolle bei Mehrheitsbeschlüssen zukommt. Damit würden die Grenzen der richterlichen Rechtsfortbildung überschritten und gegen die verfassungsrechtliche Bindung des Richters an Gesetz und Recht verstoßen.[481]
Somit entfaltet der außergerichtliche Vergleich keine Bindungswirkung für diejenigen Gläubiger, die dem Vergleichsvorschlag - auch gegen die überwiegende Mehrheit - nicht zugestimmt haben (sog. Akkordstörer). Es steht im freien Belieben jedes einzelnen Gläubigers, ob er einem solchen Vorschlag zustimmen will oder nicht. Aus diesem Grund kann ihnen auch nicht das rechtliche Interesse für einen Insolvenzeröffnungsantrag abgesprochen werden, wenn sie ihre Forderungen statt dessen im Insolvenzverfahren in vollem Umfang geltend machen.[482]

bb. Rechtsschutzinteresse zustimmender Gläubiger

Diejenigen Gläubiger hingegen, die einem außergerichtlichen Vergleich zugestimmt haben, sind an der Stellung eines Insolvenzeröffnungsantrages während der Durchführung des Vergleichs gehindert. Der außergerichtliche Vergleich führt auch ohne ausdrückliche Regelung zu der Verpflichtung der teilnehmenden Gläubiger, sich in der Zeit der Vergleichserfüllung jeglicher Vollstreckungsmaßnahmen, also auch der Stellung eines Insolvenzantrags zu enthalten.[483] Dass das allgemeine Missbrauchsverbot im Insolvenzverfahren durch das Rechtsschutzinteresse überlagert wird, ändert nichts daran, dass die inhaltlichen Aspekte des Grundsatzes von Treu und Glauben auch zwischen den Parteien des Eröffnungsverfahrens gelten.[484] Für die mit der Vergleichsvereinbarung einher gehenden Moratorien, Zusagen über Zusatzkredite und Stundungsvereinbarungen kann das RSI für die Gläubiger eine prozessuale Transformation ihrer Vertragspflichten bewirken. Ein gegen-

---

[481] Vgl. BGH Beschl. v. 12.12.1991 - IX ZR 178/91 - NJW 1992, 967

[482] *Uhlenbruck* in: Schmidt/Uhlenbruck Rnr. 265; *Uhlenbruck* AnwBeratung S. 63, 71; ähnlich bereits *Schumann* DJ 1935 S. 1210 ff. (1212)

[483] *Uhlenbruck* in: Schmidt/Uhlenbruck Rnr. 292

[484] So auch *Schmahl* in: MüKo-InsO § 14 Rnr. 56

teiliges widersprüchliches Vorgehen (*venire contra factum proprium*) würde sich als rechtsmissbräuchlich und damit als unzulässig darstellen.[485]
Etwas anderes kann allenfalls dann gelten, wenn die Sanierung nicht bis zu einem vorher festgelegten Zeitpunkt durchgeführt ist oder der Schuldner sich mit den im Rahmen des Sanierungsvergleiches festgelegten Zielen in Verzug befindet. Bei Einschaltung eines Treuhandverwalters kann durch entsprechende Vergleichsvereinbarung auch dessen Verschulden dem Schuldner zugerechnet oder als allein maßgeblich angesehen werden. Ist für diese Fälle eine sog. Wiederauflebensklausel vereinbart, so lebt die Gläubigerforderung wieder auf und ist erneut durchsetzbar.[486]
Im Übrigen haben die im Vergleich getroffenen Vereinbarungen zugunsten des Schuldners regelmäßig zur Folge, dass ein Insolvenzgrund nicht mehr vorliegt. Der Insolvenzeröffnungsantrag wäre deshalb auch bei Bejahung des Rechtsschutzinteresses regelmäßig mangels Insolvenzgrundes als - gegenwärtig - unbegründet zurückzuweisen.

b. Laufende Sanierungsverhandlungen

Ist ein außergerichtlicher Vergleich noch nicht abgeschlossen und befinden sich Schuldner und Gläubiger noch in laufenden Sanierungsverhandlungen, so muss genauer geprüft werden, ob Gläubigern infolgedessen das Rechtsschutzinteresse abgesprochen werden kann. Klar muss sein, dass bereits die Bemühung um eine vorgerichtliche Sanierung für sich genommen nicht undifferenziert zur Ablehnung des RSI der Gläubiger an der Verfahrenseröffnung führen kann.[487]

aa. Am Sanierungsversuch nicht teilnehmende Gläubiger

Für diejenigen Gläubiger, die am Vergleich nicht teilzunehmen gedenken und ihre Forderung anderweitig durchzusetzen versuchen, kann insoweit nichts anderes gelten als zuvor dargelegt. Eine Teilnahme am außergerichtlichen Sanierungsversuch ist nicht erzwingbar, die Ansprüche anderweitig in vollem Umfang vollstreckbar. Insoweit ist ein berechtigtes Interesse an der Insolvenzeröffnung gegeben.

---

[485] Insoweit anders bei der AG: aufgrund der unter den Aktionären bestehenden Treuepflicht ist es dem einzelnen Aktionär nicht erlaubt, eine sinnvolle und mehrheitlich angestrebte Sanierung der Gesellschaft aus eigennützigen Gründen zu verhindern. Vgl. *Uhlenbruck* AnwBeratung S. 63 m.w.N.

[486] *Uhlenbruck* AnwBeratung S. 72

[487] Insoweit zutreffend *Jaeger/Weber* § 103 KO Anm. 6; *Schroeder* JurBüro 1960 S. 235 ff. (237); zum Fortbestehen der Antragspflichten bei laufenden Sanierungsbemühungen s. *Uhlenbruck* GmbHR S. 81 ff. (87) sowie OLG Brandenburg Urteil v. 21.2.2001 - 13 U 149/98 - NZG 2001, 766

bb. Am Sanierungsversuch teilnehmende Gläubiger

Anders ist dies für diejenigen Gläubiger zu beurteilen, die aktiv an der Erarbeitung eines Sanierungskonzeptes teilnehmen und Kompromissbereitschaft erkennen lassen.[488] Einerseits kann während aussichtsreichen und ernsthaften Sanierungsverhandlungen in der Stellung eines Insolvenzeröffnungsantrag durchaus ein widersprüchliches und damit rechtsmissbräuchliches Verhalten gesehen werden. Sind andererseits die Bemühungen absehbar zum Scheitern verurteilt und der Abbruch der Verhandlungen nur noch eine Frage der Zeit, so muss es dem an den Verhandlungen beteiligten Gläubigern, schon um einer weiteren Masseauszehrung entgegenzuwirken, möglich sein, einen Eröffnungsantrag zu stellen.

Demnach muss für die Prüfung des rechtlichen Interesses i.S.d. § 14 Abs. 1 InsO durch das Insolvenzgericht darauf abgestellt werden, wie ernsthaft und aussichtsreich die Sanierungsbemühungen nach dem konkreten und aktuellen Verhandlungsstand anzusehen sind. Insoweit wäre ein Rückgriff auf die vom BGH für einen „ernsthaften Sanierungsversuch" aufgestellten Kriterien zu erwägen.

Im Zusammenhang mit einer Schadensersatzpflicht aufgrund sittenwidriger Insolvenzverschleppung hat der BGH ausgesprochen, dass Voraussetzung für einen ernsthaften Sanierungsversuch ein in sich schlüssiges Konzept ist, das von den erkannten und erkennbaren tatsächlichen Gegebenheiten ausgeht und nicht undurchführbar ist.[489] Für die Prognose der Durchführbarkeit ist dabei auf die Beurteilung eines unvoreingenommenen, branchenkundigen Fachmanns abzustellen, dem die vorgeschriebenen oder üblichen Buchhaltungsunterlagen zeitnah vorliegen. Diese Prüfung muss die wirtschaftliche Lage des Schuldners im Rahmen seiner Wirtschaftsbranche analysieren und die Krisenursachen sowie die Vermögens-, Ertrags- und Finanzlage erfassen.[490] Von einem ernsthaften Versuch der Sanierung kann dem gegenüber nicht gesprochen werden, wenn lediglich unverbindliche Absichtserklärungen potentieller Financiers vorliegen, die jeweils unter dem Vorbehalt weiterer Prüfungen stehen und jederzeit widerruflich sind.[491]

Entsprechend wäre eine Sanierung bei Vorliegen eines Sanierungskonzeptes, das den genannten Kriterien entspricht, als aussichtsreich anzusehen. Bei Gläubigern, die an einem Vergleichsvorschlag ernsthaft mitarbeiten und zu Zugeständnissen bereit sind, würde die Stellung eines Insolvenzeröffnungs-

---

[488] Kritisch zur unzureichenden Bereitschaft der Finanzbehörden und Sozialversicherungsträgern zu außergerichtlichen Sanierungsbemühungen *Uhlenbruck* DZWiR 2000 S. 15 ff. (16); vgl. auch *Lambsdorff* ZIP 1987 S. 809 (813)

[489] BGH Urteil v. 4.12.1997 - IX ZR 47/97 - WM 1998, 248 = ZIP 1998, 248 (251)

[490] *Wittig* in: Schmidt/Uhlenbruck Rnr. 310

[491] Vgl. dazu OLG Celle Beschl. v. 07.09.2000 . 2 W 69/00 - ZIP 2000, 1943; dazu *Ringstmeier* in EWiR § 212 InsO 1/01 S. 31

antrages das eigene Bemühen am außergerichtlichen Sanierungserfolg des Schuldners konterkarieren und sich als widersprüchliches Verhalten darstellen. Bereits oben wurde darauf hingewiesen, dass über das RSI die inhaltlichen Aspekte des Grundsatzes von Treu und Glauben auch zwischen den Parteien des Eröffnungsverfahrens gelten. Insoweit bewirkt das RSI eine prozessuale Transformation ihrer Vertragspflichten, indem ihnen bis zum förmlichen Abbruch dieser Verhandlungen das rechtliche Interesse an der Eröffnung des Insolvenzverfahrens abzusprechen ist.[492]

14. Nachträgliche Begleichung der Antragsforderung

Unter dem sich aus der drohenden Verfahrenseröffnung ergebenden Druck kann es vorkommen, dass der Schuldner die dem gestellten Insolvenzantrag zugrunde gelegte Forderung einschließlich Kosten und Zinsen zu einem Zeitpunkt begleicht, nachdem der Antrag bereits gestellt oder auch bereits zugelassen worden ist.

a. Fortfall des Rechtsschutzinteresses?

In diesem Zusammenhang wird angenommen, dass das rechtliche Interesse des Antragstellers damit nachträglich wegfalle und der Antrag mangels Rechtsschutzinteresses im Zeitpunkt der Insolvenzeröffnung als unzulässig abgewiesen werden müsse.[493]
Dieser Ansicht kann nur im Ergebnis gefolgt werden. Zutreffend ist zunächst, dass eine Begleichung der Antragsforderung allenfalls bis zum Eröffnungszeitpunkt relevant werden kann. Wollte man anders entscheiden und die Forderungsbegleichung auch nach der Verfahrenseröffnung als beachtlich ansehen, so wäre es dem Schuldner möglich, durch Bezahlung der Antragsforderung jede gebotene und vollzogene Insolvenzeröffnung zu torpedieren.[494] Entgegen dem Initiativcharakter des Insolvenzantrages, der zur Wahrung der Interessen aller Gläubiger führt, würden die Rechtsstellung der übrigen Insolvenzgläubiger und deren Aussichten auf gleichmäßige Befriedigung erheblich beeinträchtigt. Die Beschränkung der Antragsrücknahme (§ 13 Abs. 2 InsO) deutet denn auch an, dass das Insolvenzverfahren nach dem Willen des Gesetzgebers bereits vor Rechtskraft des Eröffnungsbeschlusses kein Verfahren zwischen Gläubiger und Schuldner mehr ist, sondern bereits im Beschlusszeitpunkt Wirkungen zum Schutz der

---

[492] Ähnlich *Schmahl* in: MüKo-InsO § 14 Rnr. 56
[493] *Uhlenbruck* in: Gottwald § 13 Rnr. 3; *Braun/Uhlenbruck* S. 230; *Uhlenbruck/Delhaes* HRP Rnr. 271
[494] Zu dieser Form des Antragsmißbrauchs durch den Schuldner *Jänich* ZZP Bd. 109 (1996) S. 183 ff. (187)

Gläubigergesamtheit entfaltet. Entsprechend ist damit auch die Befriedigung des Gläubigers nach Verfahrenseröffnung unerheblich.[495]
Ferner wird mit dieser Ansicht einmal mehr offenbar, dass streng auf den Vorrang der gesetzlich spezieller ausgeformten Antragsvoraussetzungen zu achten ist und dem RSI trotz Kodifikation lediglich die Funktion einer ultima ratio zukommen sollte, wenn und soweit die genannten Kriterien zu einem Ergebnis führen, welches die Schutzrichtungen des RSI nicht hinreichend berücksichtigt.
Dies ist hier jedoch gerade der Fall. Denn aus der Begleichung der dem Antrag zugrunde liegenden Forderung ergibt sich ein bedeutender Einschnitt in die Rechtsposition des Antragstellers. Das Schuldverhältnis erlischt durch die Leistung des Schuldners oder eines Dritten, der Antragsteller verliert sein materielles Forderungsrecht und damit seine Gläubigereigenschaft.[496] Dann verliert der Gläubiger aber gleichzeitig seine Berechtigung zur Stellung des Insolvenzeröffnungsantrags gem. § 13 Abs. 1 Satz 2 InsO. Der Fall der Erledigung der dem Antrag zugrunde gelegten materiellen Forderung betrifft somit das Antragsrecht und nicht das rechtliche Interesse.

b. Abweisung des Antrags als unbegründet

Verliert der Antragsteller durch die nachträgliche Forderungsbegleichung sein Antragsrecht, so muss der Insolvenzeröffnungsantrag als unbegründet zurückgewiesen werden. Eine Abweisung als (nachträglich) unzulässig[497] würde die gesetzlichen Anforderungen an die Begründung des Antragsrechts im Zulassungsverfahren überspannen. Denn - anders als die allgemeinen Zulässigkeitsvoraussetzungen - ist die Darlegung des Antragsrechts durch Glaubhaftmachung der Antragsforderung ausreichend (§ 14 Abs. 1 InsO); diesen Anforderungen hat der Antragsteller genügt, so dass der einmal zugelassene Antrag nicht unter dem Aspekt des nachträglich entfallenen Antragsrechts unzulässig wird. Da die Antragsforderung bei der Eröffnungsentscheidung weiterhin glaubhaft sein muss,[498] führt das Entfallen dieser materiellen Eröffnungsvoraussetzung im Laufe des Hauptprüfungsverfahrens dazu, dass der Antrag als unbegründet zurückgewiesen werden muss.

---

[495] OLG Celle Beschl. v. 02.03.2000 - 2 W 15/00 - NZI 2000, 265 = ZIP 2000, 673; LG Göttingen Beschl. v. 23.2.1998 - 10 T 10/98 - ZIP 1998, 571 (572)

[496] *Uhlenbruck* in: Gottwald § 10 Rnr. 8 und § 13 Rnr. 3; vgl. auch *Zeiss* Die arglistige Prozeßpartei S. 170

[497] So *Kirchhof* in: HK-InsO § 14 Rnr. 32; LG Wiesbaden Beschl. v. 2.2.1973 - 4b T 28/73 - KTS 1973, 274 (m. Anm. *Mohrbutter*); *W. Delhaes* Insolvenzantrag S. 137

[498] So zutreffend Kirchhof in: HK-InsO § 14 Rnr. 10; LG Düsseldorf Beschl. v. 6.6.1963 - 14 T 106/73 - KTS 1964, 127

c. Reaktionsmöglichkeiten des Antragstellers

Entfällt aufgrund der Begleichung der Antragsforderung nach Stellung des Insolvenzantrages das Antragsrecht des Gläubigers und gibt der Antragsteller nach Hinweis des Gerichts keine Erklärung ab, so muss der Insolvenzeröffnungsantrag als unbegründet abgewiesen werden.

aa. Nachschieben weiterer Antragsforderungen

Grundsätzlich ist es dem Antragsteller möglich, die dem Antrag zugrunde gelegte Forderung durch eine andere Forderung auszuwechseln bzw. neu entstandene Forderungen nachzuschieben.[499] Der Ansicht, die das Nachschieben von Forderungen nur eingeschränkt befürwortet und als unzulässig ansieht, sobald die Ausgangsforderung vollständig samt Zinsen und Kosten an den Antragsteller bezahlt worden ist,[500] kann nicht gefolgt werden. Denn das Antragsrecht hängt nicht von einer bestimmten Forderung ab. Vielmehr ist allein maßgeblich, dass im maßgeblichen Zeitpunkt der Eröffnungsentscheidung eine Forderung des Antragstellers gegen den Schuldner und damit sein Antragsrecht glaubhaft ist.[501]
Wird die Ausgangsforderung während des Eröffnungsverfahren vollständig beglichen und wäre der Antrag aufgrund des erloschenen Antragsrechts als unbegründet[502] abzuweisen, so kann der Antragsteller der Antragsabweisung folglich zuvorkommen, indem er weitere, offene Forderungen gegen den Schuldner nachschiebt. Aufgrund der Missbrauchsmöglichkeiten ist hier freilich besondere Beachtung auf das Vorliegen des Rechtsschutzinteresses zu legen.[503]

bb. Abweisung und Rücknahme

Werden der erloschenen Antragsforderung keine weiteren Forderungen gegen den Antragsgegner nachgeschoben, so muss der Antragsteller bei Abweisung des Antrags aufgrund der Kostenfolge aus §§ 4 InsO, 91 ZPO die Kosten des Verfahrens in vollem Umfang selbst tragen. Er ist sonach Schuldner der gerichtlichen Gebühren und Auslagen, trägt aber auch die Kosten einer

---

[499] *Schmerbach* in: FK-InsO § 14 Rnr. 20; *Goetsch* in: BK-InsO § 14 Rnr. 24; *Schmahl* in: MüKo-InsO § 13 Rnr. 123; *Pape* in: Kübler/Prütting § 14 Rnr. 5; LG Göttingen Beschl. v. 08.03.1993 - 6 T 37/93 - ZIP 1993, 446 = NJW RR 1993, 767

[500] So *Uhlenbruck/Delhaes* HRP Rnr. 293; *Uhlenbruck* Rpfleger 1981 S. 377 ff. (379); unklar *Vallender* in: KS-InsO S. 249 ff. (259) Rnr. 29

[501] *Kirchhof* in: HK-InsO § 14 Rnr. 7; *Schmahl* in: MüKo-InsO § 13 Rnr. 123

[502] Anders die wohl h.M., die den Antrag mangels RSI als (nachträglich) unzulässig abweist. Insoweit folgerichtig wird das Nachschieben teilweise als Problem des Fortbestehens des Rechtsschutzinteresses diskutiert. So *Wienberg* in: Hess/Weis/Wienberg § 14 InsO Rnr. 12, *Kirchhof* in: HK-InsO § 14 Rnr. 7

[503] Zum mißbräuchlichen Nachschieben von Forderungen unten Teil 4 III 3a aa (3.)

vorläufigen Insolvenzverwaltung sowie eventuelle Anwaltskosten des Schuldners.
Nimmt der antragstellende Gläubiger den Insolvenzeröffnungsantrag nach §§ 4 InsO, 269 Abs. 3 ZPO bis zu seiner rechtskräftigen Abweisung zurück, so gilt der Eröffnungsantrag zwar als nicht gestellt, die soeben skizzierte Kostenfolge trifft ihn jedoch gleichwohl.[504] Die Wirkungen des § 269 Abs. 3 Satz 2 ZPO können auf Antrag des Schuldners durch Beschluss des Insolvenzgerichts ausgesprochen werden. Dem Gläubiger verbleibt dann allenfalls die Möglichkeit, die Kosten des Eröffnungsverfahrens als Verzugsschaden etwa nach §§ 286 Abs. 1, 367 BGB beim Schuldner wieder geltend zu machen.[505]

cc. Erledigung der Hauptsache

Dass diese Rechtslage zu unbilligen Ergebnissen führen kann, wenn der Schuldner sich im Vorfeld der Antragstellung beharrlich geweigert hat, die Forderungen zu begleichen, durch Zahlung nach Antragstellung aber einer Haftungsverwirklichung im Wege der Gesamtvollstreckung zuvorkommt, liegt auf der Hand.[506] Jeder Gläubiger sähe sich bei Antragstellung dem Risiko der Kostenfolge ausgesetzt, auch wenn ihm zu diesem Zeitpunkt objektiv kein alternatives Vorgehen mehr möglich ist und sein Antrag erst im Laufe des Insolvenzeröffnungsverfahrens ohne sein Zutun unzulässig oder unbegründet wird. Zusätzlich könnte das Kostenrisiko die Bereitschaft der Gläubiger herabsetzen, mittels gütlicher Einigung mit dem Schuldner eine Erledigung des Insolvenzverfahrens herbeizuführen, was im Ergebnis zu einer Mehrbelastung der Gerichte führen würde.
Vor diesem Hintergrund wird die entsprechende Anwendung der Rechtsgrundsätze über die - auch einseitige - Erledigung in der Hauptsache im Grundsatz befürwortet, um es dem Gläubiger zu ermöglichen, bei vollständiger Befriedigung die Hauptsache für erledigt zu erklären.[507] Dagegen wird zwar eingewendet, eine Erledigung komme nicht in Betracht, weil kein kontradiktorisches Verfahren mit Verfügungsbefugnis über den Verfahrensgegenstand vorliege.[508] Diese Ansicht verkennt jedoch, dass ungeachtet des Amtsermittlungsgrundsatzes aus § 5 InsO das Insolvenzeröffnungsverfahren als „quasi-streitiges" Verfahren ausgestaltet ist, in dem sich Gläubiger und Schuldner wie Parteien eines Zivilprozesses gegenüberstehen. Die Dispositionsmaxime und damit die Möglichkeit der Erledigungserklärung endet erst, das zeigt die Rücknahmevorschrift des § 13

---

[504] *Kirchhof* in: HK-InsO § 13 Rnr. 17 m.w.N.
[505] *Goetsch* in: BK-InsO § 13 Rnr. 33
[506] Vgl. auch *W. Delhaes* in: KS-InsO S. 141 ff. Rnr. 47
[507] *Goetsch* in: BK-InsO § 13 Rnr. 32; *Schmerbach* in: FK-InsO § 13 Rnr. 100 ff.; *Kirchhof* in: HK-InsO § 14 Rnr. 36 m.w.N.; jüngst OLG Celle Beschl. v. 2.11.2001 - 2 W 110/00 - NZI 2001, 150
[508] *Vollkommer* in: Zöller § 91a ZPO Rnr. 58 „Insolvenzverfahren"; LG Rottweil ZIP 1986, 43

Abs. 2 InsO, wenn der Eröffnungsbeschluss wirksam geworden, also erlassen ist.
Erklären die Parteien oder der Antragsteller aufgrund der nachträglichen Begleichung der Forderung das Insolvenzverfahren für erledigt, so hat das Insolvenzgericht allein über die Pflicht zur Kostentragung gem. §§ 4 InsO, 308 Abs. 2, 91a ZPO zu entscheiden.[509] Da für die Kostenentscheidung der Sach- und Streitstand des Eröffnungsverfahrens im Zeitpunkt der Erledigungserklärung maßgeblich ist, hat bei nachträglicher Forderungsbegleichung regelmäßig der Antragsgegner (Schuldner) die Kosten des Verfahrens ebenso wie die Auslagen zu tragen. Denn zum einen zeigt die Zulassung des Antrags, dass der Gläubiger alles getan hat, was der Gesetzgeber für die Einleitung eines Insolvenzverfahrens gegen den Schuldner von ihm verlangt. Zum anderen hat in der Regel der Schuldner durch Nichtzahlung Veranlassung zu dem Insolvenzantrag als Vollstreckungsmaßnahme gegeben und dem Gläubiger erst durch nachträgliche Tilgung der Antragsforderung das Antragsrecht genommen.[510] Weist der Antragsgegner im Rahmen der Erledigung der Hauptsache hingegen nach, dass der Antrag von Anfang an unzulässig oder unbegründet gewesen ist oder kommt das Gericht in sonstiger Weise zu der Überzeugung, der Insolvenzantrag sei rechtsmissbräuchlich gestellt worden, so hat es die Möglichkeit, dies bei der Kostenentscheidung zu berücksichtigen und die Kosten dem Antragsteller aufzuerlegen.[511]

d. Besondere Prüfung des Rechtsschutzinteresses

Kommt es zum Nachschieben weiterer Forderungen oder zur Rücknahme bzw. Erledigung des Insolvenzantrages, weil die dem Antrag zugrunde liegende Forderung nach Anhängigkeit vom Schuldner beglichen wurde, so ist die primäre Absicht des Gläubigers, mit der Antragstellung Druck auf ihn auszuüben zwar nicht indiziert, aber durchaus denkbar. Aus diesem Grund erscheint es zur Vermeidung von missbräuchlichen Druckanträgen sachgerecht, bei nachgeschobenen Forderungen ebenso wie bei erneuter Antragstellung durch denselben Gläubiger der Prüfung des rechtlichen Interesses erhöhte Aufmerksamkeit zukommen zu lassen.[512]

---

[509] *Häsemeyer* InsR Rnr. 7.06 *Schmerbach* in: FK-InsO § 13 Rnr. 113; *Kirchhof* in: HK-InsO § 14 Rnr. 36; *Uhlenbruck* in: Gottwald § 10 Rnr. 11. Kritisch zur Anwendbarkeit des § 91a ZPO im Insolvenzeröffnungsverfahren AG Kleve Beschl. v. 25.02.2000 - 24 IN 93/99; *Vollkommer* in: Zöller § 91a ZPO Rnr. 58; differenzierend *Smid* § 13 Rnr. 24. Ablehnend bei einseitiger Erledigung *Mönning* in: Nerlich/Römermann § 13 InsO Rnr. 116; *W. Delhaes* Insolvenzantrag S. 204

[510] *Uhlenbruck* in: Gottwald § 10 Rnr. 7; *Braun/Uhlenbruck* S. 230; *Häsemeyer* InsR Rnr. 7.06, 14

[511] *Uhlenbruck* in: Gottwald § 10 Rnr. 11; *Last* in: Gottwald § 125 Rnr. 7; jüngst AG Hamburg Beschl. v. 11.12.2000 - 67 c IN 257/00 - ZInsO 2001, 138

[512] Vgl. *Kirchhof* in: HK-InsO § 14 Rnr. 21

15. Rechtsschutzinteresse trotz Teilzahlungen des Schuldners?

Erbringt der Schuldner nach Stellung des Antrags nur Teilleistungen, etwa nur hinsichtlich eines Teils der Hauptforderung oder ohne Berücksichtigung aufgelaufener Zinsen oder Kosten, könnte damit das rechtliche Interesse des Gläubigers an der Eröffnung des Verfahrens beseitigt sein. So wird teilweise angenommen, das Rechtsschutzinteresse entfalle zumindest dann, wenn nach der Teilzahlung ein gegenüber der Hauptforderung geringer Restbetrag bzw. Zinsen oder Kosten verbleiben.[513]

Dieser Ansicht kann nur eingeschränkt gefolgt werden. Das Rechtsschutzinteresse des Gläubigers an der Befriedigung der Zinsen oder Kosten, die bei der Antragstellung mit angegeben und damit von der Glaubhaftmachung mit umfasst waren, besteht bis zu dem Zeitpunkt, in dem auch diese in vollem Umfang beglichen sind.[514] Gleiches gilt für Rechtsverfolgungskosten, insbesondere die Gebührenforderungen eines Rechtsbeistands, wenn und soweit sie bei Antragstellung bereits mit glaubhaft gemacht wurden. Erst bei vollständiger Begleichung aller von der Glaubhaftmachung umfassten Forderungen entfällt die Antragsberechtigung - nicht das rechtliche Interesse - des Gläubigers.
Dies ergibt sich zum einen aus der höchstrichterlichen Rechtsprechung zum Rechtsschutzinteresse bei geringfügiger Antragsforderung.[515] Denn wenn es dort nicht von der Höhe der Forderung abhängig gemacht werden kann, muss dies auch für die Weiterverfolgung eines Insolvenzantrages wegen einer geringfügigen Restforderung gelten. Verfolgt der Antrag stellende Gläubiger wegen der Kostenforderung den anhängigen Insolvenzantrag weiter, so besteht auch insoweit das RSI fort. Zum anderen gebietet dies bereits die Verfahrensökonomie: denn andernfalls müsste der Gläubiger wegen der verbleibenden Restforderung einen neuen Insolvenzantrag stellen, für den das rechtliche Interesse nicht abgesprochen werden könnte.[516]
Abgesehen von der Problematik des RSI kann nach Zahlung der Hauptsumme jedoch fraglich sein, ob der Schuldner und Antragsgegner überhaupt zahlungsunfähig ist, ob also der Insolvenzgrund konkludent widerlegt worden ist. Je nach Stand des Verfahrens kommt dann entweder die Abweisung des Antrags als unzulässig (Zulassung geht fehl mangels Glaubhaftmachung bzw. aufgrund Gegenglaubhaftmachung des Insolvenzgrundes) oder als unbegründet (Eröffnung geht fehl mangels Überzeugung des Gerichts vom Insolvenzgrund) in Betracht.

---

[513] AG Holzminden Beschl. v. 9.7.1987 - 8 N 8/87 - ZIP 1987, 1272 (1274); dazu *Pape* EWiR § 105 KO 1/87 S. 807

[514] *Haarmeyer/Wutzke/Förster* Kap. 3 Rnr. 45

[515] Vgl. BGH Beschl. v. 20.03.1986 - III ZR 55/85 - NJW-RR 1986, 1188 = KTS 1986, 470 = BB 1986, 1048 = WM 1986, 652 und oben Teil 4 II 1

[516] *Uhlenbruck* in: Gottwald § 12 Rnr. 15; *Uhlenbruck* AnwBeratung S. 96 f.

Erbringt der Schuldner im Laufe des Verfahrens lediglich eine Teilzahlung, einigt er sich aber mit seinen Gläubigern auf die spätere Zahlung des Restbetrages, so entfällt dadurch deren Rechtsschutzinteresse.[517] Denn die Gläubiger, die sich in Kenntnis der bestehenden Krise des Schuldners auf die Stundungsvereinbarung eingelassen haben, verstießen gegen das materielle Verbot des widersprüchlichen Verhaltens (*venire contra factum proprium*), wenn sie trotz Einhaltung der Vereinbarung seitens des Schuldners am Insolvenzantrag festhielten. Nicht ausreichend kann in diesem Zusammenhang jedoch die bloße Ankündigung des Schuldners sein, zahlen zu wollen.[518]

16. Das objektiv fehlende Rechtsschutzinteresse - Analyse und Folgerungen

Die Fälle, in denen das Rechtsschutzinteresse des Antragstellers objektiv, d.h. unabhängig von seiner Motivation nicht besteht, muss gegenüber der hergebrachten Auffassung als weit überwiegende Ausnahme angesehen werden. Die dargelegte Rückführung der extensiv betriebenen Fallgruppenbildung der letzten Jahrzehnte ist dringend geboten. Für diese Entwicklung lassen sich im Wesentlichen drei Ursachen festhalten.

a. Vermischung von Zulassungs- und Eröffnungskriterien

Zunächst wird die dem Insolvenzeröffnungsverfahren typische spezifische zweistufige Prüfung nicht hinreichend beachtet. Kriterien der Zulassungsentscheidung werden mit solchen der Eröffnungsentscheidung vermischt.[519] Dies führt dazu, dass Anträge vorschnell als unzulässig abgewiesen werden, ohne dass das Insolvenzgericht in die objektive Prüfung der Vermögensverhältnisse des Schuldners eintritt. Durch das Unterbleiben von Maßnahmen zur vorläufigen Sicherung der Insolvenzmasse sind Gefährdungen der Gesamtgläubigerschaft die Folge.

b. Vermischung von Rechtsschutzinteresse und Antragsbefugnis

Weiter werden Gesichtspunkte der Antragsberechtigung häufig mit jenen des Rechtsschutzinteresses vermischt.[520] Hier wird bereits durch das Fehlen des Antragsrechts gewährleistet, dass Anträge von am Verfahren nicht beteiligten Gläubigern abgewiesen werden und damit die für den Antragsteller zwecklose Einleitung des Verfahrens vermieden wird. Die hergebrachte Fallgruppen-

---

[517] *Schmahl* in: MüKo-InsO § 14 Rnr. 56; *Schmerbach* in: FK-InsO § 14 Rnr. 34 m.w.N.
[518] Insoweit unzutreffend BezG Cottbus Beschl. v. 3.1.1991 - 00 BZR 215/90; dazu *Haarmeyer* EWiR § 2 GesO 2/91 S. 375
[519] Dazu oben Teil 4 II 2, 3
[520] Dazu oben Teil 4 II 5, 6, 7

bildung führt dann lediglich zu einer „anderen Etikettierung",[521] da sich die Voraussetzungen des RSI inhaltlich mit dieser Antragsvoraussetzung decken.

c. Unzureichende Berücksichtigung der Ordnungs- und Regelungsaufgaben des Insolvenzverfahrens

Nicht zuletzt werden die Schutzrichtungen des rechtlichen Interesses, welche die Erreichung der Verfahrensziele der InsO flankieren, weitgehend zu eng ausgelegt, was eine ungerechtfertigte Beschränkung des Rechtsschutzes herbeiführt.[522] So wird nicht hinreichend berücksichtigt, dass dem Insolvenzverfahren neben der reinen Haftungsverwirklichung zugunsten der Gläubigergemeinschaft wesentliche Ordnungs- und Regelungsaufgaben zukommen. Genannt sei hier nur die Sanierungsmöglichkeiten, die Auslösungstatbestände für öffentliche Leistungen, sowie die Eliminierung solcher Schuldner aus dem Wirtschaftsverkehr, für die eine Sanierung nicht in Betracht kommt.
Ist dem Antragsteller trotz Vorliegens der objektiven Voraussetzungen das Rechtsschutzinteresse dennoch abzusprechen, so liegt dies oftmals daran, dass sich für ihn Einschränkungen in seiner Befugnisausübung daraus ergeben, dass er aufgrund individueller materiell-rechtlicher Vereinbarungen mit dem Schuldner zu vertragstreuem Verhalten angehalten werden muss.[523]

III. Das subjektiv fehlende Rechtsschutzinteresse - Missbrauch des Insolvenzeröffnungsantrags

1. Allgemeines

Das rechtliche Interesse an der Verfahrenseröffnung kann weiter dann fehlen, wenn der Gläubiger den Insolvenzeröffnungsantrag in missbräuchlicher Weise stellt. Dies ist Folge des allgemeinen Zwecks des Rechtsschutzinteresses, den Missbrauch einer Prozesshandlung zu prozessfremden Zwecken zu verhindern. Bereits oben[524] wurde darauf hingewiesen, dass daher jede schikanöse Inanspruchnahme der Rechtspflege, aber auch jede mutwillige oder evident der Umgehung zwingender prozessualer Vorschriften dienende Prozesshandlung unzulässig ist.[525] Bemerkenswert ist, dass der Gesetzgeber die Verhinderung von Missbräuchen bei der Antragstellung als ausdrückliche Aufgabe des rechtlichen Interesses ansieht. Dem Gericht wird damit das rechtliche Instrument gereicht, nach Prüfung der objektiven Kriterien wie Antragsrecht

---

[521] So auch *Häsemeyer* InsR Rnr. 7.08
[522] Dazu oben Teil 4 II 8, 9, 10 11, 12
[523] Dazu oben Teil 4 II 13, 15
[524] S. oben Teil 1 III 1, Teil 2 II 1b
[525] *Unger* KTS 1962 S. 205 ff. (207)

und Antragsforderung auch die subjektive Motivation des Antragstellers zu würdigen.
Deutlich wird hier abermals die Nähe des RSI zum institutionellen Missbrauch von Rechtsinstituten, weil beide über das gemeinsame Kennzeichen der Zweckentfremdung verbunden sind. Denn mit dem Kriterium des rechtlichen Interesses können die Missbrauchskategorien objektiver und subjektiver Prägung in vollem Umfang erfasst werden. Es ist *Zeiss*[526] darin zuzustimmen, dass das Rechtsschutzinteresse und die Grundsätze des institutionellen Missbrauchs inhaltlich identische Aspekte betreffen, wenn auch ihr Anwendungsbereich (materielles bzw. Verfahrensrecht) unterschiedlich ist. Dann ist es jedoch möglich und erforderlich, die Wertungen der Zweckentfremdung von Rechtsinstituten in das gesetzlich vorgesehene Kontrollkriterium, das RSI einzustellen.[527] Eigenständige Bedeutung kommt dem institutionellen Missbrauch folglich auch beim subjektiven Missbrauch des Insolvenzeröffnungsantrags nicht zu.

2. Kriterien der Missbrauchskontrolle beim Insolvenzantrag

Auch wenn letztlich jeder Antragsteller eine möglichst erschöpfende Befriedigung seiner Forderung anstrebt, so liegen die individuellen Umstände und Absichten, die den Antragsteller zur Stellung des Insolvenzantrages bewegen, äußerst vielfältig und verschieden. Um im Insolvenzverfahrensrecht eine hinreichende Rechtssicherheit zu erreichen, ist demnach eine Zusammenfassung der einzelnen Beweggründe in verschiedene Fallgruppen unumgänglich. Die Typisierung muss sich dabei an objektiv überprüfbaren Maßstäben orientieren, um eine übereinstimmende Beurteilung durch verschiedene Personen zu gewährleisten.
Dennoch sei hier darauf hingewiesen, dass jede Bildung von Fallgruppen nur eine Richtlinie bieten kann und auch bei scheinbar passenden Lebenssachverhalten erschöpfend auf die jeweiligen Besonderheiten des konkreten Falles einzugehen ist. Auch eine geringfügige Abweichung des zu beurteilenden Lebenssachverhalts gegenüber dem „Normalfall" kann zu einem anderen Ergebnis führen, damit das Ziel der Fallgruppenbildung, die Erreichung von Rechtssicherheit, nicht für den Preis der Ungerechtigkeit im Einzelfall erreicht wird.

a. Schutzrichtungen des Rechtsschutzinteresses

Kennzeichnend für das Rechtsschutzinteresse beim Insolvenzeröffnungsantrag ist, dass diesem nicht nur der Schutz des Staates und des Antragsgegners, sondern es - entsprechend der verschiedenen Verfahrensziele der InsO - weitere Schutzrichtungen berücksichtigen muss. Auf die verschiedenen Schutz-

---

[526] *Zeiss* Die arglistige Prozeßpartei S. 161 Fn. 70
[527] Zur Auffangfunktion des § 242 BGB *Teichmann* in: Soergel § 242 Rnr. 84 f.

richtungen des RSI beim Insolvenzeröffnungsantrag wurde bereits oben eingegangen.[528] Genannt seien hier neben dem Schutz von Schuldner und Staat vor zweckwidriger Bindung seiner Justizkapazitäten auch der Schutz der Gläubigergemeinschaft, des Staates in seiner Rolle als Fiskalgläubiger sowie des gesamten Rechtsverkehrs.
Beispielsweise kann das RSI nicht bereits dann verneint werden, wenn es dem Antragsteller nicht unmittelbar auf die Befriedigungsfunktion der InsO ankommt. Vielmehr können zugunsten der Ausschließung insolventer Schuldner aus dem Wirtschaftsleben (Löschung von Gesellschaften, Eintragung in das Schuldnerverzeichnis) auch bei aussichtslosen Befriedigungschancen Insolvenzanträge zuzulassen sein, um weitere Schädigungen des Rechtsverkehrs zu vermeiden.[529]

b. Wirtschaftliche Lage des Schuldners

In objektiver Hinsicht muss bei der Prüfung der Antragstellung auf Rechtsmissbrauch die wirtschaftliche Lage des Schuldners berücksichtigt werden. Diesen Zweck erfüllen in erster Linie die gesetzlichen Anforderungen an die Glaubhaftmachung von Insolvenzforderung und Insolvenzgrund. Hier werden ungerechtfertigte Anträge bereits weitgehend ausgesondert, indem sie als unzulässig abzuweisen sind, wenn die Glaubhaftmachung des Insolvenzgrundes, also der wirtschaftlichen Insuffizienz des Schuldners nicht gelingt, etwa weil der Schuldner durchaus zahlungsfähig, aber zahlungsunwillig ist. Die Zahlungsfähigkeit des Schuldners kann zwar die Vermutung des Insolvenzgerichts bestätigen, dass insolvenzfremde Zwecke verfolgt werden, ein Rückgriff auf das RSI ist nach dem Grundsatz der Subsidiarität jedoch nicht geboten. Sind die Antragsvoraussetzungen insoweit erbracht, so ist für die weitere Prüfung des Missbrauchs von Bedeutung, dass die Legitimität der vom Antragsteller angestrebten Ziele im Insolvenzeröffnungsverfahren nicht zu eng ausgelegt wird. Bereits der Initiativcharakter des Antragsrechts belegt, dass nicht nur das Eigeninteresse des Antragstellers von Bedeutung ist, sondern auch das Interesse anderer Beteiligtengruppen und des gesamten Rechtsverkehrs geschützt und bei der Prüfung des RSI mit eingestellt werden muss. So kann nicht automatisch ein Missbrauch angenommen werden, wenn der Antragsteller keinesfalls mit der Befriedigung seiner Forderung rechnen kann.

---

[528] S. dazu oben Teil 2 II 1

[529] Ähnlich *Haarmeyer/Wutzke/Förster* Kap. 3 Rnr. 69

c. Objektive Rechtsbeeinträchtigung des Schuldners

Berücksichtigt man zum einen das Gewaltmonopol des Staates, zum anderen den Umstand, dass der Gläubiger durch die Glaubhaftmachung einer Insolvenzforderung sein grundsätzlich legitimes Interesse an der Wahrnehmung seiner Rechte in der Insolvenz und deren Befriedigung in diesem Verfahren nachweist, so wird bereits deutlich, dass die Annahme einer missbräuchlichen Antragstellung und die Verneinung des Rechtsschutzinteresses auf eng begrenzte Ausnahmefälle beschränkt bleiben muss.

Erforderlich für das Vorliegen eines Rechtsmissbrauchs ist daher zunächst, dass eine objektive Rechtsbeeinträchtigung des Schuldners vorliegt. Nur bei objektiver Verschlechterung der Rechtslage des Schuldners kommt ein Missbrauch des Antragsrechts zu dessen Lasten in Betracht.

So bewirkt beispielsweise die Zulassung des Insolvenzeröffnungsantrages, dass die Amtsermittlungspflicht des Insolvenzgerichts einsetzt. Diese kann dazu führen, dass der Schuldner Vermögenswerte offenbaren muss, wozu er außerhalb des Insolvenzverfahrens nicht ohne weiteres verpflichtet wäre.[530]

Diese objektive Rechtsbeeinträchtigung des Schuldners ist für sich gesehen eine legitime Folge des Insolvenzverfahrens, die der Anreicherung der Insolvenzmasse dient und deshalb im gemeinsamen Interesse von Antragsteller und Gesamtgläubigerschaft liegt (Gesetzeszweck).

Bereits anhand dieses Beispiels wird deutlich, dass sich aus jeder Einleitung eines Insolvenzverfahrens wirtschaftliche Nachteile und Rechtsbeeinträchtigungen für den Schuldner ergeben. Dies ist jedem Insolvenzverfahren immanent und kann kein hinreichendes Abgrenzungskriterium für einen Rechtsmissbrauch des Antragstellers darstellen. Für einen Rechtsmissbrauch bei der Stellung von Insolvenzeröffnungsanträgen können nur solche wirtschaftlichen Nachteile sprechen, die von Rechtsordnung und InsO nicht legitimiert sind, weil sie aufgrund individueller Absichten des Antragstellers dem Sinn und Zweck des Insolvenzverfahrens widersprechen und mit den Zielen des Insolvenzverfahrens nicht in Einklang zu bringen sind.[531]

Liegt etwa in obigem Beispiel der (Partei)Zweck des Antragstellers allein darin, die Wirkungen der Antragszulassung dazu zu nutzen, um unter dem Deckmantel des gerichtlich legitimierten Insolvenzverfahrens ermittelte Vermögenswerte mittels anschließender Einzelzwangsvollstreckung für sich allein zu erlangen, so wird die gesetzliche Folge zu Lasten der übrigen Gläubiger und damit entgegen dem Gesetzeszweck missbraucht.

Der missbräuchliche Charakter der Antragstellung ergibt sich somit erst aus der Verknüpfung objektiver und subjektiver Elemente, so dass für die Missbrauchsprüfung stets eine zweifache Prüfung erforderlich ist: die objektive Rechtsbeeinträchtigung des Schuldners, die dem Verfahren regelmäßig immanent ist, und der subjektiven Zweckrichtung des Antragstellers.

---

[530] Weitergehend zu mißbräuchlichen Ausforschungsanträgen unten Teil 4 III 3e.

[531] *Schmahl* in: MüKo-InsO § 14 Rnr. 50

d. Subjektive Zweckrichtung des Antragstellers

Schlüsse darauf, inwieweit das Rechtsschutzinteresse den Missbrauch des Insolvenzeröffnungsantrags durch einzelne Beteiligte begrenzen soll, ergeben sich aus den Gesetzesmaterialien ebenso wie aus den explizit formulierten Zielbestimmungen des Insolvenzverfahrens (§ 1 InsO). So gibt der Reformgesetzgeber mit § 1 InsO das wesentliche Kriterium vor, nach denen diese Würdigung inhaltlich zu erfolgen hat:[532] ein Insolvenzantrag, der nach dem zu erforschenden Willen des Antragstellers nicht zur gemeinschaftlichen, sondern ausschließlich zur eigenen Befriedigung gestellt wird, widerspricht den Verfahrenszielen der InsO und stellt einen Missbrauch dar.

Berücksichtigt man dieses Kriterium, so liegt ein Missbrauch des Antragsrechts allgemein dann vor, wenn es nicht zu der vom Gesetz gewollten Interessenförderung, sondern zur Erreichung verfahrenswidriger Ziele ausgeübt wird. Es kommt sonach auf die Divergenz von Gesetzeszweck und Parteizweck an. Zur Ermittlung des Missbrauchs muss das Zweckstreben des Antragstellers mit dem Zweck verglichen werden, den das Gesetz mit der Gewährung des Antragsrechts erreichen will. Somit ist für bei der Beurteilung, ob dem Antragsteller das rechtliche Interesse abzusprechen ist, seine Motivation, also die Absicht, mit der er seine Befugnis ausübt, maßgebliches Kriterium.[533]

Wird die Divergenz von Gesetzeszweck und Parteizweck festgestellt, so steht damit gleichzeitig fest, dass dem Antragsteller das Recht zur Antragstellung nicht zur Verfolgung dieses insolvenzwidrigen Zwecks von der Rechtsordnung bereitgestellt wird, sondern diese zweckwidrige Verwendung zu missbilligen ist. Das RSI dient dann zur prozessualen Aussonderung solcher Gesuche, indem durch Abweisung des Antrags die Wirkungen einer Rechtsschutzsperre herbeigeführt werden.[534] Ist es demnach nicht erforderlich, dass die rechtliche Missbilligung des verfolgten Zwecks explizit festgestellt wird, so muss doch andererseits gefordert werden, dass der Antragsteller ausschließlich den insolvenzfremden Zweck verfolgt. Eine weitergehende Rechtsschutzverweigerung auch für die Fälle, in denen u.a. auch insolvenzgemäße Ziele verfolgt werden, muss auch dann als zu weitgehend abgelehnt werden, „wenn sich für die Partei das Verhältnis von Haupt- zu Nebenzweck verkehrt haben sollte."[535]

Ob sich der Antragsteller innerhalb der immanenten Grenzen seines Antragsrechts bewegt und sein Interesse an der Verfahrenseröffnung schutzwürdig ist, richtet sich also danach, ob es auf nach den Maßstäben der Rechtsordnung, insbesondere der InsO, anerkennenswerte Ziele gerichtet ist. So divergiert generell die Verfolgung schikanöser, rechts- oder sittenwidriger Zwecke zu den Insolvenzzielen und wird von der Rechtsordnung, die

---

532 Instruktiv *Smid* Grundzüge § 1 Rnr. 10

533 *Zeiss* Die arglistige Prozeßpartei S. 155

534 *Wieser* RSI S. 46; a.A. *Zeiss* a.a.O. 156, 179 ff.

535 *Pohle* in: FS-Lent S. 195 ff. (220)

gleichzeitig Friedensordnung ist, nicht gebilligt. Doch auch die Absicht des Antragstellers, für sich genommen legitime Ziele zu erreichen, kann - ausgehend von seiner Motivation - zur rechtlichen Missbilligung führen, wenn ihr die Ziele und Aufgaben der InsO entgegenstehen.

Die Prüfung des Parteizwecks muss folglich dahin gehen, ob der Antragsteller ernstlich die vollständige Durchführung des Insolvenzverfahrens mit den für beide Seiten verbundenen Rechtsfolgen bezweckt oder ob es ihm um die Erreichung anderer Ziele geht.[536]

So kann es das Ziel des Antragstellers sein, dass der Antrag gar nicht zur Eröffnung des Verfahrens führt, sondern abgewiesen wird, um die Rechtsfolgen hieraus für eigennützige Ziele nutzbar zu machen. Zum anderen kann der Antragsteller ausschließlich, ohne zumindest als Zwischenschritt die anteilige Durchsetzung seiner Forderung im Wege der Gesamtvollstreckung herbeiführen zu wollen, die Auslösung bestimmter Nebenfolgen einer Insolvenzeröffnung bezwecken, die für den Antragsgegner von Nachteil sind und die nur durch ihre Einbindung in das gerichtlich kontrollierte Gesamtverfahren hinreichend legitimiert sind; werden sie isoliert verfolgt, so wird der Zweck dieser Nebenfolgen, die Erreichung der Verfahrensziele zu fördern, indem sie die Rahmenbedingungen für eine gleichmäßige und geordnete Befriedigung der Gläubigergemeinschaft schaffen, vereitelt.

In beiden Fällen widersprechen sich Parteizweck und Gesetzeszweck der InsO. Denn der auf die Auslösung des Insolvenzverfahrens abzielende Antrag muss an dem Prinzip der Gesamtvollstreckung orientiert sein und darf das Ziel der gleichmäßigen Gläubigerbefriedigung nicht konterkarieren. In diesem Fall kann sogar die Verfolgung legitimer Nebenfolgen des Insolvenzverfahrens zur Abweisung des Antrags aufgrund Rechtsmissbrauchs führen.

3. Einzelne Missbrauchsformen

a. Insolvenzeröffnungsantrag als Druckmittel

Fallgestaltungen, in denen der Gläubiger den Schuldner zu einem bestimmten Tun bestimmen will und sich dafür des wirtschaftlichen Drucks bedient, welcher sich bereits durch die Stellung des Insolvenzeröffnungsantrages ergibt, nehmen als Untergruppe missbräuchlicher Antragstellungen den breitesten Raum ein. Auf die wirtschaftlichen Nachteile, die sich aus der Antragstellung für den Schuldner ergeben wurde bereits eingegangen,[537] erinnert sei nur an den Schaden durch abgebrochene Geschäftsbeziehungen, das Einfrieren von Geschäftskonten und Warenlieferungen und nicht zuletzt durch den Verlust von „Good-Will" und Reputation. In diesem sensiblen Bereich des gewerblichen Treibens bringen bereits Vermutungen über eine anstehende Insolvenz des Schuldners häufig Existenz bedrohende Folgen mit sich. Verstärkt wird dies

---

[536] *Kirchhof* in: HK-InsO § 14 Rnr. 20

[537] S. dazu bereits oben Teil 2 II 1c aa (1.)

durch die Publizitätswirkungen, die eine Abweisung des Antrags auf Insolvenzeröffnung mangels Masse nach sich zieht.[538]
Angesichts des aus der Antragstellung resultierenden Drucks auf den Schuldner, welcher gegenüber Einzelmaßnahmen der Individualzwangsvollstreckung als vielfach höher einzuschätzen ist, erscheint es nicht verwunderlich, dass in diesem Bereich die Gefahr besonders hoch ist, dass Gläubiger diesen Druck für solche Ziele auszunutzen versuchen, die nicht immer mit den Zielvorstellungen der InsO zu vereinbaren sind oder es dem Gläubiger gar nicht ernsthaft an der Auslösung der insolvenzrechtlichen Folgen gelegen ist.[539] Bezeichnend ist in diesem Zusammenhang, dass diese Fallgruppe augenscheinlich Hauptmotiv für die Kodifizierung des RSI in der InsO war. So verweist der Gesetzgeber in seiner Amtlichen Begründung zu § 14 InsO ausdrücklich auf den Missbrauch des Insolvenzeröffnungsantrags zur Erzwingung von Zahlungen solventer Schuldner.[540] Doch kann ein Missbrauch auch darin liegen, dass Zahlungen durch solche Schuldner erzwungen werden, die bereits zahlungsunfähig sind und, genötigt durch die drohende Verfahrenseröffnung, letzte liquide Vermögensreserven auf besonders drängende Gläubiger übertragen, die Schwierigkeiten der Rückgängigmachung dieser Leistungen zu Gunsten der Insolvenzmasse im Wege der Anfechtung hingegen den übrigen Gläubigern überlassen. So stellt die Untersuchung des Insolvenzantrags hinsichtlich missbräuchlicher Druckausübung auf den Schuldner den wesentlichen Inhalt der Prüfung des Rechtsschutzinteresses dar.
Bei dieser Prüfung muss allerdings einschränkend berücksichtigt werden, dass kaum ein Insolvenzgläubiger aus Altruismus handeln wird. Dass ein Antrag stellender Gläubiger in erster Linie darauf abzielt, Befriedigung für seine eigenen Forderungen zu erhalten, ist nicht ungewöhnlich, sondern normal. Jeder Gläubiger in einer marktwirtschaftlich geprägten Wirtschaftsordnung hat seine eigenen Interessen und nicht etwa die der Gesamtgläubigerschaft im Sinn.[541] Sind vorhergehende Vollstreckungsversuche fehlgeschlagen, so bleibt dem Gläubiger oft keine andere Wahl, als im Wege des Insolvenzverfahrens zumindest noch einen Teil der Forderung zu realisieren.[542]
Der gesamtvollstreckungsrechtliche Rechtsschutz kann dem Antrag stellenden Gläubiger also nicht schon deshalb verwehrt werden, weil er in erster Linie Befriedigung seiner eigenen Forderung anstelle anteiliger Befriedigung aller Gläubiger bezweckt. Eine wie auch immer gelagerte Ideologisierung des RSI,

---

538 Veröffentlichung des Abweisungsbeschlusses; Eintrag ins Schuldnerverzeichnis; Entzug der Gewerbeerlaubnis; Mitteilung an: Registergericht, Arbeitsamt, Träger der gesetzlichen Krankenversicherung und bei antragspflichtigen Gesellschaften der Staatsanwaltschaft. Weiter s. oben Teil 2 II 1c aa (1.)

539 *Mönning* in: Nerlich/Römermann § 14 InsO Rnr. 17

540 BT-Drs. 12/2443, S. 113 „Zu § 16"; *Schmidt-Räntsch* Teil 2 § 14 Rnr. 2

541 *Ruschke* (Anm. zu LG Rottweil Beschl. v. 22.03.1982 - 1 T 31/82) ZIP 1982 S. 730 ff.; dies verkennend noch OLG München Beschl. v. 17.12.1934 - 1542/34 III - ZZP Bd. 59 (1935), 402 (403)

542 *Haarmeyer/Wutzke/Förster* Kap. 3 Rnr. 8

die zu einer Verengung des Rechtswegzuganges führt, ist gerade in Hinblick auf die Erfahrungen mit diesem Institut in der jüngsten deutschen Rechtsgeschichte[543] tunlichst zu vermeiden. Dem entsprechend ist auch die Erzeugung von Druck für sich genommen nicht ausreichend, um dem Antragsteller das rechtliche Interesse an der Verfahrenseröffnung abzusprechen. Denn wie jede andere Art der Zwangsvollstreckung ist die Erzeugung von Druck auf den Schuldner der Stellung eines Insolvenzeröffnungsantrages wesensimmanent und legitim, um ihn zur Begleichung seiner Verbindlichkeiten anzuhalten.[544]
Den gesetzlich vorgegebenen und legitimierten Rahmen verlässt der Gläubiger aber dann, wenn er mittels des Drucks, den er auf den Schuldner erzeugt, die Begleichung seiner Forderung zu erreichen versucht, ohne die Rechtsfolge des Insolvenzeröffnungsantrages, d.h. Eröffnung des Verfahrens und Wahrnehmung der nach der InsO vorgegebenen Sanierungs- und Liquidationsmöglichkeiten ernsthaft herbeiführen zu wollen.[545]

aa. Druckmittel zu Teil- oder Ratenzahlungen

Besonders häufig kommt es in der Praxis vor, dass der Gläubiger durch Stellung des Insolvenzeröffnungsantrages zumindest ratenweise Befriedigung seiner Forderung zu erzwingen beabsichtigt, welche ohne den daraus erwachsenden Druck auf den Schuldner noch nicht erfolgt ist und seiner Einschätzung nach in absehbarer Zeit auch nicht erfolgen würde. Der Gläubiger strebt also nicht ernsthaft die Gesamtvollstreckung als umfassendes Schuldenbereinigungsverfahren an, um - anteilig und zumindest teilweise - im Insolvenzverfahren befriedigt zu werden. Statt dessen bezweckt er die außerverfahrensmäßige eigene Befriedigung unter Umgehung des Insolvenzverfahrens durch Einschüchterung des Schuldners.[546] Überspitzt kann dieses Gläubigerverhalten mit *dem AG Hamburg*[547] als „wilde Schuldenbereinigung" unter Aufsicht bzw. Hilfestellung des Gerichts bezeichnet werden.

(1.) Gesteigertes Gefahrenpotential zu Lasten der Gläubigergemeinschaft

Dass eine derartige Vorgehensweise besondere Gefahren für die Gesamtheit der Gläubiger in sich birgt, liegt auf der Hand:
Ist der Schuldner zum Zeitpunkt der Antragstellung tatsächlich insolvent, so führt die bevorzugte, zumeist vollumfängliche Befriedigung der Forderung des Antrag stellenden Gläubigers zu einer Auszehrung der Masse und schädigt die in absehbarer Zeit notwendig werdende gleichmäßige und quotale Befriedigung

---

[543] S. dazu oben „Ausweitung des RSB im Dritten Reich" Teil 1 I 2
[544] *Haarmeyer/Wutzke/Förster* Kap. 3 Rnr. 5
[545] Vgl. *Krantz* NJW 1952 S. 291
[546] *Pape* EWiR § 105 KO 1/87 S. 807 (808)
[547] Beschl. v. 12.05.2000 - 67g IN 44/99 - ZIP 2000, 1019

aller. So sieht sich der Schuldner u.U. sogar gezwungen, neue Schulden zu machen, nur um die Forderung dieses Gläubigers erfüllen zu können und die drohende Insolvenz abzuwenden, d.h. er muss des Eigennutzes des Einzelnen wegen andere - und sehr oft sehr viele - wirtschaftliche Existenzen gefährden und deren soziale Sicherheit bedrohen.[548] Dieser Zustand wird geradezu grotesk, wenn mehrere Gläubiger unabhängig voneinander versuchen, auf diese Weise ihre Forderungen einzuziehen.[549] Auch wird das Verfahrensziel der InsO, bei Sanierungsaussichten den Erhalt des Unternehmens herbeizuführen (§ 1 Satz 1 Halbsatz 2 InsO), durchkreuzt, indem die objektiv gebotene Durchführung eines Insolvenzverfahrens zeitlich hinausgezögert wird und die zwischenzeitliche Auszehrung des verbliebenen Schuldnervermögens eine Liquidation unausweichlich macht.

Liegt hingegen bei Stellung des Antrages gar kein Insolvenzgrund des Schuldners vor, ist der Schuldner statt dessen „nur" zahlungsunwillig, so kann - wie bereits gezeigt - bereits das Bekanntwerden der sachlich nicht gerechtfertigten Antragstellung zu Nervosität bei Geschäftspartnern und somit zu wirtschaftlichen Nachteilen auf Seiten des Schuldners bis hin zur Gefährdung seines Geschäftsbetriebes führen. Dies wiederum gefährdet mittelbar die Gläubigergesamtheit, insbesondere kreditierende Gläubiger wie Banken oder Warenkreditgeber, deren Forderungen dann nicht mehr in vollem Umfange befriedigt werden können und denen damit erhebliche Vermögensschäden bis hin zur eigenen Insolvenz erwachsen können.

(2.) Verstoß gegen Verfahrensziele der InsO

Ein solches Vorgehen wurde bereits unter der Geltung der KO nahezu einhellig als mit dem Grundsatz der *par conditio creditorum* und mit dem Zweck der KO unvereinbar, mithin als rechtsmissbräuchlich angesehen.[550] Es könne nicht Aufgabe des Konkurses sein, einem einzelnen Gläubiger zur Befriedigung seines Anspruchs zu verhelfen.[551] Derart motivierte Anträge seien wegen fehlenden Rechtsschutzinteresses als unzulässig abzuweisen.[552]

An dieser Einschätzung hat sich durch die Einführung der InsO im Wesentlichen nichts geändert.[553] Hinzu kommen die skizzierten Gefahren für mögliche Sanierungsbemühungen zum Erhalt des Unternehmens. Im übrigen

---

548 Ähnlich *Krantz* NJW 1952 S. 291

549 Zutreffend *Krantz* a.a.O.

550 Etwa LG Münster Beschl. v. 3.11.1992 - 5 T 722/92 - ZIP 1993, 1103; AG Burgsteinfurt - Beschl. v. 25.9.1967 - 9 N 5/67 - MDR 1968, 1020; LG Düsseldorf Beschl. v. 6.6.1963 - 14 T 106/63 - KTS 1964, 127; LG Braunschweig Beschl. v. 5.10.1959 - 8 T 683/59 - NJW 1961, 2316; *Hess* § 105 KO Rnr. 8; *Senst/Eickmann/Mohn* Rnr. 100; *Kuhn/Uhlenbruck* § 105 KO Rnr. 6a; *Jaeger/Weber* § 103 KO Rnr. 6

551 So auch *Peter* NJ 1952 S. 76 f. für das ostdeutsche Konkursverfahren

552 *Kilger/Schmidt* § 105 KO Rnr. 2; *Boennecke* KTS 1955 S. 173 ff.

553 So auch die Rechtsprechung, jüngst AG Oldenburg Beschl. v. 22.05.2002 – 60 IN 10/02 – NZI 2002, 391 und AG Hamburg Beschl. v. 12.5.2000 - 67g IN 44/99 - ZIP 2000, 1019

bekräftigt die Vorschrift des § 13 Abs. 2 InsO, dass es ein Hauptanliegen des Gesetzgebers war, dieser Vorgehensweise ein Ende zu bereiten. Danach ist es dem Gläubiger verwehrt, den einmal gestellten Insolvenzantrag nach der Eröffnung des Verfahrens zurückzunehmen. Dahinter steht die insolvenzrechtliche Besonderheit, dass das Eröffnungsverfahren auch dann nicht mehr als Verfahren zwischen Antragsteller und Schuldner allein anzusehen sein soll, wenn der Eröffnungsantrag noch nicht rechtskräftig beschieden worden ist. Statt dessen ist dieser bereits mit der Eröffnungsentscheidung deren Disposition entzogen.[554] Damit kommt zum Ausdruck, dass das Insolvenzverfahren weitgehend im Interesse der Gesamtheit der Gläubiger des Schuldners stattfindet. Nach Eröffnung können keine Abmachungen mehr getroffen werden, die sich im Ergebnis als Verträge zu Lasten der Gläubigergesamtheit und somit als Verstoß gegen den Grundsatz par conditio creditorum darstellen würden. Dem Gläubiger ist folglich nicht möglich, den Schuldner durch Stellung des Insolvenzantrags zur bevorzugten Begleichung seiner Forderung unter - ausdrücklicher oder konkludenter - Inaussichtstellung alsbaldiger Antragsrücknahme zu bewegen und sich somit gegenüber der Gläubigergesamtheit unbillige Sondervorteile zu erkaufen.

(3.) Feststellung der Missbrauchsvoraussetzungen

Die praktischen Schwierigkeiten, mit derartigem Missbrauch auf Gläubigerseite umzugehen, liegen freilich auf der Feststellungsseite. So ist es dem Gericht in der Regel kaum möglich, die Verfolgung des insolvenzfremden Zweckes zu erkennen und den Antrag wegen konkreter Zweifel am Vorliegen des Rechtsschutzinteresses abzuweisen. Dem entsprechend ergingen zu diesem Komplex bislang wenige Entscheidungen, welche sich dann an aussagekräftigen Indizien orientierten. Auch ist zu berücksichtigen, dass umgekehrt der Gläubiger, dem Befriedigung durch Ratenzahlung angeboten wird, nicht stets unredlich handelt, sondern im Einzelfall die Insolvenz über einen durchaus zahlungswilligen Schuldner, der nur nicht sofort den ganzen Betrag zahlen kann, in beiderlei wohlverstandenem Interesse zu vermeiden bereit ist. In der Regel ist erst nach Zulassung des Antrags im Laufe des Hauptverfahrens, nach Anhörung der Beteiligten und nach Aufnahme der Amtsermittlungen des Gerichts ein derartiger Einwand zu untermauern.

(a.) Beobachtung des Stundungsverhaltens

Hilfreich ist, in dieser Phase das Stundungsverhalten des Gläubigers zu beobachten.[555] Bittet der Gläubiger das Gericht, bis auf weiteres über den Antrag nicht zu entscheiden bzw. erklärt er sich mit der Aussetzung des

[554] Dazu ausführlich *W. Delhaes* in: KS-InsO S. 141 ff. Rnr. 23

[555] *Schroeder* JurBüro 1960 S. 235 ff. (236); *Krantz* NJW 1952 S. 291 ff.; jüngst auch AG Oldenburg Beschl. v. 22.04.2002 – 60 IN 10/02 - NZI 2002 S. 391

Verfahrens einverstanden, etwa weil der Schuldner Teilforderungen erbracht und sich zu weiteren Teilleistungen verpflichtet hat, so liegt der Verdacht eines Missbrauchs des Insolvenzantrags in Form eines Druckmittels nahe. Denn entweder ist der Schuldner tatsächlich insolvent und die Begleichung führt zu einer weiteren Verminderung der ohnehin unzureichenden Vermögensmasse; die Sistierung wirkt sich dann im Ergebnis als „Stundung zu Lasten der Gläubigergemeinschaft" aus. Oder ein Insolvenzgrund liegt - für den Gläubiger erkennbar - beim Schuldner gar nicht vor.

Hier sind zweierlei Vorgehensweisen denkbar, um dem Missbrauch entgegenzuwirken. Zum einen wird dem Antrag damit eine aufschiebende Bedingung angefügt, wonach der Antrag zwar aufrechterhalten, aber erst dann beschieden werden soll, wenn die Zahlungen vorzeitig eingestellt werden. Bedingte Insolvenzeröffnungsanträge sind jedoch - unabhängig von der Befugnis des Gerichts zu kurzfristiger Zurückstellung - nach wie vor unzulässig.[556] Ebenso ist aufgrund des Charakters des Eröffnungsverfahrens als Eilverfahren ein Ruhen des Verfahrens oder dessen Aussetzung grundsätzlich nicht möglich;[557] der Antragsteller ist darauf hinzuweisen, dass er eine Zurückweisung nur durch die Rücknahme des Antrags vermeiden kann. Sollte dieser im Falle der Nichteinhaltung von Ratenzahlungsversprechen von seiner Möglichkeit Gebrauch machen, einen erneuten Insolvenzantrag gegen den Schuldner zu stellen, so wird auf das Vorliegen des RSI besonders zu achten und ggf. erhöhte Anforderungen an dessen Darlegung angestellt werden müssen.[558] Zum anderen ist in diesem Fall ein Absprechen des Rechtsschutzinteresses auch noch nach Zulassung des Insolvenzeröffnungs-antrages denkbar.[559] Denn wie die übrigen allgemeinen Zulässigkeits-voraussetzungen ist sein Vorliegen bis zum Zeitpunkt der Insolvenzeröffnung zu prüfen[560] und der Antrag nach Wegfall dieser Voraussetzung auch noch nach Zulassung des Gläubigerantrags als nachträglich unzulässig abzuweisen.

(b.) Missbräuchliches Nachschieben von Forderungen

Weitere Indizien für rechtsmissbräuchliche Druckanträge können sich ergeben, wenn die Antragsforderung im Laufe des Eröffnungsverfahren in vollem Umfang beglichen wird, der Antrag jedoch aufgrund nachgeschobener Forderungen aufrecht erhalten wird.

Das Nachschieben von Forderungen ist dem Gläubiger zwar grundsätzlich auch dann möglich, wenn die Antragsforderung aufgrund Erfüllung erloschen ist.[561]

---

[556] So bereits OLG Frankfurt/M. Beschl. v. 23.06.1926 - 5 W 141/26 = JW 1926 2114 Nr. 9; *Kirchhof* in: HK-InsO § 13 Rnr. 3; *Kilger/Schmidt* § 105 KO Rnr. 2; *Krantz* a.a.O.

[557] *Uhlenbruck* in: Gottwald § 12 Rnr. 2

[558] *Kirchhof* in: HK-InsO § 14 Rnr. 21 m.w.N.

[559] Dazu *Schroeder* a.a.O. S. 236

[560] Vgl. *Uhlenbruck* in: Gottwald § 13 Rnr. 4; *Kuhn/Uhlenbruck* § 105 KO Rnr. 6

[561] S. zum Nachschieben von Forderungen bereits oben Teil 4 II 14 c aa

Eine solche Verfahrensweise bietet jedoch in besonderem Maße die Möglichkeit, den Eröffnungsantrag als Druckmittel zur Erzwingung von Zahlungen zu benutzen. Das Nachschieben ist nur gerechtfertigt, wenn es einem sorgfältigen und auf Förderung des Verfahrens bedachten Handeln entspricht (vgl. §§ 4 InsO, 282 Abs. 1 ZPO).[562] Um den Missbrauch dieser Verfahrensbefugnis auszuschließen, ist es deshalb erforderlich, dass der Gläubiger neben der Glaubhaftmachung der Forderungen auch berechtigte Gründe für sein sukzessives Vorgehen darlegt. Ein solcher Grund liegt etwa dann vor, wenn es sich dabei um Forderungen handelt, die erst nach der ursprünglichen Antragstellung entstanden sind und diesem deshalb noch nicht zugrunde gelegt werden konnten. Der Verdacht auf missbräuchliche Druckausübung wird hingegen nicht auszuräumen sein, wenn der Gläubiger erklärt, dass die Forderungen erst nachträglich fällig geworden oder tituliert seien, da dies ihrer Glaubhaftmachung im Rahmen des Ausgangsantrags nicht entgegen gestanden hätte.[563] Verbleiben beim Gericht sonach Zweifel, dass das Rechtsschutzinteresse auch nach der vollständigen Begleichung der Antragsforderung fortbesteht, so ist eine Abweisung des Antrags als nachträglich unzulässig möglich.

bb. Druckmittel zur Anerkennung und Durchsetzung sog. „zweifelhafter“ Forderungen

Weithin als Fallgruppe der Verfolgung missbräuchlicher Ziele diskutiert wird die Absicht des Antragstellers, den Schuldner durch den Druck des Insolvenzeröffnungsantrags zur Anerkennung rechtlich „zweifelhafter“ Forderungen zu bestimmen bzw. diese durchzusetzen.[564] Diese Fallgruppe muss als eine der schwammigsten Fallgruppen bezeichnet werden, die im Bereich der missbräuchlichen Stellung von Insolvenzeröffnungsanträgen aufzufinden ist und zur Ablehnung eines Rechtsschutzinteresses führen soll.

(1.) Begriff der „zweifelhaften“ Forderung

Zum einen ist nicht hinreichend geklärt, was unter dem Begriff einer „zweifelhaften Forderung“ zu verstehen ist.
Weithin werden damit Antragsforderungen gemeint sein, die der Schuldner bestreitet. Damit diese Fallgruppe jedoch gegenüber dem Problem des

---

[562] Zutreffend *Schmahl* in: MüKo-InsO § 14 Rnr. 52

[563] Weitergehend *Schmahl* in: MüKo-InsO § 14 Rnr. 52

[564] Wohl h.M., etwa *Mönning* in: Nerlich/Römermann § 14 InsO Rnr. 17; *Haarmeyer/Wutzke/Förster* Kap. 3 Rnr. 67; *Uhlenbruck* in: Gottwald § 12 Rnr. 11; *Goetsch* in: BK-InsO § 14 Rnr. 10; *Kuhn/Uhlenbruck* § 105 KO Rnr. 6a m.w.N.; *Kilger/Schmidt* § 105 KO Rnr. 2; AG Holzminden Beschl. v. 09.07.1987 - 8 N 8/87 - ZIP 1987, 1272, dazu *Pape* EWiR § 105 KO 1/87 S. 807; LG Koblenz Beschl. v. 16.05.1975 - 4 T 208/75 - Rpfleger 1975, 318

Nachweises der Antragsforderung[565] überhaupt zu eigenständiger Bedeutung gelangt, muss sich die „zweifelhafte“ Forderung inhaltlich von der streitigen Forderung abgrenzen lassen. Wenn nun die Streitigkeit einer Forderung eine Tatsache ist, die daraus resultiert, dass der Schuldner die Forderung nicht anerkennt, sondern Einwendungen gegen sie erhebt, so muss die rechtliche Zweifelhaftigkeit wohl als Ergebnis einer Wertung und Beurteilung der Forderung verstanden werden, das sich nicht allein auf die Tatsache des Bestreitens der Forderung durch den Schuldner gründen kann.
Diese Unterscheidung macht wohl nur Sinn, wenn die rechtlich zweifelhafte Forderung so zu bestimmen ist, dass sie nach den individuellen Umständen des Einzelfalles qualitativ über die „nur“ streitige Forderung hinausgeht.[566] Dies wäre allenfalls bei solchen Forderungen anzunehmen, die vom Schuldner nicht nur mit ernsthaften und aussichtsreichen Einwendungen angegriffen werden, sondern die jeglicher rechtlicher Grundlage entbehren und sich als von vornherein ausgeschlossen und unter keinem rechtlich vertretbaren Gesichtspunkt als gerechtfertigt darstellen.[567] Der Gläubiger, der den Insolvenzeröffnungsantrag im Bewusstsein des Nichtbestehens der Antragsforderung auf diese stützt, handelte somit rechtsmissbräuchlich. In allen Fällen, in denen der Gläubiger davon ausgeht, dass seine Forderung zumindest teilweise besteht, müsste nach den Grundsätzen über den Nachweis des Gläubigerrechts beim Insolvenzeröffnungsantrag verfahren werden.[568]

(2.) Kein Bedürfnis nach eigenständiger Behandlung

Angesichts des derart zugespitzten und eingegrenzten Anwendungsbereiches der „zweifelhaften Forderung“ wird jedoch deutlich, dass nach ihrer Subsumtion als Fallgruppe fehlenden Rechtsschutzbedürfnisses kein Bedürfnis besteht:
Denn falls eine derartig bewusste Insolvenzantragstellung mit offenbar rechtsgrundlosen Forderungen vorläge, so wäre damit einhergehend auch den Anforderungen an die Glaubhaftmachung der Forderung gem. § 14 Abs. 1 InsO i.V.m. § 4 InsO, § 294 ZPO nicht genügt. Denn die Glaubhaftmachung, d.h. die Darlegung einer überwiegenden Wahrscheinlichkeit über das Bestehen einer offensichtlich nicht bestehenden Forderung ist nicht denkbar. Insoweit findet die Zweifelhaftigkeit Zugang in die Beweiswürdigung bezüglich der Zulassungsvoraussetzungen.[569] Ein Bedürfnis, diesen - seltenen - Fällen mit Hilfe des Rechtsschutzinteresses zu begegnen, während bereits die Glaubhaftmachung der Insolvenzforderung misslingt, ist demzufolge also nicht

---

[565] S. dazu bereits oben Teil 4 II 2
[566] So auch *Schulte* S. 66
[567] *Haarmeyer/Wutzke/Förster* Kap. 3 Rnr. 67; wohl auch *Wienberg* in: Hess/Weis/Wienberg § 14 InsO Rnr. 16 und *Smid* in: Smid/Zeuner § 2 GesO Rnr. 44
[568] Dazu oben Teil 4 II 2d, e; vgl. auch *Schulte* S. 66
[569] *Kirchhof* in: HK-InsO § 14 Rnr. 21

vorhanden. Im übrigen ist es dem Schuldner möglich, im Verlauf des „quasi-streitigen" Eröffnungsverfahrens, insbesondere bei der Anhörung gem. § 14 Abs. 2 InsO, Einwände gegen das Bestehen der offensichtlich nicht bestehenden Antragsforderung zu erheben.
Falls jedoch - wie wohl in den allermeisten Fällen - der Gläubiger auch nur entfernt mit dem zumindest teilweisen Bestehen der geltend gemachten Forderung rechnet, sie jedoch vom Schuldner bestritten wird und die Forderung somit im klaren Wortsinn „zweifelhaft" erscheint, kann die bloße Streitigkeit der Forderung nach oben Gesagtem nicht das Rechtsschutzinteresse des Gläubigers ausschalten.[570] Denn auch wenn das Insolvenzverfahren grundsätzlich nicht dazu geeignet ist, den Bestand streitiger Forderungen zu klären, so kann ihm ein rechtlich anzuerkennendes Interesse an der Stellung des Insolvenzeröffnungsantrages nicht abgesprochen werden.
Liegt wiederum ein Fall vor, in denen der Antragsteller beabsichtigt, die in ihrem Rechtsbestand unklare Forderung im Wege des Insolvenzverfahrens durchzusetzen, weil er die strengeren Zulassungsanforderungen des Erkenntnisverfahrens umgehen will, so bedarf dies einer gesonderten Untersuchung des subjektiven Missbrauchscharakters und der Einordnung als Fallgruppe fehlenden rechtlichen Interesses.[571]

(3.) Zwischenergebnis

Zusammenfassend lässt sich sagen, dass sich die Missbrauchsfälle der „Durchsetzung zweifelhafter Forderungen" inhaltlich weitgehend mit dem Problem decken, ob bestrittene Forderungen zum Nachweis des Gläubiger-rechtes genügen können. Angesichts der Schwierigkeiten, einen darüber hinausgehenden, sinnvollen Anwendungsbereich zu bestimmen,[572] sollte auf diese bisher als Unterfall missbräuchlicher Antragstellung gehandelte Fallgruppe insgesamt verzichtet und derartige Fallkonstellationen mit dem Instrumentarium zu lösen versucht werden, das Insolvenzwissenschaft und -praxis zum Nachweis des Gläubigerrechts anhand bestrittener Forderungen entwickelt hat.[573]

cc. Druckmittel zum Vertragsabschluß

Wird die Stellung des Insolvenzeröffnungsantrags dafür eingesetzt, um den Schuldner zum Abschluss von Verträgen jeglicher Art zu bewegen, so besteht die Gefahr, dass der Gläubiger den Vertragsinhalt unter dem Druck des drohenden Insolvenzverfahrens einseitig diktiert und dem Schuldner daraus ungerechtfertigte Nachteile erwachsen. Dabei sind einseitig dominierte

570 S. dazu bereits oben Teil 4 II 2d bb
571 S. dazu unten „Insolvenzantrag zwecks Kostenersparnis" Teil 4 III 3f
572 Ähnlich *Schmerbach* in: FK-InsO § 14 Rnr. 37
573 Dazu ausführlich oben Teil 4 II 2

Vergleichsverträge ebenso zu befürchten wie ungerechtfertigte Anerkenntnisse oder der wirtschaftlichen Situation des Schuldners unangemessene Ratenzahlungsvereinbarungen. Ergibt sich aus dem Vorbringen des Schuldners ein solches Vorgehen des Gläubigers, so wird das Gericht in der Regel einen Missbrauch der Antragstellung feststellen, so das dem Antrag stellenden Gläubiger das Rechtsschutzinteresse abgesprochen werden muss.[574]
Denn das Insolvenzverfahren dient nicht dazu, die Dispositionsfreiheit des Schuldners insoweit einzuschränken, als es dem einzelnen Insolvenzgläubiger durch Herbeiführung einer „Knebelungssituation" die Möglichkeit einräumt, zur Durchsetzung seiner Individualinteressen ungerechtfertigte Vorteile gegenüber der Gläubigergemeinschaft durch einseitig dominierte Vertragsabschlüsse zu erlangen. Ein solches Vorgehen birgt die Gefahr, dass der ohnehin wirtschaftlich angeschlagene Schuldner Forderungen akzeptiert, die sich in dieser Form als unbillige Benachteiligung zu seinen und mittelbar zu Lasten der übrigen Gläubiger darstellen und zu deren Eingehung er unter anderen Umständen nicht gewillt wäre. Im übrigen liegt auch hier die für den Missbrauch typische Divergenz zwischen dem Parteizweck an möglichst vollständiger Befriedigung unter Inkaufnahme von Nachteilen für die Gesamtgläubigerschaft und dem Gesetzeszweck der InsO vor, die eine gleichmäßige Befriedigung aller Gläubiger zum Ziel hat.

b. Rechtsschutzinteresse bei Teilforderungen?

Vielfach legen Gläubiger aus Gründen einer - vermeintlichen (dazu sogleich) - Kostenersparnis dem Insolvenzantrag nur einen Teilbetrag der vom Antragsgegner geschuldeten Forderung zugrunde. Bisweilen wiederholen sie nach Bezahlung eines Teilbetrages durch den Schuldner den Insolvenzeröffnungsantrag später wegen eines weiteren Teilbetrages. Diese Praxis begegnet Bedenken und wird teilweise als Missbrauch des Insolvenzverfahrens eingestuft.

aa. Keine Kostenersparnis bei Teilforderungen

Tatsächlich orientieren sich die Gerichtsgebühren für den Antrag auf Eröffnung des Insolvenzverfahrens beim Gläubigerantrag (KostVerz 4111) gemäß § 37 Abs. 2 GKG jedoch in jedem Fall am Nennbetrag der Forderung, auch wenn der Antragsteller einen geringeren Betrag angegeben hat, so dass ohnehin der Wert seiner Gesamtforderung zugrunde zu legen ist.[575]
Demgegenüber sind die Gerichtskosten für die Durchführung des Insolvenzverfahrens (KostVerz 4130 ff.), ebenso wie für die Berechnung der Vergütung des Insolvenzverwalters, nach dem Wert der Insolvenzmasse zur

---

[574] AG Holzminden Beschl. v. 9.7.1987 - 8 N 8/87 - ZIP 1987, 1287; dazu auch *Pape* in EWiR § 104 KO 1/87 S. 807 (808); *Senst/Eickmann/Mohn* Rnr. 100

[575] *Last* in: Gottwald § 125 Rnr. 12

Zeit der Beendigung des Verfahrens zu berechnen.[576] Beabsichtigt der Antragsteller also bei der Zugrundelegung von Teilforderungen eine Kostenersparnis, so tritt diese Kostenersparnis nach der Rechtslage in keinem Fall ein. Bei einem Motivirrtum des Antragstellers, der zu keinerlei Gefährdung der objektiven Verfahrensziele, insbesondere der Gesamtvollstreckung im Interesse der Gesamtgläubigerschaft, führen kann, ist es jedoch abzulehnen, das rechtliche Interesse zu verneinen und den Antrag als unzulässig abzuweisen.

bb. Gefährdung der Verfahrensziele

Ausschlaggebend kann in diesen Fällen daher nur ein anderer Gesichtspunkt sein: legt der Antragsteller dem Antrag verdeckt Teilbeträge zugrunde und vervielfacht er damit sein Antragsrecht, so liefe der Schuldner bei Zulassung von Anträgen aufgrund von Teilforderungen Gefahr, wegen Teilbeträgen mit mehreren Insolvenzeröffnungsanträgen überzogen zu werden.[577] Diese Rechtsunsicherheit ist dem Gesetzeszweck der vollständigen Vermögensliquidation, verbunden mit der Aussicht des Schuldners auf einen wirtschaftlichen Neuanfang ebensowenig dienlich wie möglichen Sanierungsversuchen bei positiver Fortführungsprognose. Auch kann im Eröffnungsverfahren die Prüfung erforderlich werden, ob die dem Antrag zugrunde liegende Forderung den wesentlichen Teil der fälligen und ernsthaft eingeforderten Verbindlichkeiten darstellt und somit ein Insolvenzgrund der Zahlungsunfähigkeit nach Maßgabe des § 17 InsO gegeben ist oder ob die Nichtzahlung eine ganz geringfügige Liquiditätslücke darstellt, die für die Annahme eines Insolvenzgrundes außer Betracht bleiben muss.[578] Um dies festzustellen, müsste im Laufe des Eröffnungsverfahren ohnehin auf den Gesamtwert der dem Antrag nur teilweise zugrunde gelegten Gläubigerforderung abgestellt und dem Gläubiger zu diesem Zweck in einem weiteren Verfahrensschritt die Angabe der Gesamtforderung abverlangt werden. Die Zugrundelegung einer Teilforderung birgt folglich auch die Gefahr einer zeitlichen Verzögerung des Eröffnungsverfahrens, welche dem Wesen des Eröffnungsverfahrens als Eilverfahren und den Zielen der Insolvenzrechtsreform nach einer zügigen Eröffnung des Verfahrens widerspricht.
Beabsichtigt der Antragsteller von vornherein die Wiederholung der Antragstellung, um unter dem Druck des drohenden Verfahrens seine vollständige Befriedigung in Raten herbeizuführen, so liegt darin ein

---

[576] Vgl. Allgemeine Begründung RegE InsO in BT-Drs. 12/3803 S. 72 ff.; 12/7303 S. 110 („Zu Artikel 27"); *Schmidt-Räntsch* Teil 3 Art. 29 Rnr. 3

[577] *Haarmeyer/Wutzke/Förster* Kap. 3 Rnr. 31; *Schmerbach* in: FK-InsO § 14 Rnr. 19

[578] *Uhlenbruck* in: Gottwald § 9 Rnr. 13; Entsprechendes gilt bei der Bestimmung eines Überschuldungsstatus', bei welchem zu einer aussagekräftigen Bestimmung des Schuldenumfanges ebenfalls auf den Gesamtwert der dem Antrag zugrunde gelegten Forderung abgestellt werden muß.

Missbrauch seines Antragsrechts, das zur Ablehnung seines rechtlichen Interesses führen muss.
Die Gefahr, dass die genannten Verfahrensziele beeinträchtigt werden, besteht jedoch auch unabhängig von der Motivation des Antragstellers im Zeitpunkt der Antragstellung, also auch dann, wenn - zumindest zu diesem Zeitpunkt - keine (subjektive) Missbrauchsabsicht des Antragstellers vorliegt. Vielmehr handelt es sich bei der skizzierten Vorgehensweise stets um eine (objektive) Gefährdung der genannten Verfahrensziele. Da kein legitimes Interesse des Gläubigers an der Antragstellung aufgrund von Teilforderungen anzuerkennen ist, muss sie deshalb auch ohne Missbrauchsabsicht des Antragstellers zur Unzulässigkeit des Antrags führen.

cc. Zwischenergebnis

Zusammenfassend ist festzustellen, dass sich die Antragstellung aufgrund von Teilbeträgen mit dem Wesen der Insolvenzverfahrens als Gesamtvollstreckung nicht verträgt und dem Insolvenzantrag - anders als im Zivilprozess - die volle Forderung zugrunde gelegt werden muss.[579] Dabei ist es unerheblich, ob der Gläubiger bei Antragstellung in missbräuchlicher Absicht handelt oder nicht. Statt dessen muss im Interesse der Rechtssicherheit dem Antragsteller unabhängig von seiner aktuellen Motivation das berechtigte Interesse an der Verfahrenseröffnung abgesprochen werden.[580]

c. Ausschaltung von Konkurrenten

Als ein Hauptanwendungsfall des RSI als Korrektiv missbräuchlich gestellter Insolvenzanträge wurde im insolvenzrechtlichen Schrifttum die vom Antragsteller beabsichtigte Verdrängung eines missliebigen Konkurrenten herausgebildet.[581] In Anlehnung an eine Entscheidung des OLG Frankfurt/M.[582] wird bis heute angenommen, das rechtliche Interesse des Antragstellers an der Verfahrenseröffnung fehle, wenn er mit Hilfe des Insolvenzverfahrens den Antragsgegner als Konkurrenten ausschalten wolle.

---

[579] *Schmerbach* in: FK-InsO § 13 Rnr. 64

[580] I. E. auch *Schmerbach* in: FK-InsO § 14 Rnr. 44; *Uhlenbruck* in: Gottwald § 9 Rnr. 13; *Uhlenbruck/Delhaes* HRP Rnr. 213; eine andere Frage ist es, ob der Antragsteller berechtigt ist, den Antrag wegen eines Teilbetrags weiter zu verfolgen, wenn der Schuldner die Forderung im übrigen beglichen hat. S. dazu oben „RSI trotz Teilzahlungen des Schuldners?" Teil 4 II 15

[581] Vgl. nur *Schmerbach* in: FK-InsO § 14 Rnr. 47; *Pape* in: Kübler/Prütting § 14 InsO Rnr. 12; *Mönning* in: Nerlich/Römermann § 14 InsO Rnr. 16; *Haarmeyer/Wutzke/Förster* Kap. 3 Rnr. 66; *Smid* § 14 InsO Rnr. 13; *Goetsch* in: BK-InsO § 14 Rnr. 10; *Braun/Uhlenbruck* S. 222; *Uhlenbruck* in: Gottwald § 12 Rnr. 11

[582] OLG Frankfurt Beschl. v. 29.12.1983 - 14 W 187/83 - ZIP 1984, 95 = WM 1984, 670 = KTS 1984, 247

Ob dem in der dargestellten Allgemeinheit zugestimmt werden kann, ist fraglich. Zwar ist der Ansatz zutreffend, dass das Insolvenzrecht nicht als Instrument zur Betreibung einer Geschäftspolitik auf Kosten der Konkurrenz verwendet werden darf. Andererseits wird es dem Antragsteller regelmäßig - zumindest auch - auf die Haftungsverwirklichung durch die Verwertung des Schuldnervermögens ankommen.
Weiter verdient besonderes Augenmerk, dass der Insolvenz nach wie vor - neben der Sanierung - eine für die Gesamtwirtschaft eminent wichtige Liquidationsfunktion zukommt. Aus diesem Blickwinkel erscheint die Ansicht, wonach das rechtliche Interesse insoweit kategorisch zu verneinen ist, mit erheblichen Risiken für die Gesamtwirtschaft behaftet, da sie die Möglichkeiten einer objektiven Überprüfung des Schuldners auf seine Markttauglichkeit hin erheblich einschränkt. Dieser Ansatz wäre im Interesse des Schuldners allenfalls dann zu erwägen, soweit die speziellen Antragsvoraussetzungen Regelungslücken zu seinen Lasten erkennen lassen.
Es ist daher zu prüfen, inwieweit eine unberechtigte Eröffnung des Insolvenzverfahrens über das Vermögen eines in Wahrheit solventen Schuldners trotz Prüfung der sonstigen Antragsvoraussetzungen, die neben dem Vorliegen des RSI zu erfüllen sind, denkbar ist. Nur für solche Fälle, in denen diese keinen zureichenden Schutz vor missbräuchlichen Anträgen gewährleisten, verbleibt dem RSI ein eigenständiger Regelungsbereich.

aa. Schutz vor ungerechtfertigter Marktverdrängung durch sonstige Antragsvoraussetzungen

Bei Antragstellung muss - abgesehen vom Vorliegen eines rechtlichen Interesses an der Verfahrenseröffnung - die Glaubhaftmachung von Insolvenzforderung und Insolvenzgrund durch den Antragsteller erfolgen.
Zum einen besteht durch das Erfordernis einer Insolvenzforderung eine Beziehung zwischen Antragsteller und Schuldner, die eine Einmischung unbeteiligter Konkurrenten ausschließt. Selbst dann, wenn - wie in der Praxis beobachtet werden kann - etwa durch Forderungsverkäufe des Gläubigers und Forderungsankäufe auch und gerade von Konkurrenten, derlei Rechtsbeziehungen zum Schuldner verschoben und ohne dessen Einwilligung Antragsberechtigungen erlangt werden können, liegt eine weitere Sicherung darin, dass Umstände dargelegt werden müssen, die den Insolvenzgrund der Zahlungsunfähigkeit oder der Überschuldung des Schuldners als überwiegend möglich erscheinen lassen.

(1.) Insolvenzgründe liegen beim Schuldner vor

Hält das Gericht das Vorliegen des Insolvenzgrundes für wahrscheinlich, so muss - abgesehen vom Erfordernis des RSI - nach der vom Gesetz vorgegebenen Prüfungsfolge der Antrag zugelassen werden, Maßnahmen zur

Sicherung des Schuldnervermögens werden möglich, § 21 InsO.[583] Dies geschieht aus gutem Grund: die Wahrscheinlichkeit, dass ein bereits insolventer Schuldner am Markt operiert, birgt erhebliche finanzielle Risiken nicht nur für aktuelle und zukünftige Gläubiger, für die eine Insolvenz des Schuldners nur zu oft gleichzeitig den eigenen Ruin bedeutet. Belastungen ergeben sich über die staatlichen Sicherungssysteme auch für Dritte, etwa der Gesamtheit der Steuerzahler. Erinnert sei in diesem Zusammenhang nur an Arbeitslosengeld, Kurzarbeitergeld, aber auch das von Seiten der Mitunternehmer umlagefinanzierte Insolvenzgeld.[584]
Kommt das Insolvenzgericht im Hauptprüfungsverfahren aufgrund der vorgelegten Unterlagen und der Amtsermittlungen zu der Überzeugung, dass ein Insolvenzgrund vorliegt, ist der Schuldner also tatsächlich insolvent, so muss das Verfahren eröffnet werden. Mit Eröffnung verliert das Verfahren seinen „quasi-streitigen" Charakter; es wird erkennbar, dass der Antragsteller mittelbar auch die Rechte der Gläubigergesamtheit und die Interessen der Allgemeinheit an einer Leistungsfähigkeit aller am Markt Beteiligten wahrnimmt.

(2.) Insolvenzgründe liegen beim Schuldner nicht vor

Liegen beim Schuldner Insolvenzgründe wie Zahlungsfähigkeit oder Überschuldung hingegen nicht vor, so erfolgt weitreichender Schuldnerschutz vor ungerechtfertigter Eröffnung des Insolvenzverfahrens bereits durch die neben dem RSI normierten, besonderen Antragsvoraussetzungen.
Denn zum einen muss der Antragsteller für die Zulassung des Antrags das Vorliegen eines Insolvenzgrundes glaubhaft machen. Dies wird dem Antragsteller bereits schwerlich gelingen, wenn der Schuldner liquide ist. Ist der Schuldner lediglich zahlungsunwillig oder bezweifelt er die Antragsforderung, so liegt es an ihm, den glaubhaft gemachten Insolvenzgrund im Wege der Gegenglaubhaftmachung zu erschüttern.
Doch auch wenn das Insolvenzgericht aufgrund der Glaubhaftmachung des Insolvenzgrundes durch den Antragsteller den Antrag zulässt, obwohl dieser in Wahrheit nicht gegeben ist, so ist der Schuldner durch das vom Gesetzgeber vorgesehene Hauptprüfungsverfahren vor fälschlicher Insolvenzeröffnung geschützt.[585] Denn für die Eröffnungsentscheidung reicht die Glaubhaftmachung des Insolvenzgrundes gerade nicht mehr aus, vielmehr ist über dessen Vorliegen die volle Überzeugungsbildung des Insolvenzgerichts notwendig.[586] Über diesen Umstand sind daher, neben der Berücksichtigung des Parteivorbringens, von Amts wegen Ermittlungen anzustellen, § 5 Abs. 1 InsO.

---

[583] *Schmerbach* in: FK-InsO § 14 Rnr. 109a; *Uhlenbruck* in: Gottwald § 14 Rnr. 2; *Pape* in: Kübler/Prütting § 14 InsO Rnr. 20; weitergehend *Kirchhof* in: HK-InsO § 21 Rnr. 4
[584] S. dazu bereits oben Teil 2 II 1c aa (2.), bb
[585] S. dazu *Pape* in: Kübler/Prütting § 13 InsO Rnr. 21
[586] Vgl. statt aller *Uhlenbruck* in: Gottwald § 16 Rnr. 3

bb. Abgrenzung zu missbräuchlicher Marktverdrängung

Die ausgewogene Systematik der Antragsvoraussetzungen zeigt, dass ein weitergehender Schutz des Schuldners durch die Absprache des rechtlichen Interesses in aller Regel nicht erforderlich sein wird. So geht es zu weit, wenn die Absicht der Ausschaltung missliebiger Konkurrenten regelmäßig zur Ablehnung des rechtlichen Interesses führen soll. Solange der am Markt teilnehmende und Insolvenzantrag stellende Konkurrent auch nur entfernt eine, wenn auch geringfügige Befriedigung seiner Forderung bezweckt, macht er nicht nur von einer ihm vom Gesetz eingeräumten Möglichkeit Gebrauch, sondern erfüllt mit der Ausschließung eines insolventen Schuldners auch eine Aufgabe, die ihm im marktwirtschaftlichen Gesamtgefüge zukommt und zur Vermeidung fortwährender Gläubigergefährdungen und -schädigungen sogar wünschenswert ist.[587]

Von der Rechtsordnung nicht geduldet werden kann hingegen die unlautere bzw. misbräuchliche Inanspruchnahme des Insolvenzverfahrens. Dies ist nach den oben skizzierten Grundsätzen anzunehmen, wenn das Ziel, das der Antragsteller mit der Einleitung des Insolvenzverfahrens verfolgt, nicht - wenigstens auch - die anteilige Befriedigung seiner offenen Forderungen ist, sondern es ihm ausschließlich auf die Verdrängung des Konkurrenten ankommt. Dies kann etwa der Fall sein, wenn der Ausschaltung des Konkurrenten ein bewussstes und geplantes Zusammenwirken zwischen Gläubiger und einem Drittem vorausgeht, mit dem eine künftige Geschäftsbeziehung angestrebt wird, etwa weil sei eine höhere Lukrativität erwarten lässt und für die der Schuldner als bisheriger Geschäftspartner lediglich lästig wäre. Ebenso wäre zu entscheiden, wenn der oben angesprochene Forderungsankauf durch Konkurrenten des Schuldners und die Stellung des Antrags in der vorgefassten Absicht erfolgten, jede Möglichkeit einer außergerichtlichen Sanierung zu verhindern.

Die Interessenförderung des Antragstellers ist dann mit den Zielen des in Anspruch genommenen Insolvenzverfahrens nicht in Einklang zu bringen. Der Antrag wird ausschließlich aufgrund mittelbarer Nebenfolgen der Insolvenzeröffnung gestellt, die spezifischen Verfahrensziele (anteilsmäßige Befriedigung bzw. Sanierung) allenfalls in Kauf genommen, jedoch nicht ernsthaft angestrebt. Die Motivation des Antragstellers liegt allein darin, sich auf Kosten des Schuldners Vorteile zu verschaffen, indem das am gerechten Ausgleich orientierte Insolvenzverfahren seiner Zwecke entfremdet wird. Damit liegt die für den subjektiven Missbrauch typische Divergenz zwischen dem Gesetzeszweck und den Zielen der Antragspartei vor.[588] Obwohl die Befugnis zur Antragstellung dem Gläubiger auch im Interesse des Rechtsverkehrs, also zur Verfolgung fremdnütziger Ziele eingeräumt wird, muss dann sein rechtliches Interesse an der Verfahrenseröffnung entfallen.

---

[587] So auch *W. Delhaes* Insolvenzantrag S. 88

[588] Vgl. die Parelellität zum institutionellen Mißbrauch Teil 4 III 1, I 2; Teil 1 IV 3

Hierzu müssen allerdings im konkreten Einzelfall Umstände hinzutreten, die diese Verdrängungsabsicht als alleinigen Beweggrund für den Antrag belegen. Bleiben Zweifel und ist die Befriedigung seiner Forderung zumindest auch gewollt, so müssen sich diese Zweifel zu seinen Gunsten in der Weise auswirken, dass das rechtliche Interesse bejaht wird. In aller Regel wird daher auch bei der Absicht der Verdrängung eines Konkurrenten vom Markt das rechtliche Interesse des Antragstellers zu bejahen und lediglich in krass gelagerten Einzelfällen zu verneinen sein wird, wenn die Beweislage die Rechtsschutzberechtigung des Antragstellers zur Überzeugung des Gerichts ausschließen kann.

cc. Zusammenfassung

Entgegen der bislang vorherrschenden Ansicht kann nicht per se von einem Missbrauch des Insolvenzverfahrens gesprochen werden, wenn es dem Antragsteller um die Verdrängung eines Konkurrenten im Wege der Gesamtvollstreckung ankommt. Statt dessen ist davon auszugehen, daß auch dann, wenn hinter der Antragstellung die Motivation des Antragstellers steht, einen missliebigen Konkurrenten vom Markt zu verdrängen, im Allgemeininteresse am Marktaustritt des insolventen Schuldners das rechtliche Interesse an der Eröffnung des Insolvenzverfahren grundsätzlich bejaht werden muss. Werden die gesetzlichen Antragsvoraussetzungen vom Insolvenzgericht in der vorgeschriebenen Form und mit der Tragweite des Verfahrens angemessenen Sorgfalt geprüft,[589] so ist ein Bedürfnis, den Rechtsschutz durch das Institut des RSI einzuschränken, in der Regel nicht vorhanden.
Eine Rechtsschutzversagung kommt bei Marktverdrängungsabsicht des Antragstellers nicht in der Regel, sondern nur in vereinzelt gelagerten Ausnahmefällen in Betracht, nicht aber ohne diese Absicht individuell gewichtet zu haben. Bei Beachtung der formalen Anforderungen, die regelmäßig Rückschlüsse darüber zulässt, ob die Motivation des Antragsteller - zumindest auch - von der Aussicht auf (Teil-)Befriedigung seiner Forderung beeinflusst war, wird die zugleich beabsichtigte Ausschaltung eines Konkurrenten in aller Regel auch in Hinblick auf die Marktbereinigungsfunktion der Insolvenz zurückstehen zu stehen haben. Eine kategorische Verneinung des Rechtsschutzinteresses bei beabsichtigter Konkurrenzverdrängung wird dieser Funktion des Insolvenzverfahrens nicht gerecht.

[589] Ähnlich auch *Häsemeyer* InsR Rnr. 7.07

d. Abwicklung oder Beendigung von Vertragsverhältnissen

Sollen durch die Stellung des Insolvenzeröffnungsantrages allein die Voraussetzungen geschaffen werden, um insolvenzspezifische Kündigungsrechte auszuüben und damit lästige Vertragsverhältnisse zu beenden, so kann hierin ein Missbrauch des Insolvenzantragsrechts zu sehen und dem Antragsteller das rechtliche Interesse an der Verfahrenseröffnung abzusprechen sein.

aa. Fälle missbräuchlicher Vertragsbeendigung

So hat der BGH in einer älteren Entscheidung[590] bereits ausgeführt, dass dann, wenn die Stellung des Insolvenzeröffnungsantrags allein dazu dient, die Voraussetzungen zur außerordentlichen Kündigung eines Pachtvertrages gem. § 19 Satz 1 KO zu schaffen, und damit einem am Insolvenzverfahren nicht beteiligten Dritten Gelegenheit zu geben, das Pachtobjekt zu erwerben und zu bewirtschaften, eine formale Rechtsposition in sittenwidriger Weise ausgenutzt werde. Beabsichtige der Antragsteller weder die gleichmäßige Befriedigung aller Gläubiger noch die Erlangung von Vollstreckungsmöglichkeiten, so werde das Verfahren zu einem insolvenzfremden Zweck ausgenutzt mit der Folge, daß dem Antragsteller das RSI abzusprechen sei. Denn die Regelung des § 19 KO sei nicht dazu gedacht, dem Schuldner günstige Verträge zu beenden, um damit den Schuldner durch einen neuen Pächter zu verdrängen. Gerade dann, wenn ein an der Aufhebung des Vertrages beteiligter Konkurrent des Schuldners durch Zahlung des Kostenvorschusses beteiligt sei, werde deutlich, dass das der gleichmäßigen Befriedigung der Gläubiger dienende Insolvenz-verfahren zum Vorteil eines Nicht-Gläubigers eingeleitet werde.
Diese Praxis des derart motivierten Antragsmissbrauches konnte jüngst vielfach in den neuen Bundesländern festgestellt werden, wobei dies insbesondere bei der Aufhebung von Pacht- und Mietverträgen des Schuldners von größter Bedeutung war.[591]
Allerdings zeigt sich, dass es sich bereits bei der Entscheidung des BGH um einen besonders gelagerten Fall handelte, in dem nicht nur die Aufhebung des Vertrages, sondern die Verdrängung des Schuldners zugunsten eines „genehmeren“ und bereits konkret benannten Pächters beabsichtigt worden war.

bb. Grenzen des Missbrauchs

Bedenklich erscheint es jedoch, diesen Sonderfall dahin zu verallgemeinern, dass jede Abwicklung oder Beendigung von lästigen Vertragsverhältnissen im Wege des Insolvenzverfahrens den Zielen der InsO widerspräche, mithin

[590] Urteil v. 22.05.1962 - VI ZR 256/61 - WM 1962, 929 = DB 1962, 1203
[591] *Smid* in: Smid/Zeuner § 2 GesO Rnr. 40

missbräuchlich sei.[592] Zu Recht weist *Uhlenbruck*[593] darauf hin, dass durchaus legitime Fälle denkbar sind, in denen der Vermieter oder Verpächter gezwungen ist, gegen den Mieter oder Pächter einen Insolvenzeröffnungsantrag zu stellen. Vielfach stellt die Stellung eines Eröffnungsantrags die letzte Möglichkeit des Gläubigers dar, um seine ausstehenden Forderungen einzutreiben oder einen säumigen Schuldner ohne langwierige Prozesse aus dem Vertragsverhältnis herauszubekommen. Ob es dem Gläubiger im Zeitpunkt der Antragstellung vornehmlich um die Begleichung der Zahlungsrückstände geht oder er sich inzwischen schon allein mit der Kündigung des Vertragsverhältnisses für die Zukunft zufriedengäbe ist eine von Zufällen und subjektiven Empfindlichkeiten abhängige Frage, die kaum justiziabel erscheint.

Ohne das Hinzutreten subjektiver Absichten, die mit den Verfahrenszielen der InsO nicht zu vereinbaren sind und einen Missbrauch des Antragsrechts begründen, kann dem Gläubiger in diesen Fällen nicht das RSI an dem ihm vom Gesetz ermöglichten Insolvenzverfahren zur - wenigstens anteilmäßigen - Befriedigung abgesprochen werden. Ohnehin ist zu erwarten, dass derartige Konstellationen in Zukunft weitaus seltener vorkommen werden. Denn der Gesetzgeber hat einer - auch missbräuchlichen - Schaffung insolvenzspezifischer Kündigungsrechte durch den Antragsteller mit einer Änderung der Rechtslage gegenüber der KO offenbar unbewusst einen Riegel vorgeschoben. So wird abweichend von § 19 Satz 1 KO das Recht, nach Gebrauchsüberlassung ohne Rücksicht auf die vereinbarte Vertragsdauer unter Einhaltung der gesetzlichen Frist zu kündigen, nunmehr gem. § 109 Abs. 1 InsO zwar dem Insolvenzverwalter, nicht aber dem Gläubiger in seiner Rolle als Vermieter oder Verpächter eingeräumt. Insoweit wurde die Regelung des § 9 Abs. 3 GesO in die InsO übernommen.[594] Statt dessen werden dessen allgemeine Kündigungsrechte durch § 112 InsO zusätzlich eingeschränkt.[595]

Ausweislich der Allgemeinen Begründung[596] sollte diese Beschränkung des Kündigungsrechts des Vertragspartners zwar verhindern, dass im Besitz des Schuldners oder des Insolvenzverwalters befindliche wirtschaftliche Einheiten zur Unzeit auseinandergerissen werden, bevor die Möglichkeiten einer Sanierung geprüft werden können. Praktisch wird dem Gläubiger aber auch ein Mittel entzogen, durch Ausnutzung seiner formalen Stellung als Antragsberechtigter einen Insolvenzantrag zu stellen, um allein die Abwicklung dieser Verträge herbeizuführen. Damit wurde insoweit die Gefahr der Verfolgung von

---

[592] So etwa *Haarmeyer/Wutzke/Förster* Kap. 3 Rnr. 66; *Schmerbach* in: FK-InsO § 14 Rnr. 47; *Mönning* in: Nerlich/Römermann § 14 InsO Rnr. 16; für die KO: *Kuhn/Uhlenbruck* § 105 KO Rnr. 6a; OLG Oldenburg Beschl. v. 25.10.1954 - 3 W 76/54 - MDR 1955, 175

[593] *Uhlenbruck* in: Gottwald § 12 Rnr. 11; *Braun/Uhlenbruck* S. 222

[594] Vgl. *Zeuner* in: Smid/Zeuner § 9 GesO Rnr. 17

[595] *Marotzke* in: HK-InsO § 109 Rnr. 18; zur Kompensation durch Miet- und Pachtzinszahlungen s. §§ 55 Abs. 1 Nr. 2, 25 Abs. 2 InsO

[596] BT-Drs. 12/2443 S. 148 („Zu § 126"); *Schmidt-Räntsch* Teil 2 § 112 Rnr. 1; *Tintelnot* ZIP 1995 S. 616 ff. (620); *Huber* in: Gottwald § 37 Rnr. 31; s. auch *Zeuner* a.a.O.

Zielen, die dem Zweck der InsO zuwiderlaufen, ausgeschaltet, so dass bei diesen Vertragstypen ein Rückgriff auf das rechtliche Interesse an der Verfahrenseröffnung regelmäßig nicht mehr notwendig sein dürfte.

cc. Zusammenfassung

Zusammenfassend ist davon auszugehen, dass die Absicht des Antragstellers, durch einen Insolvenzeröffnungsantrag die Beendigung von Vertragsverhältnissen herbeizuführen, den Missbrauch des Antragsrechts nahe legt. Dies gibt dem Insolvenzgericht allerdings nur Anlass, den Antragsteller auf Bedenken hinzuweisen, ihn sowie den Antragsgegner anzuhören bzw. nach Zulassung des Antrags weitere Ermittlungen durchzuführen und den Antrag ggf. nachträglich zurückzuweisen. Demgegenüber kann es nicht ohne weiteres davon ausgehen, dass diese Absicht per se stets einen Missbrauch darstellt.
Nur bei weitergehenden Erkenntnissen darüber, ob die Vertragsaufhebung die ausschließliche Motivation des Gläubigers ist oder ob er auch andere Ziele verfolgt, aber auch über die Hintergründe des konkreten Einzelfalls kann beurteilt werden, ob ein Missbrauch vorliegt und dem Antragsteller das RSI an der Verfahrenseröffnung abgesprochen werden muss.

e. Missbräuchliche „Ausforschungsanträge“

Insolvenzeröffnungsanträge können in der Absicht gestellt werden, den Schuldner unter dem Druck des Verfahrens zur Preisgabe von Informationen zu bewegen, zu welcher er gegenüber dem Gläubiger nicht verpflichtet ist. Solche sog. „Ausforschungsanträge“ dienen insbesondere dazu, bislang vom Antragsteller nicht bekannte Pfandhabe zu ermitteln.[597] Die Zulassung des Antrags wird ausschließlich zu dem Zweck betrieben, um nach der obligatorischen Anhörung des Schuldners (§ 14 Abs. 2 InsO) den Antrag wieder zurückzunehmen und mit den hierbei gewonnenen Informationen, etwa der Angabe von zugriffsfähigen Vermögensstücken, die Einzelvollstreckung zu betreiben.
Anträge solcher Art sind meist daran zu erkennen, dass sie unter einer Bedingung gestellt werden. So möge das Gericht etwa auf die Anordnung von Sicherungsmaßnahmen i.S.d. § 21 InsO verzichten, also insbesondere davon absehen, das eventuell vorhandene Vermögen des Schuldners nicht durch ein Veräußerungsverbot gegen Verfügungen des Schuldners oder Zugriff eines Gläubigers zu sichern.[598] Bei anderen wird beantragt, das Gericht solle zunächst nur den Schuldner anhören (§ 14 Abs. 2 InsO) und dem Gläubiger sodann das Protokoll über diese Anhörung übersenden. Der Gläubiger werde dann prüfen, ob eine Weiterverfolgung des Antrags angezeigt sei.[599]

---

[597] *Pape* in: Kübler/Prütting § 14 InsO Rnr. 12; *Kirchhof* in: HK-InsO § 14 Rnr. 21; *Schmerbach* in: FK-InsO § 14 Rnr. 43

[598] Vgl. AG Gummersbach Beschl. v. 6.11.1962 - 6 N 12/62 - KTS 1964, 61

[599] *Senst/Eickmann/Mohn* Rnr. 100

Dieses Vorgehen mag aus der Perspektive des Gläubigerkalküls zwar verständlich sein. Denn im Allgemeinen verfügt neben der Hausbank des Schuldners, die meist andere Mittel als den Insolvenzantrag gegen den Kunden wählt, allenfalls das Finanzamt als Vertreter des Steuergläubigers in Einzelfällen über ausreichende Informationen, die etwa den Insolvenzgrund „Überschuldung“ belegen. Zur Ermittlung der für die Feststellung der Überschuldung maßgeblichen tatsächlichen Vermögenswerte kann das Finanzamt - wenn auch nur annäherungsweise - Abschreibungstabellen, Mietspiegel, der Grunderwerbsteuerstelle vorliegende Informationen über Verkaufserlöse aus benachbarten und vergleichbaren Grundstücken und dgl. heranziehen.[600]
Solcherart Anträge würden aber die Befugnisse des Insolvenzgerichts erheblich einschränken und sind bereits aufgrund der Bedingungsfeindlichkeit des Insolvenzantrags als Prozesshandlung als unzulässig abzuweisen. Wird der Antrag ohne Einschränkungen, unbedingt und damit rechtlich zulässig gestellt und kann aus anderen Umständen auf die Absicht des Antragstellers geschlossen werden, noch pfändbare Vermögenswerte zu ermitteln, so kann es diesem nicht darum gehen, ein Verfahren in Gang zu setzen, das die gleichmäßige Befriedigung aller Gläubiger nach den Bestimmungen der Insolvenzordnung zum Ziel hat. Die Ermittlung von Pfandhabe, die dann - ungehindert durch ein Verfügungsverbot - im Wege der Einzelzwangsvollstreckung gepfändet und verwertet wird, steht dem Sinn und Zweck des Gesamtvollstreckungsverfahren entgegen und stellt sich daher als missbräuchlich dar.[601] Ein rechtliches Interesse an der Verfahrenseröffnung ist deshalb nicht anzuerkennen.

f. Insolvenzeröffnungsantrag zwecks Kostenersparnis

Die Absicht, durch den Insolvenzeröffnungsantrag an verwertbare Vermögenswerte oder sonstige Informationen des Schuldners heran zu kommen, geht häufig einher mit der Absicht des Antragstellers, Zwangsmaßnahmen gegen den Schuldner zu erwirken, ohne dafür vom Gesetz vorgesehene Kosten aufwenden zu müssen.
Da im Insolvenzverfahren die Forderung lediglich glaubhaft zu machen ist, stellt das Insolvenzverfahren für den Gläubiger die häufig kostengünstigere Variante zur Durchsetzung seines Anspruchs dar; dies gilt insbesondere dann, wenn er für seine Forderung noch keinen Vollstreckungstitel erstritten hat. Der Gläubiger kann so die der Zwangsvollstreckung vorausgehende Klage mit dem üblichen Prozessrisiko vermeiden. Überdies läuft der Gläubiger gerade in der wirtschaftlichen Krise des Schuldners beim Klageverfahren Gefahr, seine Forderung nicht mehr durchsetzen zu können und zudem als Zweitschuldner für die Gerichtskosten nach §§ 58 Abs.1, 49 GKG auch im Falle des Obsiegens zu

[600] *App* JurBüro 1996 S. 177
[601] So auch *Skrotzki* KTS 1956 S. 105 ff. (107)

haften, wenn der Schuldner gem. § 58 Abs. 2 GKG vermögenslos ist.[602] Andere Gläubiger ziehen es vor, die Ermittlung von Pfandhabe im Wege des Insolvenzverfahrens statt des Verfahrens zur Abnahme der eidesstattlichen Versicherung gem. §§ 807, 899 ZPO ff. zu betreiben, um ggf. anfallende Kosten, wie etwa für Nachweise über die Leistung einer Sicherheit bei lediglich vorläufig vollstreckbarem Titel (§ 751 Abs. 2 ZPO) vermeiden.
Eine derart motivierte Antragstellung wird teilweise ebenfalls als Verfolgung eines insolvenzfremden Zwecks angesehen und dem Antragsteller daher das Rechtsschutzinteresse abgesprochen.[603] *Kirchhof*[604] schränkt dies auf den wesentlichen Gesichtspunkt ein: das RSI sei dem Antragsteller (nur) dann abzusprechen, wenn die Gesamtvollstreckung gar nicht ernsthaft angestrebt wird. Hierin ist das wesentliche Entscheidungskriterium zu sehen: grundsätzlich ist nach dem Prinzip des freien Vollstreckungszugriffes davon auszugehen, dass die Entscheidung, ob die Befriedigung seiner Forderung im Wege der Einzel- oder der Gesamtvollstreckung betrieben wird, allein dem Gläubiger obliegt. Das Gesetz räumt hierzu alternativ gleichwertige Vorgehensweisen ein. Sonach kann der Gläubiger wegen jeder Forderung das Insolvenzverfahren anstrengen, auch wenn für ihn die Möglichkeit, Kosten des Klageverfahrens bzw. der Einzelzwangsvollstreckung einzusparen, ausschlaggebend ist.[605] Die Grenze zum Missbrauch ist hier erst dann überschritten, wenn es dem Antragsteller nicht ernstlich um die Herbeiführung der insolvenzrechtlichen Wirkungen, d.h. Beschlagnahme des Schuldnervermögens und gleichmäßige Gläubigerbefriedigung geht. Solange es ihm zumindest auch um die anteilsmäßige Befriedigung seiner Forderung geht, etwa weil ihm die drohende oder bereits eingetretene Krise des Schuldners bekannt ist und er ohnehin nur mit teilweiser Befriedigung rechnet, bleibt es ihm unbenommen, das Insolvenzverfahren einzuleiten.
Infolge dessen fehlt hier das Rechtsschutzinteresses nur dann, wenn das Gericht aufgrund konkreter Umstände überzeugt ist, daß es dem Antragsteller allein um die Ersparnis von Verfahrenskosten geht, er jedoch nicht - zumindest auch - die gleichmäßige Befriedigung der Gläubigergemeinschaft anstrebt. Kann diese Überzeugung des Gerichts nicht gebildet werden, so ist vom Vorliegen des RSI auszugehen.

---

[602] *Uhlenbruck* AnwBeratung. S. 43; *Uhlenbruck* NJW 1968 S. 685 ff.

[603] So etwa *Mönning* in: Nerlich/Römermann § 14 InsO Rnr. 19; *W. Delhaes* Insolvenzantrag S. 87

[604] *Kirchhof* in: HK-InsO § 14 Rnr. 21

[605] Die erheblichen Kosten*risiken* für den Antragsteller, die insbesondere eine Antragsabweisung birgt, werden häufig unterschätzt. Diese sind u.a. die Kosten von Ermittlungs- und Sicherungsmaßnahmen, die gem. § 68 Abs. 3 GKG unabhängig von Vorschüssen (Warnfunktion!) angeordnet werden. Dazu *Uhlenbruck* JurBüro 1976 S. 417 ff. (421); *ders.* NJW 1968 S. 685 ff. (686)

g. Rechtsschutzinteresse des Arbeitnehmers an Herbeiführung des Abweisungsbeschlusses gem. § 26 Abs. 1 InsO

Das Problem, ob dem Arbeitnehmer objektiv das Rechtsschutzinteresse am Insolvenzeröffnungsantrag fehlt, wenn seine Lohn- oder Gehaltsforderung durch Insolvenzgeld gesichert ist, wurde bereits dargestellt.[606] Auf die allgemeinen Ausführungen zum Insolvenzgeld sei insoweit verwiesen.
Davon abgesehen ist die Behandlung solcher Fälle umstritten, in denen der Arbeitnehmer einen Insolvenzantrag allein dazu stellt, um mittels Herbeiführung des Abweisungsbeschlusses mangels Masse (§ 26 Abs. 1 InsO) die Anspruchsgrundlage für Leistungen nach § 183 SGB III durch das Arbeitsamt zu schaffen. Insoweit ist fraglich, ob ein rechtliches Interesse des Arbeitnehmers anzuerkennen ist oder ob dies als Fall der Verfolgung insolvenzfremder Ziele, mithin als subjektiver Missbrauch des Antragsrechts eingestuft werden muss.[607]

aa. Ablehnung eines rechtlichen Interesses

So wird teilweise vertreten, die Stellung eines Insolvenzantrags in der ausschließlichen Absicht, einen Abweisungsbeschluss zur Erlangung der Leistungen aus den §§ 183 ff. SGB III herbeizuführen, müsse als Verfolgung insolvenzfremder Zwecke angesehen werden, da der Beschluss grundsätzlich nur eine (wenn auch erwünschte) Nebenfolge der Verfahrenseinleitung darstellt. Im Gegensatz zum primären Zweck des Insolvenzverfahrens, der gleichmäßigen Gläubigerbefriedigung, diene der derart motivierte Antrag allein dem Interesse des Antragstellers. Die Verfolgung eines Nebenzweckes widerspräche damit der Aufgabenstellung des Verfahrens und könne ein rechtliches Interesse an der Verfahrenseröffnung nicht begründen.
Etwas anderes könne allenfalls dann gelten, wenn der Abweisungsbeschluss der alleinige Anknüpfungspunkt sei, an den der Gesetzgeber die Gewährung des InsG geknüpft hätte. Dies sei gerade nicht der Fall, da der Gesetzgeber mit dem Insolvenztatbestand der vollständigen Beendigung der Betriebstätigkeit (§ 183 Abs. 1 Nr. 3 SGB III)[608] ein vollwertiges Anknüpfungsmerkmal geschaffen habe, das einen Anspruch auf Gewährung von InsG auch ohne die Stellung eines Insolvenzantrags begründe.[609] Die insoweit schwierige Beweislage für den Antragsteller sei mit höherrangigem Recht vereinbar und daher nicht durch die Gerichtsbarkeit, sondern durch den Gesetzgeber zu korrigieren.

---

[606] S. dazu oben Teil 4 II 12
[607] *Kuhn/Uhlenbruck* § 105 KO Rnr. 6f
[608] Vormals § 141b Abs. 3 Nr. 2 AFG
[609] LG Rottweil Beschl. v. 22.03.1982 - 1 T 31/82 - ZIP 1982, 729; LG Hamburg Beschl. v. 03.03.1976 - 76 T 13/76 - KTS 1976, 309

bb. Anerkennung eines rechtlichen Interesses

Dass der Arbeitnehmer mit seinem Insolvenzeröffnungsantrag die Voraussetzung für die Gewährung von Insolvenzgeld anstrebt, kann allenfalls auf den ersten Blick als insolvenzfremd einzustufen sein. Berücksichtigt man nämlich, dass der Anspruch eines Arbeitnehmers nach § 183 Abs. 1 SGB III zur Voraussetzung hat, dass entweder ein Insolvenzverfahren eröffnet oder mangels Masse abgelehnt wird, so zeigt sich, dass die Absicht eines Insolvenzantrag stellenden Arbeitnehmers auch immer dahin geht und auch gehen muss, eine Entscheidung über die Eröffnung oder Ablehnung herbeizuführen. Dieses Begehren entspricht genau dem, was ein Insolvenzantragsverfahren klären soll und kann daher schlechterdings nicht insolvenzfremd sein.[610] Vielmehr macht er damit von einer ihm durch das Gesetz eingeräumten Befugnis Gebrauch.[611]
Auch wenn es darüber hinaus mit der vollständigen Beendigung der Betriebstätigkeit (§ 183 Abs. 1 Nr. 3 SGB III) ein weiteres Anknüpfungsmerkmal gibt, das ohne die Stellung eines Insolvenzantrages auskommt, so kann dies das Rechtsschutzinteresse des Arbeitnehmers gleichwohl nicht in Frage stellen. Wenn der Gesetzgeber verschiedene, nebeneinander stehende Voraussetzungen für den Anspruch auf Insolvenzgeld im Falle der Insolvenz des Arbeitgebers aufgestellt hat, so kann es dem Berechtigten nicht verwehrt sein, auf den Eintritt einer dieser Voraussetzungen hinzuwirken.
Im Übrigen wird dem Arbeitnehmer der Nachweis vollständiger Betriebseinstellung angesichts der damit verbundenen Beweisschwierigkeiten innerhalb der gesetzlichen Frist kaum je gelingen, da ein Arbeitnehmer in aller Regel keine ins Einzelne gehende Kenntnis über die wirtschaftliche Situation seines Arbeitgebers besitzt. Somit wird dieser Tatbestand für ihn regelmäßig unbrauchbar sein. Allenfalls dann, wenn die vollständige Einstellung der Betriebstätigkeit dem Arbeitnehmer positiv bekannt und auch für Außenstehende offensichtlich ist, wird er ausnahmsweise ohne weitere Schwierigkeiten den Nachweis darüber erbringen können.[612]
Die Anknüpfung an den Tatbestand des § 183 Abs. 1 Nr. 3 SGB III stets als „einfacheren und zweckmäßigeren Weg" zu bezeichnen, seine Rechte durchzusetzen, wird den praktischen Schwierigkeiten, denen sich ein Arbeitnehmer ausgesetzt sieht, jedenfalls nicht gerecht.

---

[610] Vgl. *Ruschke* ZIP 1982 S. 730 ff. (731)

[611] So auch LG Frankenthal Beschl. v. 10.10.1983 - 1 T 277/83 - Rpfleger 1984, 31; LG Augsburg Beschl. v. 22.05.1975 - 4 T 66/75 - KTS 1975, 321 (323)

[612] In diese Richtung *Peters-Lange* in: Gagel § 183 SGB III Rnr. 59

IV. Konkurrenz zwischen Rechtsschutzinteresse und sonstigen Bestimmungen des Schuldnerschutzes?

Es zeigt sich, dass das Rechtsschutzinteresse beim Gläubigerantrag ein Zulassungskriterium ist, das besonders häufig zur Vermeidung von missbräuchlichen Insolvenzanträgen herangezogen wird und somit neben der Justizentlastung weitgehend den Schutz des Schuldners vor ungerechtfertigten Insolvenzanträgen bewirkt.

Dennoch wird in Rechtsprechung[613] und Literatur[614] immer wieder einer entsprechenden Anwendung von Schuldnerschutzvorschriften, insbesondere des Einzelzwangsvollstreckungsrechts, im Insolvenz-eröffnungsverfahren das Wort geredet. Als Ausprägung des Grundsatzes der Verhältnismäßigkeit sowie Ausdruck des allgemeinen Verbots sollen diese „Generalklauseln des Schuldnerschutzes" für alle Arten der Zwangsvollstreckung, mithin auch für das Insolvenz-eröffnungsverfahren gelten.

Trifft dies zu, so besteht mit der Aufgabe des Rechtsschutzinteresses im Insolvenzeröffnungsverfahren, rechtsmissbräuchliches Verhalten auf Gläubigerseite zu vermeiden, eine Aufgabenkonkurrenz. Die daraus resultierende Doppelung des Schuldnerschutzes im Eröffnungs-verfahren würde zu dem Ergebnis führen, dass die Verwirklichung der Gläubigerrechte beschränkt und das Reformziel einer effizienteren Verfahrensgestaltung wenn nicht verfehlt, so doch beeinträchtigt würde. Um dem entgegen zu treten, müsste bei der Missbrauchskontrolle durch das Kriterium des rechtlichen Interesses die Komponente des Schuldnerschutzes ausgeklammert werden. Der Funktionsbereich des RSI im Insolvenzeröffnungsverfahren wäre damit zwar nicht gänzlich beseitigt,[615] jedoch erheblich eingeschränkt. Diese Neuorientierung würde eine Überprüfung der gesamten Kasuistik erfordern und eine weitere Ausdünnung der besprochenen Fallgruppen mit sich bringen.

So ist zunächst zu prüfen, ob die hierzu diskutierten Schuldnerschutzvorschriften die Voraussetzungen erfüllen, die § 4 InsO an die entsprechende Anwendung zivilprozessualer Bestimmungen für das Insolvenzverfahren stellt, oder ob die Übertragung von Schuldnerschutzvorschriften mit der besonderen Natur des Insolvenzverfahrens nicht zu vereinbaren ist.

---

[613] Vgl. AG Göttingen Beschl. v. 26.06.1999 - 71/74 IN 145/99 - ZInsO 1999, 476; OLG Celle Beschl. v. 30.7.1981 - 4 W 80/81 - ZIP 1981, 1005; BGH Urteil v. 6.6.1977 - III ZR 53/75 - MDR 1978, 37 = KTS 78, 24

[614] *Kirchhof* in: HK-InsO § 4 Rnr. 17; *Hartmann* in: Baumbach § 765a ZPO Rnr. 4; *U. Gottwald* in: BK-ZwV § 765a ZPO Rnr. 2; *Stöber* in: Zöller § 765a ZPO Rnr. 2; so noch *Uhlenbruck* MDR 1973 S. 636 zur KO; *Böhle-Stamschräder* (12. Auflage 1976) § 105 KO Anm. 5; BGH Urteil v. 6.6.1977 - III ZR 53/75 - KTS 1978, 24 = MDR 1978, 37; s. bereits LG Darmstadt Beschl. v. 29.5.1956 - 5 T 195/56 - BB 1956, 870

[615] Zu den weiteren Schutzfunktionen des RSI im Insolvenzeröffnungsverfahren oben Teil 2 II 1

1. Anwendung des § 765a ZPO im Insolvenzeröffnungsverfahren

In diesem Zusammenhang besonders umstritten ist, ob die allgemeine Härteklausel des § 765a ZPO über § 4 InsO im Insolvenzeröffnungsverfahren[616] Relevanz erlangen und im Einzelfall aufgrund überwiegender Interessen des Schuldners einer Eröffnung des Insolvenzverfahrens entgegenstehen kann.

a. Ablehnung der entsprechenden Anwendung

Gegen eine Anwendung der Härteklausel im Insolvenzeröffnungs-verfahren wird vor allem vorgebracht, diese Vorschrift sei auf die Individualvollstreckung zugeschnitten und für eine Übertragung auf die Gesamtvollstreckung nicht geeignet.[617] Sie setze eine sorgfältige Abwägung zwischen Gläubiger- und Schuldnerinteresse voraus, die weit über die formalisierte Prüfung der Antragsvoraussetzungen hinausginge.[618] Im Gegensatz zur Individualvollstreckung gingen bei der Gesamtvollstreckung aber die Gesamtinteressen der Gläubiger an effizienter (Teil-)Befriedigung dem Einzelinteresse des Schuldners immer vor. Wollte man es dem Gericht überlassen, im Einzelfall Vollstreckungsschutzanträgen stattzugeben, so wären die Gläubigerschutzvorschriften betreffend die gesetzliche Insolvenzantragspflicht wie z.B. §§ 130a HGB, 93 AktG oder 64 GmbHG weitgehend wirkungslos.[619] Der Schutz des Schuldners vor missbräuchlichen Gläubigeranträgen werde durch das Erfordernis des rechtlichen Interesses gem. § 14 Abs. 1 InsO hinreichend gewährleistet.[620]

b. Zustimmung zur entsprechenden Anwendung

Eine verbreitete Meinung wendet dagegen ein, auch im Gesamtvollstreckungsverfahren sei es nicht von vornherein ausgeschlossen, missbräuchlich gestellten Insolvenzanträgen durch Übertragung von Schutzvorschriften der Einzelzwangsvollstreckung, insbesondere des § 765a ZPO, zu begegnen.[621]

---

[616] Zur Anwendbarkeit des § 765a ZPO im bereits eröffneten Verfahren vgl. *Ganter* in: MüKo-InsO § 4 Rnr. 32 sowie *Arnold* in: MüKo-ZPO § 765a Rnr. 23 f.

[617] *Smid* in: Smid/Zeuner § 2 GesO Rnr. 42; *Smid* § 14 InsO Rnr. 15; so noch *Schmerbach* in: FK-InsO (2. Auflage 1999) § 14 Rnr. 23; *Arnold* in: MüKo-ZPO § 765a Rnr. 20 ff.; *Kilger/Schmidt* § 105 KO Anm. 3; OLG Nürnberg Beschl. v. 10.2.1971 - 2 W 18/71 - KTS 1971, 291; für das Eröffnungsverfahren offenlassend LG Nürnberg-Fürth Beschl. V. 17.1.1979 - 1 T 5992/78 - MDR 1979, 590

[618] *Kuhn/Uhlenbruck* § 105 KO Rnr. 7; *Arnold* in: MüKo-ZPO § 765a ZPO Rnr. 21

[619] *Uhlenbruck* in: Gottwald § 13 Rnr. 7; *Uhlenbruck/Delhaes* HRP Rnr. 294

[620] *Ganter* in: MüKo-InsO § 14 Rnr. 34; *Uhlenbruck* in: Gottwald § 13 Rnr. 7

[621] *Schmahl* in: MüKo-InsO § 14 Rnr. 59; Schmerbach in: FK-InsO § 14 Rnr. 23; *Hartmann* in: Baumbach § 765a ZPO Rnr. 4; *U. Gottwald* in: BK-ZwV § 765a ZPO Rnr. 2; *Stöber* in: Zöller § 765a ZPO Rnr. 2; so noch *Uhlenbruck* MDR 1973 S. 636 zur KO; BGH Urteil v.

Diese Ansicht ist bereits in den dreißiger Jahren des letzten Jahrhunderts zu finden, die eine analoge Anwendung des neu geschaffenen „Vollstreckungsmissbrauchsgesetz",[622] eines Vorläufers des § 765a ZPO heutiger Prägung, auf das Konkursverfahren befürwortete. Sollte dies damals gesellschaftspolitischen Zwecken dienen, etwa um Konkurse „im Interesse der Gesamtwirtschaft und des Volksganzen zu verhüten" und die Entscheidungsspielräume des Konkursgerichts „zum Wohle der Volksgemeinschaft" in diesem Sinne zu erweitern,[623] so wird § 765a ZPO heute als „Generalklausel des Schuldnerschutzes" bezeichnet. Sie gelte als Ausprägung des Grundsatzes der Verhältnismäßigkeit sowie Ausdruck des allgemeinen Verbots des Rechtsmissbrauchs für alle Arten der Zwangsvollstreckung, mithin auch für das Insolvenzeröffnungsverfahren.

Kirchhof[624] hält einschränkend eine Übertragung der Härteklausel in das Insolvenzverfahren zumindest dann für denkbar, soweit die Rechte Einzelner in atypischer Weise schwerwiegend betroffen würden. Die Gegenmeinung verkenne, dass die Grundsätze von Treu und Glauben weiter reichen können als der Gesichtspunkt des Rechtsmissbrauchs (§ 14 Abs. 1 InsO) und in jedem rechtsstaatlichen Verfahren gälten. Eine prinzipielle Ablehnung der verfahrensrechtlichen Ausprägung des Grundsatzes von Treu und Glauben in § 765a ZPO halte dem Gebot des Art. 14 Abs. 1 Satz 1 GG, für das Eigentum effektiven Rechtsschutz zu bieten, nicht stand und könne - etwa bei § 148 Abs. 2 InsO - auch gegen Art. 2 Abs. 2 Satz 1 GG sowie Abs. 1 GG verstoßen. Eingeräumt wird jedoch, dass die Besonderheiten der Gesamtvollstreckung und die Ziele des § 1 InsO im Rahmen des § 765a ZPO regelmäßig als vorrangig zu berücksichtigen seien.

c. Stellungnahme

Entgegen der früher geäußerten und vom damaligen Zeitgeist geprägten Argumente zu dieser Frage werden heute zwar gewichtige Belange grundrechtlich geschützter Rechtspositionen ins Feld geführt. Dennoch sieht sich die befürwortende Ansicht bei der Frage der Übertragbarkeit von Instituten des Einzelvollstreckungsrechts auf das Insolvenzverfahren ähnlichen systematischen Einwänden ausgesetzt wie damals.

6.6.1977 - III ZR 53/75 - KTS 1978, 24 = MDR 1978, 37; s. bereits LG Darmstadt Beschl. v. 29.5.1956 - 5 T 195/56 - BB 1956, 870

622 Gesetz zur Verhütung mißbräuchlicher Ausnutzung von Vollstreckungs-möglichkeiten vom 13.12.1934, RGBl. Teil I S. 1234; dazu weitergehend *Volkmar* DJ 1934 S. 1622 ff.; kritisch zur analogen Anwendung *Jaeger* KuT 1936 S. 81 ff. (82)

623 OLG Naumburg Beschl. v. 28.3.1936 - 6 W 65/36 - JW 1936, 1799 (Nr. 36) m. Anm. *Jonas*, der das Gesetz als „Niederschlag einer geläuterten und freieren gesetzgeberischen Grundauffassung des Vollstreckungsrechts" bezeichnete; s. auch *Fraeb* KuT 1936 S. 173 ff.

624 *Kirchhof* in: HK-InsO § 4 Rnr. 17; ähnlich *Schmahl* in: MüKo-InsO § 14 Rnr. 59 f.

Zunächst ist davon auszugehen, dass dann, wenn die InsO keine Sonderregelungen enthält, eine entsprechende Anwendung der Vorschriften der ZPO, also auch der Bestimmungen des Achten Buches (§§ 703 ff. ZPO) gemäß § 4 InsO nur dann in Betracht kommt, wenn und soweit sie mit der besonderen Natur des Insolvenzverfahrens zu vereinbaren sind.[625] Nur wenn die Schuldnerschutznorm des § 765a ZPO von ihrem funktionellen und teleologischen Zusammenhang im Zivilprozess auf die besondere Interessengemengelage der Insolvenz übertragbar ist, erscheint eine Analogie sachgerecht.[626]

aa. Fehlen einer vergleichbaren Interessenlage

Mit der *par condicio creditorum*,[627] dem Kernstück des Insolvenzrechts, offenbaren sich jedoch grundlegend unterschiedliche Konzeptionen zwischen Gesamtvollstreckung und Einzelvollstreckung. Ist der Schuldner zur vollen Befriedigung aller Gläubiger nicht mehr in der Lage, so werden zum Wohle des sozialen Friedens alle Gläubiger in einer „Schicksalsgemeinschaft" erfasst. In diesem Rahmen findet - zumindest im Grundsatz - eine gleichmäßige Befriedigung statt, Verschlechterungen der Rechtslage einzelner, insbesondere schwächerer Gläubiger im Verhältnis zu ihren Mitgläubigern sind während des Verfahrens ausgeschlossen. Der Staat schaltet zu diesem Zweck den Einzelzugriff der Gläubiger während der Insolvenz aus (§ 89 InsO), das Prioritätsprinzip der Einzelzwangsvollstreckung (§ 804 Abs. 3 ZPO) wird durch eine gemeinsame quotale Befriedigung und Verlusttragung aller konkurrierenden Gläubiger ersetzt. Damit ändert sich jedoch auch der Schwerpunkt bei der Gewichtung der Gläubiger- und Schuldnerinteressen. Findet in der Einzelzwangsvollstreckung noch eine Abwägung zwischen dem Wohl des Schuldners und den Befriedigungsinteressen des Einzelgläubigers statt, so steht in der Insolvenz allein das Interesse der Gläubigergemeinschaft an der Haftungsverwirklichung im Vordergrund. So verkennt die Gegenmeinung, dass es bei der Prüfung der Antragsvoraussetzungen zwar nur auf das RSI des Antragstellers ankommt, er aber mit dem Antrag auf Eröffnung des Insolvenzverfahrens auch immer die Gesamtinteressen der Gläubigergemeinschaft wahrnimmt.[628] Da nach der Konzeption des Gesetzgebers für die Einleitung des Insolvenzverfahrens allein das Vorliegen der Antragsvoraussetzungen, die besondere wirtschaftliche Lage des Schuldners aber gerade nicht entscheidend ist, müssen die Einzelinteressen des Schuldners im Interesse der umfassenden Haftung des unzulänglichen Schuldnervermögens hintan stehen.[629] Es erschiene auch sinnwidrig, ein Insolvenz-

[625] *Schmerbach* in: FK-InsO § 4 Rnr. 3; *Ganter* in: MüKo-InsO § 4 Rnr. 5
[626] *Becker* in: Nerlich/Römermann § 4 InsO Rnr. 28
[627] Zur Gläubigergleichbehandlung umfassend *Häsemeyer* KTS 1982 S. 507 ff.
[628] *Häsemeyer* InsR Rnr. 7.19
[629] *Uhlenbruck* in: Gottwald § 13 Rnr. 7; *Jaeger/Weber* § 105 KO Rnr. 7

eröffnungsverfahren, das praktisch als „letztes Mittel" zur Befriedigung der vom Schuldner aufgenommenen Verbindlichkeiten dient, aufgrund dessen wirtschaftlicher Verhältnisse einstweilig oder auch endgültig einzustellen.[630]

bb. Hinreichender Schuldnerschutz durch Prüfung des Rechtsschutzinteresses

Hinzu kommt, dass Härten auf Schuldnerseite, die durch einen Gläubigerantrag entstehen und die den engen Voraussetzungen des § 765a ZPO überhaupt entsprechen könnten, über die Belastungen, die jeder Insolvenz immanent sind, in atypischer Weise hinausgehen müssten. In dieser Situation wird die Antragstellung jedoch regelmäßig mit einem Missbrauch auf Gläubigerseite einhergehen.[631] Bereits zuvor[632] wurde dargelegt, dass mit dem Rechtsschutzinteresse die inhaltlichen Aspekte des Grundsatzes von Treu und Glauben auf Prozesshandlungen angewendet werden und auf diese Weise sowohl objektiv zwecklose als auch subjektiv zweckwidrige Anträge ausgesondert werden können. Insoweit ist mit der gesetzlich vorgegebenen besonderen Prüfung des Rechtsschutzinteresses beim Gläubigerantrag bereits ein ausreichend wirksamer Schutz des Schuldners gewährleistet. Dieser ist gegenüber § 765a ZPO privilegiert, indem das Rechtsschutzinteresse von Amts wegen zu prüfen ist und es nicht der Initiative des Schuldners überlassen bleibt, in derart gelagerten Fällen durch Stellung eines entsprechenden Antrags gegen das Verhalten des Gläubigers anzukämpfen.[633]
Auch aus den jüngst zu beobachtenden und letztlich gescheiterten Bestrebungen der Regierungskoalition im Verlaufe des InsOÄndG, in einem neu eingeführten Absatz vier des § 765a ZPO[634] eine Verknüpfung zwischen Einzel- und Gesamtvollstreckungsrecht herbei zu führen, lässt sich erkennen, dass dies eine systemwidriger Ausnahmefall ist, der einer besonderen gesetzlichen Legitimation bedurft und keinen Raum für eine weitergehende Analogie gelassen hätte.

cc. Ergebnis

Schuldnerschützende Wirkung entfaltet im Insolvenzeröffnungs-verfahren allein die Prüfung des rechtlichen Interesses gem. § 14 Abs. 1 InsO. Eine

---

[630] Ähnlich *Pape* in: Kübler/Prütting § 14 InsO Rnr. 17
[631] So bereits *Jaeger* KuT 1936 S. 81 ff. (82)
[632] S. dazu oben Teil 1 IV 3; Teil 4 I, III 1
[633] I.E. auch *Pape* in: Kübler/Prütting § 14 InsO Rnr. 17; *Berges* KTS 1959 S. 159 f. (160)
[634] § 765a Abs. 4 Satz 1 ZPO n.F. sollte nach dem RegE eines InsOÄndG wie folgt lauten: „Eine Maßnahme der Zwangsvollstreckung, die bereits begonnen hat, ist längstens für die Dauer von drei Monaten einzustellen, wenn der Schuldner durch Vorlage der Bescheinigung einer geeigneten Person oder Stelle i.S. des § 305 I 1 InsO nachweist, daß er auf der Grundlage eines Planes eine außergerichtliche Einigung mit seinen Gläubiger versucht, sofern überwiegende Belange des Gläubigers nicht entgegenstehen."

Übertragung von Bestimmungen der Einzelzwangsvollstreckung, die sich auf die spezifische Interessenlage zwischen Gläubiger und Schuldner beziehen, kommt für das Insolvenz-eröffnungsverfahren nicht in Betracht. Im Interesse der möglichst effizienten Haftungsverwirklichung müssen über das übliche Maß hinausgehende Härten vom Schuldner bis zur Grenze des Antragsmissbrauchs durch den Gläubiger hingenommen werden.

2. Analoge Anwendung des § 777 ZPO?

Ebenso systemwidrig stellt sich eine entsprechende Anwendung des § 777 ZPO (sog. *beneficium excussionis realis*) auf das Insolvenz-eröffnungsverfahren[635] dar, wonach es dem Schuldner möglich sein soll, einer übermäßigen (Gesamt-)Vollstreckung zu widersprechen, wenn der Gläubiger bereits über voll abdeckende Realsicherheiten an Sachen des Schuldners verfügt.
Denn auch hier findet sich die gegensätzliche Grundkonzeption von Individual- und Gesamtvollstreckung wieder. Ebenso wie bei § 765a ZPO wird schon daraus, dass zur Erhebung dieser Einwendung ein entsprechender Antrag notwendig ist und sie vom Gericht nicht etwa von Amts wegen geprüft wird, deutlich, dass hier der dem Individualvollstreckungsverfahren zugrunde gelegte Dualismus zwischen Schuldner und Gläubiger im Vordergrund steht, der beim Insolvenzverfahren durch das in den Mittelpunkt gerückte Interesse der Gläubigergemeinschaft verdrängt wird. Regelungen, die auf das Verhältnis zwischen Einzelgläubiger und Schuldner zugeschnitten sind und für das Insolvenzeröffnungsverfahren ungeschriebene, einschränkende Kriterien aufstellen und die Gefahr einer verzögerten Zulassung des Antrags erhöhen, können deshalb auch hier keine Anwendung finden. Allenfalls könnte in dieser Bestimmung eine gesetzliche Konkretisierung des Übermaßverbotes gesehen werden, dessen Rechtsgedanke in die Prüfung des rechtlichen Interesses einzustellen ist.

3. Grundsatz der Verhältnismäßigkeit

Zuletzt ist eine Aufgabenkonkurrenz zwischen Rechtsschutzinteresse und dem Grundsatz der Verhältnismäßigkeit zu verneinen. Dass eine Abwägung der konkreten Gläubiger- und Schuldnerinteressen im Rahmen des Insolvenz-eröffnungsverfahrens abzulehnen ist, wurde bereits bei der Frage nach einer Mindesthöhe der Antragsforderung dargestellt, so dass dies nur in aller Knappheit klargestellt werden soll:
Der aus dem Grundrechtssystem entwickelte Begriff der Verhältnismäßigkeit als Grenze staatlicher Eingriffsbefugnisse betrifft in seiner Zielrichtung die vertikale Eingriffskomponente zwischen Staat und Grundrechtsträger. Demgegenüber geht es bei der Insolvenz - ebenso wie bei der Einzelzwangsvollstreckung - um die von staatlichem Handeln distanzierte

[635] Erwogen von *Dürr* S. 116

horizontale Konfliktsituation der einzelnen privatautonom handelnden Rechtsgenossen, also um das Verhältnis Gläubiger zu Schuldner. Dieses ist vom Verhältnis Staat zu Bürger strikt abzugrenzen.[636] Daraus folgt, dass, anders als gegenüber Privatgläubigern, sich nur bei den mit der Vollstreckung öffentlich-rechtlicher Forderungen befassten Behörden, etwa den Finanzämtern und Sozialversicherungsträgern Einschränkungen ergeben können.[637]
Im privaten Vollstreckungsrecht kann der Grundsatz der Verhältnismäßigkeit lediglich über die kodifizierten Schuldnerschutzvorschriften, wie etwa §§ 812, 811, 850 ff. ZPO, Eingang finden.[638] Im übrigen ist für eine Beachtung des Grundsatzes der Verhältnismäßigkeit bei der Vollstreckung, insbesondere bei Insolvenzanträgen privatrechtlicher Gläubiger kein Raum und kann sich auf die konkrete Rechtsverfolgung im Einzelfall nicht auswirken.[639]

---

[636] *Gerhardt* ZZP Bd. 95 (1982) S. 467 ff. (490)
[637] Dazu unten Teil 5 III 2, IV 3; anders jetzt *Schmerbach* in: FK-InsO § 14 Rnr. 23
[638] S. dazu *Brehm* Rpfleger 1982 S. 125 ff. (127)
[639] *Kuhn/Uhlenbruck* § 105 KO Rnr. 8a m.w.N.

Teil 5: Das Rechtsschutzinteresse bei behördlichen Insolvenzeröffnungsanträgen

I. Insolvenzeröffnungsantrag als Maßnahme der Verwaltungsvollstreckung

Für die Beitreibung öffentlich-rechtlicher Forderungen ist es den öffentlich-rechtlichen Körperschaften auch gestattet, Insolvenzantrag gegen den Schuldner zu stellen. Die Rechtsgrundlage für diese Befugnis findet sich in § 13 Abs. 1 Satz 2 InsO, der keinerlei Unterschied zwischen Inhabern öffentlich-rechtlicher und Inhabern privater Forderungen macht.[640]
Praktische Bedeutung erlangt haben in diesem Zusammenhang insbesondere Insolvenzeröffnungsanträge der Finanzämter und Sozial-versicherungsträger (Allgemeine Ortskrankenkassen, Berufsgenossenschaften u.ä.). Ähnlich gelagert sind die Fälle der Eröffnungsanträge der Bundesaufsichtsämter für Kreditwesen und Versicherungswesen[641] sowie Anträge kommunaler Behörden. Obwohl Behörden als staatliche Exekutivorgane nach Art. 20 Abs. 3 GG an Recht und Gesetz gebunden sind, sind Fälle missbräuchlicher Eröffnungs-antragstellung auch hier durchaus denkbar und kommen - wie einschlägige Entscheidungen belegen[642] - immer wieder vor. Grundsätzlich gelten die allgemein für den Gläubigerantrag aufgestellten Fallgruppen fehlenden Rechts-schutzinteresses bei Behördenanträgen entsprechend. Dies gilt auch und besonders für die Missbrauchsfälle, wonach der Antrag nicht der Forderungs-befriedigung im Wege des Insolvenzverfahrens, sondern etwa als Druckmittel zur Einzelbefriedigung dienen soll.[643] Allerdings ergeben sich aus ihrer öffentlich-rechtlichen Eigenschaft einige Besonderheiten, die überwiegend daraus resultieren, dass bei Insolvenzeröffnungsanträgen hoheitlich tätiger Behörden, insbesondere der Sozialversicherungs-träger und des Finanzamts, eine gegenüber Privatgläubigern gesteigerte Sorgfalt und Umsicht abverlangt wird.[644] Auf diese Besonderheiten, die erhebliche Bedeutung für die Bestimmung der Kategorien fehlenden Rechtsschutzinteresses beim Eröffnungsantrag von Behörden haben, wird im folgenden einzugehen sein.

---

[640] Vgl. *App* KKZ 1991 S. 49 ff. (50)

[641] Dazu bereits oben Teil 3 I 2, III 2; *W. Delhaes* Insolvenzantrag S. 53

[642] S. jüngst AG Hamburg Beschl. v. 11.12.2000 - 67 c IN 257/00 - ZInsO 2001, 138 (Druckantrag eines Sozialversicherungsträgers); vgl. auch *Schmerbach* in: FK-InsO § 14 Rnr. 46 m.w.N.; *App* ZIP 1992 S. 460 ff. (462)

[643] So *Loritz* (Anm. zu BGH Urteil v. 15.02.1990 - III ZR 293/88) JZ 1990 S. 866 ff. (868); für den Insolvenzantrag der Sozialversicherungsträger *Uhlenbruck* Rpfleger 1981 S. 377 ff. (379)

[644] So auch *Pape* in: Kübler/Prütting § 13 Rnr. 13 m.w.N.

II. Eingeschränkte Prüfung des Rechtsschutzinteresses durch das Insolvenzgericht?

Auch für den Insolvenzantrag einer Behörde gilt die Bestimmung des § 14 Abs. 1 InsO, wonach der Antragsteller neben der Glaubhaftmachung von Insolvenzforderung und Insolvenzgrund ein rechtliches Interesse an der Verfahrenseröffnung haben muss.[645] Denn in seiner Rolle als Steuer- oder Beitragsgläubiger nimmt der Staat gegenüber Privatgläubigern keine Sonderrolle ein. Das Vorliegen des RSI hat das Insolvenzgericht als Entscheidungsträger bei der Zulassung des Insolvenzeröffnungsantrags und der Eröffnung des Verfahrens zu prüfen. Schwierigkeiten bereitet allerdings die Frage, inwieweit das Insolvenzgericht die behördeninterne Entscheidung über die Stellung des Insolvenzantrages überprüfen darf, ob sich also aus der Behördeneigenschaft der Antragstellers Einschränkungen der insolvenzgerichtlichen Prüfungskompetenz ergeben.

1. Entbehrlichkeit aufgrund finanz- bzw. sozialgerichtlichen Rechtsschutzes?

Diese Frage ist eng verknüpft mit der Einräumung eines zusätzlichen finanz-[646] oder sozialgerichtlichen[647] Rechtsschutzes des Bürgers gegen die Entscheidung der Behörde über die Stellung eines Insolvenzeröffnungsantrages. Ließe man diesen zu, so könnte diese Überprüfung des Insolvenzantrags auf die Einhaltung von Recht und Gesetz hinreichend gewährleisten, dass ermessensfehlerhafte bzw. rechtsmissbräuchliche Anträge ausgeschlossen werden, eine weitere Missbrauchskontrolle mittels insolvenzgerichtlicher Prüfung des RSI wäre entbehrlich.

Allerdings ist bereits die Praxis des Bundesfinanzgerichts und des Bundessozialgerichts bedenklich. Denn zum einen verstößt eine derartige Doppelung des Rechtsweges gegen die Prüfungskompetenz des Insolvenzgerichts, das die Zulässigkeit und Begründetheit des Antrags als zivilrechtlicher Prozesshandlung ausschließlich nach Insolvenzrecht prüft.[648] Zum anderen bestünde die Gefahr, dass das mit insolvenzrechtlichen Verfahrensfragen nicht hinreichend vertraute Finanz- oder Sozialgericht die Bedeutung des Rechtsschutzinteresses beim Insolvenzeröffnungsantrag, insbesondere die zahlreichen Interessenlagen, die bei dessen Prüfung mit eingestellt werden

[645] *Uhlenbruck* DStZ 1986 S. 39 ff. (40)

[646] BFH Urteil v. 19.12.1989 - VII R 20/89 - ZIP 1991, 458; BFH Beschl. v. 20.11.1984 - VII B 39/84 - ZIP 1985, 1160; jüngst FG Münster Urteil v. 15.03.2000 – 12 V 1054/00 AO – EFG 2000 S. 634; *Szymczak* in: Koch/Schultz § 251 AO Rnr. 10/2; *Tipke/Kruse* § 251 AO Rnr. 22

[647] BSG Urteil. v. 09.11.1977 - 3 RK 5/76 - JZ 1978, 318 = NJW 1978, 2359

[648] So *Häsemeyer* InsR Rnr. 7.09; *Urban* DStZ 1988 S. 147 ff.; *Kalmes* DStZ 1983 S. 188 f.

müssen,[649] nicht hinreichend berücksichtigt. Neben der Gefahr positiver Kompetenzkonflikte spricht damit auch die Gefahr einer Missachtung insolvenzrechtlicher Regelungszusammenhänge gegen die Gewährung negatorischen Rechtsschutzes gegenüber Eröffnungsanträgen.[650]

2. Bedürfnis nach Prüfung von Behördenentscheidungen durch das Insolvenzgericht

Doch selbst bei erweiterten Rechtsschutzmöglichkeiten des Bürgers würde die Entscheidung der Finanz-, Sozial- oder Verwaltungsgerichte, der Antrag sei unzulässig oder der Antragsteller sei verpflichtet, den Antrag zurückzunehmen, keine bindende Wirkung für das Insolvenzgericht entfalten.[651] Vielmehr muss das Insolvenzgericht auch bei öffentlich-rechtlichen Antragstellern die gesetzlichen Vorgaben für Antragszulassung und Verfahrenseröffnung beachten. Insbesondere muss im Zulassungsverfahren das Rechtsschutzinteresse vorliegen.[652]

Für die Prüfung, ob das RSI vorliegt, muss sich das Gericht aber ein Bild darüber machen können, wie es zu der Entscheidung über die Antragstellung gekommen ist, insbesondere ob sie von sachlichen Gründen getragen ist oder ihr missbräuchliche Absichten zugrunde liegen. Dies macht eine Prüfung des behördeninternen Entscheidungsablaufes unumgänglich. Spräche man dem Insolvenzgericht diese Kompetenz ab, etwa weil es als Zivilgericht zu einer Rechtmäßigkeitsbewertung von Behördenentscheidungen gar nicht in der Lage sei,[653] so könnte die Missbrauchskontrolle, eine der Hauptaufgaben des Rechtsschutzinteresses, bei Behördenanträgen nicht erfolgen. Denn mangels näherer Kenntnisse über die Entscheidungsfindung der Behörde müsste das durch die Antragsforderung indizierte RSI stets bejaht und der Antrag - bei Glaubhaftmachung von Insolvenzforderung und Insolvenzgrund - zugelassen werden.

Die Praxis zeigt jedoch, dass trotz öffentlich-rechtlicher Vorgaben unzulässige, etwa missbräuchliche Insolvenzeröffnungsanträge durchaus vorkommen.[654] Somit besteht zum Schutz der vom Insolvenzverfahren unmittelbar oder mittelbar Betroffenen (Schuldner, Gläubiger, Justiz und Rechtsverkehr) vor ungerechtfertigter Antragstellung ein Bedürfnis, dass - unabhängig von der Einlegung von Rechtsmitteln durch den Schuldner - mittels des Rechtsschutzinteresses eine Überprüfung der behördlichen Entscheidungsfindung erfolgt.[655]

---

[649] S. dazu oben Teil 2 II 1

[650] Vgl. *Häsemeyer* InsR Rnr. 7.09; kritisch zur Rechtswegdoppelung auch *App* DStZ 1983 S. 235 ff. (237)

[651] So auch *Szymczak* in: Koch/Schultz § 251 AO Rnr. 10/1

[652] *Uhlenbruck* DStZ 1986 S. 39 ff. (40)

[653] In diesem Sinne *App* DStZ 1983 S. 235 ff. (237)

[654] Dazu unten Teil 5 III 3

[655] OLG Stuttgart Beschl. v. 30.9.1999 - 8 W 111/99 - NZI 1999, 491 (493); so wohl auch *Pape* in: Kübler/Prütting § 14 Rnr. 16; die Prüfungskompetenz auf Evidenzfälle

Von besonderer Bedeutung ist insoweit die rechtmäßige Ausübung des Ermessens sowie die Beachtung öffentlich-rechtlicher Bestimmungen und Restriktionen, die das Verwaltungshandeln etwa durch den Grundsatz der Verhältnismäßigkeit und das Übermaßverbot erfährt.[656]

3. Zwischenergebnis

Die Prüfung des Rechtsschutzinteresses ermöglicht es mithin dem Insolvenzgericht, auch innerbehördliche Entscheidungsabläufe, an deren Ende die Stellung des Insolvenzantrages steht, auf ihre Rechtmäßigkeit hin zu überprüfen. Bei Insolvenzeröffnungsanträgen, die in missbräuchlicher Absicht oder entgegen öffentlich-rechtlichen Beschränkungen in ermessensfehlerhafter Weise gestellt werden, etwa bei Verstößen gegen den Grundsatz der Verhältnismäßigkeit, ist daher das rechtliche Interesse der Behörde an der Verfahrenseröffnung zu verneinen.

III. Insolvenzeröffnungsanträge des Finanzamtes

Zunächst soll auf die Insolvenzanträge des Finanzamtes eingegangen werden, die gegen den Steuerschuldner gestellt werden. Nach Abschaffung der Konkursvorrechte im Zuge der Insolvenzrechtsreform wird für die Zukunft eine deutliche Zunahme dieser Anträge vorausgesagt.[657] Unabhängig davon, ob sich diese Prognose bewahrheiten wird, ist die Darstellung der besonderen Situation des Finanzamts bei der Entscheidung, ob Insolvenzantrag gestellt werden soll, bereits deshalb von weitergehendem Interesse, weil die vom Insolvenzgericht zu prüfende Rechtmäßigkeit der Ermessenausübung, etwa die Beachtung des Grundsatzes der Verhältnismäßigkeit, sich auch auf andere öffentlich-rechtlich handelnde Körperschaften übertragen lassen.

1. Eintreibung von Steuerforderungen im Wege des Insolvenzverfahrens

Spezifische Regelungen für öffentlich-rechtliche Ansprüche sind in der Insolvenzordnung, von wenigen Ausnahmen abgesehen, nicht enthalten.[658] Auch die Gesetze, die für die Erhebung und die Vollstreckung von Steueransprüchen einschlägig sind, enthalten durchweg keine eigenen Bestimmungen über Insolvenzanträge - weder die Abgabenordnung (AO), deren

---

beschränkend *Schmerbach* in: FK-InsO § 14 Rnr. 48 und AG Göttingen Beschl. v. 7.8.1998 - 71 N 34/98 - ZInsO 1998, 190

[656] So auch *Lippross* DB 1986 S. 991; umfassend *Uhlenbruck* DStZ 1986 S. 39 ff. sowie *App* DStZ 1983 S. 235 ff.

[657] *Uhlenbruck* DStZ 1986 S. 39; *Strunk* BB 1990 S. 1530

[658] *Frotscher* S. 19

Gegenstand die Steuern des Bundes (Zölle und Verbrauchssteuern) und der Länder (hauptsächlich Besitz- und Verkehrssteuern) sind, noch die Kommunalabgabengesetze und die Verwaltungsvollstreckungsgesetze der Länder, in denen die Erhebung und die Vollstreckung von Gemeindesteuern geregelt sind.[659] Die Gelegenheit, diesen Mangel im Zuge der Insolvenzrechtsreform zu beseitigen, wurde leider nicht genutzt.
Die einzige Vorschrift, die eine Verbindung zwischen Steuerverwaltungsrecht und Insolvenzrecht herstellt, bleibt somit § 251 Abs. 2 AO, dessen erster Satzteil lautet: "Unberührt bleiben die Vorschriften der Konkursordnung....".[660] Danach hat sich auch das Finanzamt als Steuergläubiger bei der Stellung des Insolvenzeröffnungsantrages an die Bestimmungen der InsO zu halten, Erleichterungen aus dessen Stellung als Verwaltungsvollstreckungsbehörde ergeben sich im Grundsatz nicht.[661] Somit gilt auch für das Finanzamt, das das jeweilige Bundesland als Vollstreckungsgläubiger vertritt, dass es nach § 13 Abs. 1 Satz 2 InsO wie jeder andere Gläubiger unter Einhaltung der Antragsvoraussetzungen berechtigt ist, Insolvenzeröffnungsantrag gegen den Steuerschuldner zu stellen.[662]

2. Ermessen und Verhältnismäßigkeit

Allerdings ergeben sich aus der Struktur des öffentlich-rechtlichen Steuerrechtsverhältnisses gegenüber der Eintreibung privat-rechtlicher Forderungen Einschränkungen. So steht die Entscheidung, ob ein Insolvenzeröffnungsantrag gestellt werden soll, der Finanzbehörde nicht völlig frei. Sie muss dabei ihre besondere Verantwortung berücksichtigen, die Grenzen ihres pflichtgemäßen Ermessens einhalten und dabei insbesondere das Verhältnismäßigkeitsprinzip beachten.[663] Das folgt schon daraus, dass die öffentliche Hand gegenüber dem ganz auf das staatliche Vollstreckungsmonopol angewiesenen Privatgläubiger Vorteile aus ihrer Doppelstellung als „Gläubiger und Vollstrecker" zieht, etwa indem sie durch Steuerprüfungen erlangte Informationen verwenden kann. Diese Privilegierung muss dann auch mit einer strengeren Kontrolle dieser Machtbefugnisse einher gehen.[664] Die Einhaltung dieser Machtbeschränkungen bei der Entscheidung über die Stellung des Insolvenzantrags und die Ahndung von Verstößen oder Missbräuchen, ist, wie oben skizziert, Prüfungsinhalt des Rechtsschutzinteresses beim Behördenantrag.

---

659 *App* KKZ 1991 S. 49 ff. (50); *App* ZIP 1992 S. 460
660 Eine terminologische Anpassung an die InsO steht bislang aus, ist jedoch inhaltlich ohne Belang.
661 Zu Erleichterungen bei der Glaubhaftmachung der Forderung beim Behördenantrag vgl. statt aller *Schmerbach* in: FK-InsO § 14 Rnr. 55 ff.
662 *Uhlenbruck* in: Gottwald § 8 Rnr. 21
663 *Frotscher* S. 243
664 *Gaul* JZ 1974 S. 274 ff. (284)

a. Zustimmung der Oberfinanzdirektion

Prüft somit das Insolvenzgericht anhand des Rechtsschutzinteresses, ob die Ermessensausübung bei der innerbehördlichen Entscheidungsfindung rechtmäßig erfolgt ist, so kommt zunächst der Allgemeinen Verwaltungsvorschrift über die Durchführung der Vollstreckung nach der Abgabenordnung[665] besondere Bedeutung zu.
Diese enthält, um eine einheitliche und gleichmäßige Ermessensausübung bei der Stellung von Insolvenzanträgen durch Finanzbehörden sicherzustellen, im fünften Teil Nr. 60 Anweisungen für den Insolvenzantrag des Finanzamts und der Hauptzollämter.[666] Danach darf die Finanzbehörde die Eröffnung des Insolvenzverfahrens grundsätzlich nur mit Zustimmung der Oberfinanzdirektion (OFD) beantragen.[667]
Zwar handelt es sich bei der Vollstreckungsanweisung um eine verwaltungsinterne Weisung und nicht etwa um eine Zulässigkeits- oder Wirksamkeitsvoraussetzung mit direkter Außenwirkung; ein ohne Zustimmung der Oberfinanzdirektion gestellter Insolvenzeröffnungsantrag des Finanzamtes ist daher wirksam.[668] Dennoch stellt das Erfordernis für das Insolvenzgericht ein wichtiges Kriterium dar, um die Rechtmäßigkeit der Ermessensausübung durch das Finanzamt zu überprüfen und kann deshalb mittelbar Einfluss auf die Zulässigkeit des Antrags nehmen. Wird nämlich ein Insolvenzantrag ohne Zustimmung der OFD gestellt, ohne dass dies durch Gefahr im Verzug gerechtfertigt ist, so ist darin ein erhebliches Indiz für einen Ermessensfehlgebrauch und damit für ein Fehlen des Rechtsschutzinteresses zu sehen.[669]

---

[665] Vom 14.3.1980 (BStBl. 1980 Teil 1 S. 112 ff.), geändert am 19.3.1987 BStBl. 1987 Teil I S. 370

[666] Verschiedene Gemeinden haben eigene Vollstreckungsanweisungen erlassen, die in weiten Teilen der VollstrAO nachgebildet sind; zum Insolvenzantrag der Gemeinde s. *App* ZKF 1987 S. 11 ff.

[667] Die Zustimmung wird erteilt, wenn mit der wirtschaftlichen Gesundung des Schuldners auf Dauer nicht mehr gerechnet werden kann, sich die Betriebssteuerrückstände laufend erhöhen, Vollstreckungsmaßnahmen in das bewegliche und das unbewegliche Vermögen keinen Erfolg versprechen oder wenn das Finanzamt keine Sicherheiten hat, die es nach § 327 AO verwerten kann; dazu *App* DStZ 1983 S. 235 ff. (236); *Uhlenbruck* DStZ 1986 S. 39 ff. (41)

[668] *Szymczak* in: Koch/Schulz § 251 AO Rnr. 10; BFH Beschl. v. 1.3.1990 - VII B 155/89 - ZIP 1991, 457

[669] *Frotscher* S. 247; BFH Urteil v. 1.3.1990 - BFH/NV 1990, 787

b. Eigenständige Ermessensausübung

Trotz der normierten Vorschriften der VollstrAO zur generellen Ermessensausübung[670] verbleibt für die Entscheidung über die Stellung eines Insolvenzeröffnungsantrags bei der mit der Sache betrauten Stelle ein erheblicher Spielraum für eine eigenständige Ermessensausübung. Insoweit beschränkt sich die Prüfung der Entscheidung auf die Einhaltung der Ermessensgrenzen und die Aussonderung fehlerhafter Ermessensentscheidungen.[671]

Die Ermessenserwägungen müssen die besondere steuer- und insolvenzrechtliche Interessenlage angemessen berücksichtigen. Das Insolvenzgericht hat dies zu prüfen und gegebenenfalls Bedenken gegen die Rechtmäßigkeit der Ermessensentscheidung zu äußern. Werden diese von der Finanzbehörde nicht fristgerecht ausgeräumt, so ist der Antrag mangels RSI abzuweisen.

c. Inhaltliche Kriterien der Ermessensausübung durch die Behörde

Bei der Prüfung des Rechtsschutzinteresses der Behörde ist zu beachten, dass das Handeln des Finanzamtes wie jedes öffentlich-rechtliche Handeln dem Rechtsstaatsgebot gem. Art. 20 Abs. 3 GG unterliegt. Daraus ergibt sich auch für die Einleitung des Insolvenzverfahrens die Beachtung des Grundsatzes der Verhältnismäßigkeit.[672] Die Stellung des Insolvenzantrages muss demnach nicht nur geeignet und notwendig, sondern auch angemessen (verhältnismäßig i.e.S.) sein. Das Ziel, die Erfüllung der Steuerpflichten durch den Schuldner herbeizuführen, darf folglich nicht außer Verhältnis zu den weitreichenden Folgen stehen, die die Stellung eines Insolvenzeröffnungsantrags regelmäßig mit sich bringt. Im Gegensatz zu Geschäftspartnern, Lieferanten, Arbeitnehmern und anderen Privatgläubigern darf sich die Behörde also nicht auf einen reinen Gläubigerstandpunkt stellen.[673]

Daraus folgt, dass bei der Prüfung des RSI unterschiedliche Maßstäbe gegenüber den Anträgen von Privatgläubigern zugrunde zu legen sind, die die besonderen Pflichten von Hoheitsträgern im Verhältnis zum Bürger berücksichtigen. Einzelne Fallgruppen, die beim Privatgläubiger als Fehlen des RSI behandelt werden, können sich bei öffentlich-rechtlichen Gläubigern kategorial verschieden darstellen. Zur Bestimmung der Angemessenheit des Mittels hat das Finanzamt die Gleichmäßigkeit der Besteuerung (unten aa.) und die Warn- und Schutzfunktion des Insolvenzverfahrens (unten bb.)auf der einen

---

[670] Zum Begriff s. *Maurer* Allgemeines Verwaltungsrecht § 7 Rnr. 14

[671] Insbesondere Ermessensfehlgebrauch, d.h. Nichtbeachtung der maßgeblichen und Einstellung sachfremder Erwägungen sowie Verstoß gegen den Grundsatz der Verhältnismäßigkeit.

[672] *Brockmeyer* in: Klein § 251 AO Rnr. 10

[673] *Frotscher* S. 244

Seite, aus ihrer Verantwortung als staatliche Behörde die Belange der von der Insolvenz Betroffenen (unten cc. und dd.) auf der anderen Seite zu berücksichtigen.
Gemeinsam mit den Anträgen von Privatgläubigern ist, dass Gesichtspunkte, deren Zielsetzung mit denen des Insolvenzverfahrens nichts zu tun haben, nur eingeschränkt in die Entscheidung mit einfließen, keinesfalls aber ausschließliches Motiv zur Antragstellung sein dürfen.

aa. Grundsatz der Gleichmäßigkeit der Besteuerung

So muss die Finanzbehörde zunächst berücksichtigen, dass im öffentlichen Interesse die Grundsätze der Gesetzmäßigkeit der Verwaltung (§ 85 Satz 1 AO) und der Gleichmäßigkeit der Besteuerung gelten. Kommt der betroffene Steuerschuldner seinen steuerlichen Verpflichtungen seit langem nicht nach und entrichtet er insbesondere seine betrieblichen Steuern nicht, so ist die Finanzbehörde deshalb zur Wahrung einer gleichmäßigen Besteuerung verpflichtet, alles zu unternehmen, um eine vollständige oder zumindest teilweise Tilgung der Steuerrückstände zu erreichen. Dazu gehört grundsätzlich auch dann die Einleitung eines Insolvenzverfahrens, wenn dabei die Zerschlagung sämtlicher Vermögensgegenstände des Schuldners in Kauf genommen werden muss. Ansonsten könnte sich der Gewerbetreibende auf Kosten der Allgemeinheit gegenüber anderen steuerlich zuverlässigen Unternehmern (Konkurrenten) bzw. Steuerbürgern Wettbewerbsvorteile verschaffen. Dies würde sowohl die Gefahr einer erheblichen Störung der wirtschaftlichen und steuer-rechtlichen Ordnung bedeuten und hätte gleichzeitig einen Vertrauensverlust der Allgemeinheit auf die Redlichkeit des Geschäftsverkehrs, die Gesetzmäßigkeit der Finanzverwaltung und die ordnungsgemäße Arbeit der Finanzbehörden zur Folge.[674]

bb. Warn- und Schutzfunktion des Insolvenzeröffnungsantrags

Hinzu kommt, dass dem Insolvenzeröffnungsantrag des FA auch und gerade bei Masselosigkeit eine Warn- oder Schutzfunktion, ggf. sogar eine Reinigungs- und Ausscheidungsfunktion zukommen kann. Dient der Insolvenzantrag dazu, einen vermögenslosen Schuldner aus dem Geschäftsverkehr zu eliminieren und durch Abweisungsbeschluss die Öffentlichkeit, insbesondere Alt- und Neugläubiger vor weiterem Schaden zu bewahren, so wird damit ein legitimes Ziel des Insolvenzverfahrens verfolgt. Die Verhältnismäßigkeit kann dann aber nicht allein mit der Behauptung verneint werden, das FA habe keinerlei

---

[674] *Kalmes* BB 1990 S. 113 ff. (115); vgl. insoweit auch BFH Beschl. v. 10.2.1987 - VII R 77/84 - BB 1987, 1659 = BStBl. 1987 Teil II S. 545

Aussicht, eine Quote zu erhalten.[675] Ähnliche Überlegungen haben auch die Insolvenzrechtsreformkommission veranlasst, über eine Pflicht der Finanzbehörden zur Stellung eines Eröffnungsantrages nachzudenken. Dass eine Antragspflicht nicht normiert wurde, wurde damit begründet, dass es dieser aufgrund der öffentlich-rechtlichen Verantwortung, dessen sich das FA bewusst sei, gar nicht bedürfe.[676] Dies belegt, dass - wie bereits oben festgestellt[677] - die den Insolvenzeröffnungsantrag bei Masselosigkeit ablehnende Auffassung Verfahrensziele der Insolvenz in einer mit der InsO nicht zu vereinbarenden Weise reduziert.

cc. Insolvenzeröffnungsantrag als „ultima ratio"

Wenngleich ein Verzicht auf die Beitreibung mithin aus Gründen von Steuergerechtigkeit und Gleichmäßigkeit der Besteuerung einer besonderen Rechtfertigung bedarf,[678] so muss doch der Versuch, eine Steuerschuld durch Stellung eines Insolvenzeröffnungsantrags beizutreiben, in Hinblick auf dessen existenzvernichtende Auswirkungen gleichzeitig als äußerster Versuch, als „ultima ratio" verstanden werden, den staatlichen Steueranspruch beizutreiben.[679] Häufig geht der Rechtsverkehr davon aus, dass insbesondere die Steuerbehörde die Situation genau gekannt und geprüft hat und die Einzel-(verwaltungs)vollstreckung offenbar als aussichtslos erachtet. So löst gerade der von einer Behörde gestellte Antrag eine Fülle von Folgeentscheidungen aus, die in der Regel zum wirtschaftlichen Ruin des Schuldners führen.[680] Die Behörde darf diese Folge daher nur in besonders gravierenden Fällen und bei Bestehen hoher Rückstände in Kauf nehmen.[681] Noch nicht ausgeschöpfte Möglichkeiten der Behörde, die Steuerschuld etwa im Wege der Einzelvollstreckung einzutreiben, gehen dem Insolvenzantrag daher stets vor.[682]

dd. Gesamtwirtschaftliche Verantwortung der Finanzbehörde

Unklar ist, inwieweit das Finanzamt auch die gesamtwirtschaftliche Situation sowie die soziale und wirtschaftliche Bedeutung des Unternehmens, etwa den Gesichtspunkt der Arbeitsplatzerhaltung zu berücksichtigen hat. Einigkeit

---

675 *Uhlenbruck* in: Gottwald § 8 Rnr. 21 i.V.m. Fn. 38; ähnlich *Strunk* BB 1990 S. 1530 ff. (1531); *Uhlenbruck* BB 1972 S. 1266 ff. (1268); a.A. wohl *Frotscher* S. 244; *Kalmes* a.a.O. S. 115

676 *Strunk* BB 1990 S. 1530 ff. (1531); *Uhlenbruck* DStZ 1986 S. 39 ff. (41)

677 Oben Teil 4 II 10 c cc

678 *Gaul* JZ 1974 S. 274 ff. (282)

679 *Uhlenbruck* DStZ 1986 S. 39 ff. (41); *Lippross* DB 1985 S. 2482; *App* DStZ 1983 S. 235 ff. (236); *App* ZKF 1987 S. 153 ff. (154)

680 *Loritz* (Anm. zu BGH Urteil v. 15.02.1990 - III ZR 293/88) JZ 1990 S. 866 (867)

681 Zum Behördenantrag aufgrund von Bagatellforderungen s. unten Teil 5 III 3a bb

682 *Brockmeyer* in: Klein § 251 AO Rnr. 10; ähnlich *Strunk* DStZ 1991 S. 332 ff.; dazu unten Teil 5 III 3a aa

herrscht darüber, dass die Behörde nicht einen reinen Gläubigerstandpunkt einnehmen kann und daher gezwungen ist, sich nicht nur mit den Folgen einer Insolvenz für den Abgabenschuldner selbst, sondern auch mit denen für die einzelnen Mitgläubiger auseinander zu setzen.[683]
Zu weitgehend dürfte hingegen die Auffassung sein, wonach das Finanzamt im Einzelfall verpflichtet ist, sich im Interesse von Mitgläubigern und Gesamtwirtschaft für den Fortbestand des Unternehmens zu entscheiden, weil Mitgläubiger „in keinem Fall" in die Gefahr der Insolvenz gebracht werden dürften.[684] Angesichts der für das marktwirtschaftliche Gesamtgefüge erheblichen Bedeutung des Insolvenzverfahrens, unrentable Unternehmen auszusondern, kann eine Erhaltung des Unternehmens im Interesse von Arbeitsplätzen oder standortpolitischen Interessen jedenfalls nur dann in Betracht kommen, wenn mit einer wirtschaftlichen Gesundung des Schuldners in absehbarer Zeit gerechnet werden kann. Fällt diese Prognose negativ aus, so können mögliche Gefährdungen der Mitgläubiger allein die Behörde nicht dazu zwingen, die Stellung des Insolvenzantrages zu unterlassen.[685] Hingegen kann bei positiver Sanierungsprognose die rechtzeitige Durchführung des Insolvenzverfahrens, das dann zu einer geordneten Fortführung des insolventen Betriebs führt, den Abbau von Arbeitsplätzen eher vermeiden, als die Verzögerung der Antragstellung bis zu einem Zeitpunkt, in dem jede Sanierung aussichtslos geworden ist.

3. Einzelfälle zum Rechtsschutzinteresse des Finanzamtes

Dem Finanzamt kommen somit aus seiner öffentlich-rechtlichen Verantwortung gegenüber Schuldner und Mitgläubigern erhöhte Prüfungs- und Abwägungspflichten, insbesondere die Beachtung des Grundsatzes der Verhältnismäßigkeit zu. Anträge, die bei einem Privatgläubiger als zulässig erachtet werden, können bei der staatlich handelnden Behörde im Einzelfall unverhältnismäßig und damit mangels rechtlichen Interesses als unzulässig abzuweisen sein.

a. Objektiv fehlendes Rechtsschutzinteresse

aa. Rechtsschutzinteresse bei vollständiger Sicherung oder aussichtsreicher Einzelvollstreckung

Die Abwägungspflichten führen etwa dazu, dass das Finanzamt kein rechtliches Interesse an der Eröffnung des Insolvenzverfahrens hat, wenn es eine Befriedigung im Wege der Einzelvollstreckung herbeiführen kann. Dies gilt insbesondere bei vollständiger Sicherung der Steuerforderungen durch

---

[683] *Tipke/Kruse* § 251 AO Rnr. 15 f.; *Frotscher* S. 244
[684] *Tipke/Kruse* § 251 AO Rnr. 16
[685] A.A. *Tipke/Kruse* § 251 AO Rnr. 16

insolvenzfeste Sicherungen im Vermögen des Steuerschuldners oder Dritter.[686] Dies stellt bereits die ermessens-lenkende VollstrAO (Abschn. 60 Abs. 1 Halbsatz 3 und 4) sicher. Denn anders als der Privatgläubiger, der aufgrund des Prinzips des freien Vollstreckungszugriffs die Vollstreckungsart frei wählen kann, wäre es hier beim Steuergläubiger unverhältnismäßig, wenn er trotz entsprechender Erfolgsaussichten nicht vorrangig die Einzelzwangsvollstreckung betreiben würde.[687]

bb. Forderungshöhe und Rechtzeitigkeit der Steuerentrichtung

Im Gegensatz zu privaten Gläubigern ist das Finanzamt als Steuergläubiger verpflichtet, bei der Bestimmung der Angemessenheit der Maßnahme die Höhe des zu vollstreckenden Steueranspruchs in ein Verhältnis zu den wirtschaftlichen Folgen der Eröffnung des Insolvenzverfahrens zu setzen.[688] Ergibt sich nach gründlicher Würdigung aller maßgebenden Umstände und absehbaren Folgen, dass die Stellung des Insolvenzantrags unangemessen wäre, so muss es davon Abstand nehmen. Die von der insolvenzrechtlichen Literatur vertretene Ansicht, der Insolvenzeröffnungsantrag scheitere bei Kleinforderungen nicht mangels RSI, ist in diesem Bereich in seiner Allgemeinheit mithin nicht haltbar.[689]

Verfügt die Behörde hingegen über Kenntnisse, wonach sehr viele einzelne, für sich genommen geringfügige Verbindlichkeiten vom Schuldner nicht beglichen werden, so darf die Behörde die Antragstellung nicht scheuen. Gerade dann erscheint das Insolvenzverfahren i. S. e. Gesamtvollstreckungsverfahrens als die gegenüber der Einzelvollstreckung geeignetere Maßnahme, um eine gerichtlich geordnete Bereinigung herbeizuführen.[690]

Aus den gleichen Gründen ist die Stellung des Insolvenzeröffnungsantrags unzulässig, solange noch die realistische Möglichkeit besteht, dass der Schuldner seine Verbindlichkeit, wenn auch nach längerer Zeit noch abträgt. Denn die Rechtzeitigkeit der Steuerentrichtung begründet für sich genommen kein rechtliches Interesse an der Verfahrenseröffnung.

cc. Einzelne Steuerforderungen

Fraglich ist, ob eine Steuerfestsetzung auch vor ihrer Bestandskraft eine geeignete Grundlage für einen Insolvenzantrag ist. Diskutiert wird insoweit, ob

---

686 *Uhlenbruck* DStZ 1986 S. 39 ff. (40)

687 FG Rhld.-Pfalz Beschl. v. 3.9.1986 - 5 V 9/86 - NJW 1987, 2704 = EFG 1987, 103; FG Hessen Beschl. v. 22.01. 1982 - VI B 139/81 - EFG 1982, 419 Nr. 460; FG BW Urteil v. 17.5.1978 - VII 453/77 - EFG 1979, 4 Nr.2; *Tipke/Kruse* § 251 AO Rnr. 19; *App* ZKF 1987 S. 153 ff. (154); *Uhlenbruck* DStZ 1986 S. 39 ff. (41)

688 *Tipke/Kruse* § 251 AO Rnr. 19; *Uhlenbruck* BB 1972 S. 1266 ff. (1267)

689 Ähnlich *Frotscher* S. 244; *Strunk* DStZ 1991 S. 332 ff. (334)

690 *App* ZIP 1992 S. 460 ff.

das Rechtsschutzinteresse des Finanzamt an einem Insolvenzantrag besteht, dem eine vorläufige Steuerforderung zugrunde gelegt wird.[691] In Betracht kommen insbesondere die Festsetzung unter Vorbehalt gem. § 164 Abs. 1 AO und die vorläufige Steuerfestsetzung gem. § 165 Abs. 1 AO.
Beim Nachprüfungsvorbehalt handelt es sich lediglich um eine Nebenbestimmung i.S.v. § 120 Abs.1 AO, die eine spätere Überprüfung der Steuerfestsetzung deshalb ermöglichen soll, weil das Finanzamt die Angaben des Steuerpflichtigen ungeprüft seiner Steuerfestsetzung zugrunde gelegt hat. Die vorläufige Steuerfestsetzung (vgl. § 135 AO) wiederum soll ermöglichen, die Steuerfestsetzung wegen einzelner Punkte offen zu halten, in denen derzeit nicht aufklärbare tatsächliche Unklarheiten bestehen. Nichtsdestotrotz handelt es sich beiderseits um Steuerbescheide im Sinne des § 155 AO, die mit einem Leistungsgebot nach § 254 AO versehen und damit vollstreckbar sind. Damit erfüllen sie die Anforderungen des § 249 AO, welche von den Insolvenzgerichten bei Steuerforderungen - über die Glaubhaftmachung gem. § 13 Abs. 1 Satz 2 i.V.m. §§ 38, 41 InsO hinaus - gefordert werden.[692] Damit ist davon auszugehen, dass dem Finanzamt das Rechtsschutzinteresse nicht abgesprochen werden kann, wenn einem Antrag noch nicht bestandskräftige Steuerforderungen zugrunde gelegt werden.[693]
Ebenso wie bei privatrechtlichen Forderungen führen bei Steuerforderungen die Zahlung (§§ 224, 225 AO), die wirksame Aufrechnung (§ 226 AO) und der Billigkeitserlass gem. § 227 AO zu ihrem Erlöschen. Weitergehend als nach Bürgerlichem Recht führt hingegen auch die Verjährung einer Steuerforderung gem. §§ 232, 47 AO zu deren Erlöschen, so dass nicht nur ihre Durchsetzbarkeit ausgeschlossen ist,[694] sondern sie im Insolvenzverfahren überhaupt nicht geltend gemacht werden kann. Da der Antrag des Finanzamts, dem verjährte Forderungen zugrunde gelegt werden, bereits mangels Antragsrechts als unzulässig abzuweisen ist, kommt dem RSI keine ausschlaggebende Bedeutung zu.
Lediglich dann, wenn die Vollziehung der Steuerforderung im Rahmen eines Rechtsbehelfsverfahrens ausgesetzt wird, wird der Finanzbehörde das rechtliche Interesse an der Eröffnung des Insolvenzverfahrens abzusprechen sein, §§ 361 Abs. 2 AO, 69, 114 FGO.[695]

---

[691] Kritisch zum RSI etwa *Uhlenbruck* DStZ 1986 S. 39 ff. (40); dem zustimmend *App* DStZ 1986 S. 487 f.; ähnlich Strunk DStZ 1991 S. 332 ff. (334)

[692] Die sog. Vollstreckbarkeitserklärung soll die Prüfung der Vollstreckungsvoraussetzungen (§ 249) durch die Finanzbehörde sicherstellen. Dazu *Kuhn/Uhlenbruck* § 105 KO Rnr. 3b; *App* DStZ 1983 235 ff. (237)

[693] So auch *Szymczak* in: Koch/Schultz § 251 AO Rnr. 10; *Kuhn/Uhlenbruck* § 103 KO Rnr. 28a; vgl. auch *Schmerbach* in: FK-InsO § 14 Rnr. 55; einschränkend *Uhlenbruck* in: Gottwald § 8 Rnr. 21; ablehnend *Strunk* DStZ 1991 S. 332 ff. (334)

[694] So bei verjährten oder gestundeten Forderungen des Privatrechts, s. dazu oben Teil 4 II 3 a

[695] *Kuhn/Uhlenbruck* § 103 KO Rnr. 28b; Die zutreffende Form des Rechtsschutzes hängt von der Rechtsnatur des Antrags ab. Zu dieser Diskussion s. statt aller *Frotscher* S. 240 ff. m.w.N.

b. Subjektiv fehlendes Rechtsschutzinteresse - Rechtsmissbrauch

Wie bereits oben dargelegt[696] gilt auch für Behördenanträge, dass mit dem Insolvenzverfahren zumindest auch der den Einzug der offenen Forderungen beabsichtigt sein muss. Ist der Antrag auf die Verfolgung anderer Zwecke gerichtet, die von den Verfahrenszwecken der InsO nicht gedeckt sind, ist der Behörde das RSI abzusprechen.

aa. Vermeidung einer höchstrichterlichen Entscheidung

Soll der Antrag nur dazu dienen, eine höchstrichterliche Entscheidung über das Bestehen einer Steuerforderung zu vermeiden, so ist dem Finanzamt das rechtliche Interesse i.S.d. § 14 Abs. 1 InsO abzusprechen. Mit der Einleitung des Insolvenzverfahrens wird hier ein Ziel verfolgt, das von den gesetzlichen Verfahrenszielen abweicht. Denn das Insolvenzverfahren dient nicht dazu, Gerichtsentscheidungen, die für das Finanzamt u.U. peinlich sein können, zu vermeiden, indem durch Abweisung mangels Masse (§ 26 Abs. 1 InsO) und amtswegige Löschung der Schuldnerin aus dem Handelsregister die Fortsetzung des Rechtsstreits unmöglich gemacht wird.[697]

bb. Druckanträge

Weiter liegt ein Missbrauch insbesondere dann vor, wenn der Schuldner durch den Druck der drohenden Verfahrenseröffnung zu einem Tun veranlasst werden soll, aus welchem dem Antragsteller zu Lasten der künftigen Gemeinschaft aller Gläubiger Vorteile, insbesondere eine bevorzugte Befriedigung, erwachsen würden (sog. Druckanträge). Zu einer wie auch immer gestalteten Bevorzugung Einzelner hat der Gesetzgeber das Insolvenzverfahren gerade nicht vorgesehen, vielmehr würde das gesetzliche Leitbild, die gleichmäßige Gläubigerbefriedigung, durch dieses Vorgehen konterkariert.

Druckanträge verfolgen nicht zwingend den Zweck, gegenüber der Gläubigergemeinschaft bevorzugt befriedigt zu werden. Geht die Absicht der Behörde dahin, die Zwangssituation, die sich für den Schuldner bereits aus der Ankündigung der Antragstellung durch die Behörde ergibt, für andere egoistische Zwecke auszunutzen, die das Insolvenzverfahren nicht vorsieht, ist ein Missbrauch des Antragsrechts zu bejahen.

So handelt das Finanzamt auch dann rechtsmissbräuchlich, wenn der Schuldner mit der Antragstellung zur Abgabe von Steuererklärungen oder -anmeldungen

---

[696] Oben Teil 5 I

[697] AG Burgwedel Beschl. v. 03.11.1983 - 5 N 14/83 - ZIP 1984, 475; *Schmerbach* in: FK-InsO § 14 Rnr. 48; *Pape* in: Kübler/Prütting § 14 InsO Rnr. 12; dazu auch *Uhlenbruck* DStZ 1986 S. 39 ff. (40); *Baur/Stürner* ZwVR Bd. II Rnr. 7.18

bewegt werden soll.[698] Anstelle des Insolvenzeröffnungsantrages stehen der Finanzbehörde zu diesem Zweck die Instrumentarien der Zwangsvollstreckung, insbesondere die Auferlegung von Zwangsgeld zur Verfügung. Das Insolvenzverfahren ist für sich genommen kein als Beugemittel dienendes Verfahren. Ein Ansatzpunkt zur Ermittlung einer derartigen, mit dem Wesen des Insolvenzverfahrens unvereinbaren Motivation ist die Praxis, Steuerfestsetzungen willkürlich überhöht anzusetzen, um den säumigen Steuerpflichtigen zu veranlassen, die seit langem ausstehende Steuererklärung abzugeben.[699]

cc. Vermeidung der steuerlichen Veranlagung

Ebenso widerspricht es Sinn und Zweck des Insolvenzverfahrens, wenn es nach der subjektiven Motivation der Behörde dazu dienen soll, der Steuerverwaltung lästige Aufgaben zu vermeiden. Erscheint es demnach dem Insolvenzgericht überwiegend wahrscheinlich, dass es dem Finanzamt mit der Stellung des Insolvenzeröffnungsantrags allein darauf ankommt, die Löschung der Antragsgegnerin im Handelsregister herbeizuführen, um sich die missliebige Veranlagung des Steuerschuldners zu ersparen, so ist aufgrund subjektiven Missbrauchs des Antragsrechts das rechtliche Interesse zu verneinen.[700]

IV. Insolvenzeröffnungsanträge der Sozialversicherungsträger

1. Allgemeines

Für den Insolvenzeröffnungsantrag der Sozialversicherungsträger, die in der Insolvenzpraxis den überwiegenden Teil der Antragstellungen ausmachen,[701] gelten gegenüber Privatgläubigern ebenfalls Besonderheiten. Nach § 29 SGB IV sind die Träger der Sozialversicherung rechtsfähige Körperschaften des öffentlichen Rechts mit Selbstverwaltung; sie stehen für die rechtliche Behandlung bei der Stellung von Insolvenzanträgen den Behörden gleich.
Die Ausführungen zum Insolvenzeröffnungsantrag des Finanzamts gelten deshalb, abgesehen von den rein steuerrechtlichen Aspekten, grundsätzlich für den Sozialversicherungsträger in gleicher Weise.[702] Hinzu kommt, dass gerade der Eröffnungsantrag eines Sozialversicherungsträgers geeignet ist, besonderen Druck auf den Schuldner auszuüben, da das Vorliegen eines Insolvenzgrundes beim Beitragsschuldner besonders nahe liegt: denn die Nichtabführung von

[698] BFH Beschl. v. 1.3.1990 - VII B 155/89 - ZIP 1991, 457; dazu *App* in: EWiR § 103 KO 2/91 S. 395
[699] *App* a.a.O. S. 396
[700] AG Magdeburg Beschl. v. 21.4.1999 - N 871/95 - ZInsO 1999, 359
[701] Vgl. *Smid* Grundzüge § 3 Rnr. 24
[702] Vgl. *Uhlenbruck* Rpfleger 1981 S. 377 ff. (378)

Beitragsanteilen der Arbeitnehmer führt regelmäßig zur Strafbarkeit des Arbeitgebers nach § 266a StGB. Daher werden Gesamtsozialversicherungsbeiträge in der Regel erst dann nicht mehr bedient, wenn der Schuldner überhaupt nicht mehr in der Lage ist, noch irgendwelche Verbindlichkeiten zu begleichen.[703] Deshalb muss hier besonders darauf hingewiesen werden, dass Antragstellungen, die ausschließlich auf die Ausübung von Druck auf den Beitragspflichtigen und die Beugung seines Zahlungsunwillens gerichtet sind, mit den Aufgaben des Insolvenzverfahrens nicht zu vereinbaren und sind ihnen dann aufgrund subjektiven Missbrauchs das Rechtsschutzinteresse abzusprechen ist.[704]

2. Insolvenzgeld

Zweifelhaft ist, ob das RSI für den Insolvenzeröffnungsantrag auch dann besteht, wenn die Ansprüche des Sozialversicherungsträgers auf die Pflichtbeiträge zur Gesamtsozialversicherung[705] durch die Insolvenzgeldversicherung geschützt sind. Liegen die Anspruchs-voraussetzungen für die Gewährung von InsG vor, so werden die Sozialversicherungsbeiträge für das rückständige Arbeitsentgelt auf entsprechenden Antrag der zuständigen Einzugsstelle vom Arbeitsamt entrichtet, § 208 SGB III. Das Gesetz räumt folglich den Einzugsstellen einen eigenen, von dem Anspruch des Arbeitnehmers unabhängigen Anspruch auf Zahlung der Beiträge aus der InsG-Versicherung ein.[706]
Beabsichtigt der Sozialversicherungsträger nun die Erstattungsvoraussetzungen herbeizuführen, so wird - entsprechend der Problematik zum RSI des durch InsG gesicherten Arbeitnehmers - teilweise erwogen, dem Sozialversicherungsträger das RSI abzusprechen, da hierin die Verfolgung eines insolvenzfremden Zwecks zu sehen sei. Denn in den meisten Fällen sei dem Sozialversicherungsträger gar nicht an der Eröffnung des Insolvenzverfahrens, sondern allein an einem Abweisungsbeschluss i.S.d. § 26 Abs. 1 InsO gelegen.[707]

---

[703] *Plagemann* EWiR § 7 InsO 6/2000 S. 1025 (1026); BGH Beschl. v. 30.4.1998 - IX ZR 141/97 - ZInsO 1998, 141; *Pape* EWiR § 2 GesO 1/1993 S. 883 (884); kritisch dazu AG Hamburg Beschl. v. 18.12.2000 - 67 c IN 273/00 - NZI 2001, 163; LG Halle Beschl. v. 10.5.1993 - 2 T 53/93 - ZIP 1993, 1036 zur GesO

[704] So auch jüngst AG Hamburg Beschl. v. 11.12.2000 - 67c IN 257/00 - ZInsO 2001, 138 und Beschl. v. 12.5.2000 - 67 g IN 44/99 - ZIP 2000, 1019 = ZInsO 200, 411; s. auch *Plagemann* NZI 2000 S. 525 ff. (526)

[705] Das sind im Einzelnen: gesetzliche Krankenversicherung, Pflegeversicherung, Rentenversicherung und Arbeitslosenversicherung; weiterführend *Heinze* in: Gottwald § 108 Rnr. 44 ff.

[706] *Uhlenbruck* in Rpfleger 1981 S. 377 zum Konkursausfallgeld

[707] LG Rottweil Beschl. v. 22.03.1982 - 1 T 31/82 - ZIP 1982, 729 (m. Anm. *Ruschke*); LG Hamburg Beschl. v. 03.03.1976 - 76 T 13/76 - KTS 1976, 309; vgl. auch AG Köln Beschl. v. 12.08.1977 - 171 N 240/77 - KTS 1978, 60

Nach zutreffender Auffassung des BSG hat die BfA bis zur bindenden oder rechtskräftigen Entscheidung über den Anspruch auf Insolvenzgeld (früher Konkursausfallgeld) als Inhaberin der Forderung alle zur Durchsetzung und Realisierung der Forderung gebotenen Handlungen vorzunehmen. Diese Verpflichtung, die in erster Linie der Erhaltung der finanziellen Leistungskraft der Sozialversicherungsträger dient, beinhaltet nötigenfalls auch die Stellung des Insolvenzantrags.[708] Zugleich liegt die Erstattung der Pflichtbeiträge zur Gesamtsozialversicherung durch das Arbeitsamt im wohlverstandenen Interesse des einzelnen Arbeitnehmers. Denn die Leistungen der Gesamtsozialversicherung kommen diesem im Falle der Erwerbslosigkeit in mehrfacher Hinsicht zugute. Genannt seien hier nur das Arbeitslosengeld oder die Arbeitslosenhilfe.
Da die Entrichtung dieser Beiträge durch das Arbeitsamt an die Feststellung der InsG-Voraussetzungen geknüpft ist, ist es gleichzeitig Verpflichtung und Berechtigung des Sozialversicherungsträgers, diese Feststellung durch die Stellung eines Insolvenzeröffnungsantrags herbeizuführen. Dem Insolvenzverfahren kommen aufgrund der Feststellung der Masseunzulänglichkeit als das Insolvenzgeld auslösender Tatbestand also auch wichtige Regelungs- und Ordnungsaufgaben zu, an deren Wahrnehmung der Sozialversicherungsträger durchaus ein schutzwürdiges Interesse haben kann.[709]
Aus den allgemeinen Grundsätzen ergibt sich, dass ein Missbrauch des Antragsrechts nicht bereits dann angenommen werden kann, wenn es dem Antragsteller nicht allein um die Ziele der InsO (gleichmäßige Gläubigerbefriedigung durch Gesamtabwicklung oder Sanierung) geht, sondern er noch weitere eigene Vorteile erstrebt, die mit den Verfahrenszwecken vereinbar und daher als legitim anzusehen sind. Dies gilt besonders dann, wenn ihm diese Vorteile vom Gesetzgeber ausdrücklich gewährt werden und er sie an die Beantragung des Insolvenzverfahrens koppelt.[710] Das Ziel, durch Herbeiführung des Abweisungsbeschlusses Leistungen nach den Vorschriften zum Insolvenzgeld zu erhalten, entspricht somit dem Willen des Gesetzgebers und kann deshalb nicht als insolvenzfremdes Ziel angesehen werden. Eine entsprechende Absicht bei Antragstellung kann deshalb auch keinen Missbrauch des Antragsrechts begründen.[711]

---

[708] BSG Urteil v. 17.07.1979 - 12 RAr 15/78 - SozR 4100 § 141b AFG Nr. 11; dazu *Uhlenbruck* Rpfleger 1981 S. 377 ff. (379); *Uhlenbruck* in: Gottwald § 8 Rnr. 22

[709] *Peters-Lange* in: Gagel Vor § 183 SGB III Rnr. 59; *Uhlenbruck/Delhaes* HRP Rnr. 117, 218

[710] *Kirchhof* in: HK-InsO § 14 Rnr. 22; *Kuhn/Uhlenbruck* § 103 KO Rnr. 27

[711] LG Bonn Beschl. v. 07.05.1985 - 4 T 155/85 - ZIP 1985, 1342; LG Oldenburg Beschl. v. 02.02.1982 - 5 T 400/ 81 - KTS 1982, 498; LG Augsburg Beschl. v. 22.05.1975 - 4 T 66/75 - KTS 1975, 321

3. Verhältnismäßigkeit

Ebenso wie bei Antragstellung durch andere Behörden ist auch der Sozialversicherungsträger im Rahmen seiner Ermessensentscheidung zur Beachtung des Grundsatzes der Verhältnismäßigkeit verpflichtet.[712]
Bei der pflichtgemäßen Ausübung des ihnen eingeräumten Ermessens haben die Einzugsstellen der Gesamtsozialversicherungsbeiträge zum einen die Pflicht, die Einnahmen vollständig und rechtzeitig zu erheben. Dazu gehören in erster Linie die Beitragsansprüche der Versicherungs-träger, die nach § 22 SGB IV entstehen, sobald die gesetzlichen Voraussetzungen vorliegen.[713] Diese Pflicht ergibt sich für die Sozial-versicherungsträger aus dem Wirtschaftlichkeitsgebot des § 76 SGB IV. Beschränkungen in der vollständigen Beitragserhebung können sich lediglich in Ausnahmefällen aus dem Überforderungsschutz ergeben. Sie konkretisieren sich in der Bestimmung § 76 II SGB IV, der die Möglichkeiten der Stundung, der Niederschlagung und der Erlasses von Beitragsansprüchen einräumt und dabei an die tatbestandlichen Voraussetzungen der AO (§§ 222, 227, 261) anknüpft.[714]
Auf der anderen Seite muss der Sozialversicherungsträger bei jedem Insolvenzantrag von Amts wegen berücksichtigen, dass vielfach schon von der Stellung des Insolvenzeröffnungsantrages Wirkungen ausgehen, die die wirtschaftliche Existenz des Schuldners bedrohen. Dies gilt beim Eröffnungsantrag des Sozialversicherungsträgers besonders, da der Rechtsverkehr annimmt, dass der Schuldner die Strafbarkeit gem. § 266a StGB erst dann in Kauf nimmt, wenn die Krise sehr weit fortgeschritten ist und er über keinerlei Zahlungsmittel mehr verfügt.[715]
Den Schutz des Schuldners vor Schäden, die durch eine sachlich nicht gerechtfertigte Antragstellung entstehen, kann das Insolvenzgericht nicht immer dadurch gewährleisten, dass es vor Verfahrenseröffnung die Zulässigkeit und Begründetheit des Insolvenzeröffnungsantrages prüft. Entscheidend ist vielmehr, dass schon die - fast immer bekannt werdende - Antragstellung als solche erhebliche wirtschaftliche Nachteile für den Schuldner oder das Schuldnerunternehmen mit sich bringen kann, die selbst durch eine ablehnende Entscheidung des Insolvenzgerichts nicht aus der Welt zu schaffen sind.[716]

---

[712] *Schmerbach* in: FK-InsO § 14 Rnr. 23; *Kuhn/Uhlenbruck* § 105 KO Rnr. 8a

[713] *Uhlenbruck* in: Gottwald § 8 Rnr. 22

[714] Im Einzelnen dazu *Plagemann* NZS 2000 S. 525 ff. (530 f.)

[715] *Plagemann* EWiR § 7 InsO 6/2000 S. 1025 (1026); BGH Beschl. v. 30.4.1998 - IX ZR 141/97 - ZInsO 1998, 141; *Pape* EWiR § 2 GesO 1/1993 S. 883 (884); kritisch dazu AG Hamburg Beschl. v. 18.12.2000 - 67 c IN 273/00 - NZI 2001, 163; LG Halle Beschl. v. 10.5.1993 - 2 T 53/93 - ZIP 1993, 1036 zur GesO

[716] *Uhlenbruck* in: Gottwald § 9 Rnr. 22

Teil 6: Missbräuche bei Insolvenzeröffnungsanträgen des Schuldners - Rechtsschutzinteresse, Glaubhaftmachung und Behauptung des Insolvenzgrundes

I. Problemstellung

Gänzlich unterschiedlich zur Stellung eines Insolvenzeröffnungsantrags durch Gläubiger (sog. Fremdanträge) wurden die Regelungen zum Insolvenzantrag des Schuldners selbst, dem sog. Eigenantrag normiert.[717] Der Gesetzgeber geht nach wie vor davon aus, dass sich angesichts der wirtschaftlichen Folgen eines auch unzulässigen Antrags niemand ohne Grund in die Rolle eines Insolvenzschuldners begibt. Aus diesem Grund bedarf es keiner besonderen Zulassung des Schuldnerantrags. Eine Prüfung des Rechtsschutzinteresses, die schon unter der Geltung der Konkursordnung nahezu ausschließlich Anträge von Gläubigern betraf, ist in der InsO nur für den Gläubigerantrag ausdrücklich normiert worden.

Auch im Rahmen der Glaubhaftmachung der Insolvenzforderung sowie des Insolvenzgrundes wirkt sich der gesetzliche Grundansatz dahingehend aus, daß dem Schuldner grundsätzlich keine Glaubhaftmachung abverlangt, das Vorliegen eines Insolvenzgrundes mithin vermutet wird. Ausnahmen ergeben sich lediglich, sofern der Antragsteller als Vertreter oder als Organ einer insolventen Gesellschaft handelt, er also ausschließlich für fremdes selbständiges Vermögen handelt. Hier ist, sofern die Antragstellung nicht von allen Vertretungsberechtigten bzw. allen persönlich haftenden Gesellschaftern gemeinsam erfolgt, die Glaubhaftmachung des Eröffnungsgrundes mit den Mitteln des § 294 ZPO ausnahmsweise erforderlich (§ 15 Abs. 2 InsO).[718]

Lediglich klarstellend sei erwähnt, dass diese Erleichterungen in der Darlegung der Eröffnungsvoraussetzungen nichts daran ändern, dass das Gericht zur Eröffnung des Insolvenzverfahrens vom Vorliegen eines Insolvenzgrundes überzeugt sein muss, um vom Schuldner bezweckte Beeinträchtigungen der Gläubigerrechte auszuschließen.

II. Verfolgung missbräuchlicher Ziele durch den Schuldner

Wenn der Eigenantrag keiner dem Gläubigerantrag entsprechenden Darlegungen bedarf, so belegt dies, dass der Gesetzgeber offenbar einen Grundtypus' „Eigenantrag stellender Schuldner“ zeichnet, der seine Antragsbefugnis in redlicher Weise ausübt.

---

[717] Hierzu gehören nunmehr auch Insolvenzanträge der Bundesaufsichtsämter, da diese auch für den Schuldner handeln, *Kirchhof* in: HK-InsO § 13 Rnr. 8

[718] S. dazu *Uhlenbruck* in: Gottwald § 11 Rnr. 3; *Smid* § 13 InsO Rnr. 26

Jedoch zeigt sich in der Praxis, dass die Stellung eines Insolvenzeröffnungsantrags nicht nur durch redliche Schuldner erfolgt, sondern damit gelegentlich verfahrenswidrige, missbräuchliche Ziele verfolgt werden. Besonders bei Eigenanträgen aufgrund drohender Zahlungsunfähigkeit i.S.d. § 18 InsO muss damit gerechnet werden, dass ein Schuldner, der auch in Zukunft seine Schulden wird bezahlen können, mit dem Verfahren lediglich ein Instrument sucht, um seine Schulden zu minimieren.[719] Auch kann der Schuldner bezwecken, durch die sachlich nicht gerechtfertigte Auslösung der Vollstreckungssperre gem. § 88 InsO den Einzelzugriff der Gläubiger zu vereiteln.[720] *Haarmeyer/Wutzke/Förster*[721] weisen zutreffend darauf hin, dass hinter manchem Schuldnerantrag das Kalkül steckt, unter dem Schutz des Insolvenzverfahrens gläubigerbenachteiligende Manipulationen zu verdecken bzw. unter dem Druck eines Verfahrens Gläubiger zu Zugeständnissen zu bewegen, zu denen sie außerhalb des Insolvenzverfahrens nicht bereit gewesen wären; sie sehen weitergehend den ehrbaren, um die Forderungen seiner Lieferanten besorgten Kaufmann heute eher als Ausnahme denn als Regel an.

1. Allgemeine Kennzeichen des Missbrauchs

Die beabsichtigten Manipulationen sind, wie bereits angedeutet, vielfältig.[722] Gekennzeichnet sind sie dadurch, dass - ebenso wie bei den bereits skizzierten Missbräuchen auf Gläubigerseite - die Absicht, die Verfahrensziele der InsO, insbesondere die gleichmäßige und quotale Befriedigung aller Gläubiger bzw. die Sanierung unter angemessener Beteiligung seiner Gläubiger, herbeizuführen, beim Schuldner nicht vorliegt. Statt dessen kommt es ihm aus eigennützigen Beweggründen allein auf Ziele an, die eine Einleitung des Insolvenzverfahrens zwar mit sich bringt, jedoch nicht wesentlicher Inhalt des Verfahrens sind.
Jedoch muss der Schuldner zumindest auch das Ziel verfolgen, seine Gläubiger zu befriedigen oder seine Sanierung unter Beteiligung seiner Gläubiger herbeizuführen - mag dieses Streben auch durch Strafvorschriften oder Schadensersatzpflichten gesteuert sein.[723] Ansonsten kann die Rechtsordnung ihm das zur Verfolgung dieses Zwecks gewährte Verfahren nicht zubilligen. Kommt es dem Schuldner allein auf Nebenzwecke an, die ihm Vorteile auf Kosten der übrigen Gläubiger oder des Staates einbringen und daher nur in der Zusammenschau mit den übrigen Rechtsfolgen der Verfahrenseröffnung hinreichend legitimiert sind, so ist von einem Missbrauch seiner verfahrensrechtlichen Befugnis auszugehen. Bei einer den Verfahrenszweck entfremdenden Motivation kann daher auch das Ziel, für sich genommen

---

[719] Dazu *Henckel* ZIP 2000 S. 2045 ff. (2048)
[720] *Pape* in: Kübler/Prütting § 13 InsO Rnr. 11
[721] *Haarmeyer/Wutzke/Förster* Kap. 3 Rnr. 41, 1; a.A. wohl *Schlosser* in: Leipold S. 9 ff. (11)
[722] Zu einzelnen Mißbrauchstatbeständen ausführlich unten Teil 6 III 3d
[723] Vgl. dazu bereits oben Teil 3 III 1

legitime Nebenfolgen der Verfahrenseinleitung herbeizuführen, einen (subjektiven) Missbrauch begründen.

2. Notwendigkeit insolvenzgerichtlicher Reaktionsmöglichkeiten

Unzweifelhaft ist, dass Versuche von Schuldnerseite, das Insolvenz-verfahren für eigene, mit den im Gesetz ausdrücklich oder systematisch niedergelegten Zwecken unvereinbare Ziele zu missbrauchen, einer wirksamen Entgegnung bedürfen und von der Rechtsordnung nicht hingenommen werden können. So fügen etwa „schwärende" Insolvenzen unter dem Schutzschild des Abweisungsbeschlusses mangels Masse gem. § 26 Abs. 1 InsO der Volkswirtschaft beträchtliche Schäden zu.[724]
Anders als beim Gläubigerantrag, bei dem das Erfordernis eines rechtlichen Interesses an der Verfahrenseröffnung vorwiegend Missbräuche des Antragstellers ausschließen sollte, hat der Reformgesetzgeber von einer entsprechenden Kodifikation beim Schuldnerantrag abgesehen. Ein gesetzlich vorgesehenes Prüfungsinstrument fehlt hier folglich, obwohl verschiedene Manipulationsmöglichkeiten belegen, dass durchaus ein Bedarf danach besteht. Mit der einseitigen Kodifizierung des RSI für Anträge durch Gläubiger hat der Reformgesetzgeber insofern also eher neue Probleme geschaffen als alte gelöst.

III. Ansätze zur Ausschließung missbräuchlicher Eigenanträge

Es ist davon auszugehen, dass die unterlassene Kodifizierung des Rechtsschutzinteresses beim Schuldnerantrag im Grundsatz auf das - von der Praxis widerlegte - Leitmotiv zurückzuführen ist, wonach es beim Schuldnerantrag keiner besonderen Zulassung des Antrags bedarf, weil sich niemand ohne Grund in die Rolle des Gemeinschuldners begeben wird.[725]
Diese Feststellung ist in dieser Allgemeinheit jedoch schon grundsätzlich fehlerhaft. Denn trotz Fehlens ausdrücklicher gesetzlicher Bestimmungen hat das Insolvenzgericht ebenso wie beim Gläubigerantrag auch beim Eigenantrag des Schuldners bestimmte Vorprüfungen vorzunehmen. Dazu gehört etwa die Zuständigkeit des angerufenen Gerichts, die Antragsberechtigung und Insolvenzfähigkeit des Schuldners. Weiter ist anerkannt, dass sich aus dem Antrag zumindest die Behauptung ergeben muss, dass ein Insolvenzgrund vorliegt.[726] Fehlt es an diesen Angaben, so hat das Gericht den Schuldner auf die Mängel hinzuweisen. Werden sie nach entsprechender Fristsetzung nicht behoben, muss auch der Eigenantrag als unzulässig abgewiesen werden.

---

[724] *Kuhn/Uhlenbruck* § 107 KO Rnr. 2

[725] *Baur/Stürner* ZwVR Bd. II Rnr. 7.15; wohl auch *Gerhardt* Grundbegriffe Rnr. 247; kritisch dazu *Uhlenbruck* in: Gottwald § 11 Rnr.1

[726] *Uhlenbruck/Delhaes* HRP Rnr. 173

Dies belegt, dass auch der Schuldner bei der Antragstellung nicht völlig von der Einhaltung bestimmter Formalien freigestellt ist, sondern die formalen und inhaltlichen Anforderungen an den Schuldnerantrag, die von der Praxis - von Detailfragen abgesehen - nahezu einhellig gestellt werden, vom Gesetzgeber unzureichend formuliert worden sind. Wichtige Zulassungskriterien, die für eine effektive Missbrauchskontrolle unentbehrlich sind, wurden hier vergessen und ohne sachgerechten Grund ausschließlich für den (Regel-)Fall des Gläubigerantrags kodifiziert. Die Bestimmungen der InsO bezüglich der Vorgaben an die Insolvenzantragstellung durch den Schuldner müssen demnach als lückenhaft und daher bis zur Korrektur durch den Gesetzgeber als ausfüllungsbedürftig angesehen werden.[727]
Um missbräuchliche ebenso wie sonst evident ungerechtfertigte Anträge des Schuldners bereits im Zulassungsstadium zu eliminieren, kommen neben der analogen Anwendung des Rechtsschutzinteresses auf den Gläubigerantrag (unten 3.) auch erhöhte Anforderungen an die ordnungsgemäße Darlegung des Insolvenzgrundes (unten 1.) sowie die Glaubhaftmachung des Insolvenzgrundes bei ernstlichen Zweifeln des Insolvenzgerichts (unten 2.) in Betracht.

1. Anforderungen an die ordnungsgemäße Darlegung des Insolvenzgrundes

Im Rahmen der „Behauptung" des Insolvenzgrundes durch den Schuldner wird darüber gestritten, wie konkret der Inhalt der Behauptung sein muß bzw. welcher Grad der Darlegung insoweit zu fordern ist. Fraglich ist also, ob dem Schuldner über die Behauptung eines Insolvenzgrundes hinaus abverlangt werden soll und kann, solche Tatsachen detailliert vorzutragen, die diese Behauptung begründen. Dazu käme etwa bei drohender Zahlungsunfähigkeit eine Liquiditätsbilanz sowie ein Finanzplan in Betracht.

a. Meinungsstand

Vallender und *Schmerbach* gehen denn auch davon aus, der Schuldner habe beim Insolvenzantrag die Eröffnungsvoraussetzungen und damit auch den Insolvenzgrund „schlüssig" darzulegen. Da die schlüssige Darlegung des Insolvenzgrundes als Zulässigkeitsvoraussetzung gewertet wird, muss der Antrag nach dieser Ansicht bei Nichtbeachtung bereits als unzulässig abgewiesen werden.[728]

---

[727] So auch *Pape* in: Kübler/Prütting § 13 Rnr. 2

[728] *Vallender* MDR 1999 S. 280 ff. (281); *Schmerbach* in: FK-InsO § 13 Rnr. 2, 90; *Vallender/Fuchs/Rey* NZI 1999 S. 140 ff. (141); ähnlich *Haarmeyer/Wutzke/Förster* Kap. 3 Rnr. 40

Andere sehen es als erforderlich und ausreichend an, dass der Eröffnungsgrund in „substanziierter, nachvollziehbarer Form" dargelegt wird.[729] Dabei müssten die tatsächlichen Angaben noch nicht „schlüssig" im technischen Sinne sein, dass daraus bereits ohne weiteres das Vorliegen eines Eröffnungsgrundes folgt. Vielmehr genüge die Darstellung der wesentlichen Umstände, aus denen sich der behauptete Eröffnungsgrund i.S.d. §§ 17 - 19 InsO ergebe.

b. Würdigung

Festzustellen ist zunächst, dass weder § 104 KO noch die weiter gehende Regelung des § 3 GesO[730] in die InsO übernommen wurde, dem Schuldner bei Antragstellung also kein Vermögensverzeichnis mehr abverlangt wird. Zuzustimmen ist beiden Ansichten insoweit, als daraus nicht geschlossen werden kann, der Schuldner habe keinerlei Unterlagen vorzulegen, aus denen sich der Insolvenzgrund ergibt. Dies zeigt bereits § 20 InsO, wonach dem Schuldner eine Auskunftspflicht gegenüber dem Insolvenzgericht auferlegt wird, die gem. der §§ 97, 98 InsO sogar die Selbstbezichtigung umfasst und strafbewehrt ist.
Zu weit gehend ist jedoch die Forderung nach einer schlüssigen Darlegung des Insolvenzgrundes bereits für die Zulassung des Antrags aus folgenden Gründen.

aa. Rechtssystematische Defizite

Zum einen widerspricht diese Forderung der Systematik der Klagevoraussetzungen des Zivilprozesses (§ 253 Abs. 2 Nr. 2 ZPO), und damit wegen § 4 InsO auch der Zulassungsvoraussetzungen des Insolvenzantrags.
Die Schlüssigkeit einer Klage stellt keine Prozessvoraussetzung, sondern nur eine Voraussetzung für den sachlichen Erfolg des Rechtsschutzgesuches dar und betrifft deshalb stets die Begründetheit einer Klage.[731] Sie kann damit erst zu einer Abweisung des Rechtsschutzgesuches als unbegründet führen. Anforderungen an den Insolvenzantrag, welche bereits zur Unzulässigkeit führen sollen, können demnach gem. §§ 4 InsO, 253 Abs. 2 Satz 2 ZPO allenfalls die Ordnungsmäßigkeit des Insolvenzeröffnungsantrages betreffen. Diese müssen entsprechend der Regeln des Zivilprozesses weniger eng gefasst sein als die Anforderungen an die Schlüssigkeit.

---

[729] *Kirchhof* in: HK-InsO § 13 Rnr. 18; *Schmahl* in: MüKo-InsO § 13 Rnr. 85; jüngst auch BGH Beschl. V. 12.12.2002 – IX ZB 426/02 – ZIP 2003, 358 (359)

[730] § 3 GesO: „Der Schuldner hat dem Gericht 1. ein vollständiges Verzeichnis seines Vermögens, 2 ein Verzeichnis seiner Gläubiger unter Angabe der bestehenden Verpflichtungen, 3. ein Verzeichnis seiner Schuldner unter Angabe der bestehenden Forderungen vorzulegen (Abs.1). Der Schuldner hat die Richtigkeit und Vollständigkeit des Verzeichnisses zu versichern; .... (Abs. 2)."

[731] Statt aller *Greger* in: Zöller Vor § 253 ZPO Rnr. 22 und § 253 ZPO Rnr. 12; insoweit zutreffend *Uhlenbruck* in: Gottwald § 9 Rnr. 6; AG Göttingen Beschl. v. 06.12.2001 – 74 IN 246/01 – ZInsO 2002 S. 43

bb. Überspannung der Anforderungen an die Darlegung des Insolvenzgrundes

Ungeachtet dieser terminologisch-systematischen Unzulänglichkeit ist die Forderung nach „Schlüssigkeit" des Antrags auch deswegen zu weit gehend, weil dies zu erheblichen Gefährdungen von Gläubiger und Rechtsverkehr führen könnte.
Hinsichtlich der Zulässigkeitsvoraussetzungen des Insolvenzeröffnungsantrags gilt der Grundsatz der Amtsprüfung; sowohl die Amtsermittlungspflicht des Gerichts (§ 5 Abs. 1 InsO) als auch die Auskunftspflicht des Schuldners (§ 20 InsO) entstehen nach ihrem Wortlaut erst nach der Zulassung des Antrags im Hauptprüfungsverfahren. Würde sich nun bereits im Zulassungsverfahren die Unschlüssigkeit des Antrags herausstellen, so soll dieser als unzulässig abgewiesen werden - ungeachtet davon, ob sich im Hauptprüfungsverfahren der Insolvenzgrund doch ermitteln ließe, der Schuldner folglich insolvent wäre. Er könnte weiterhin werbend am Rechtsverkehr teilnehmen und weitere Schädigungen verursachen. Das Eröffnungsverfahren könnte sich erheblich verzögern, ohne dass das Gericht die Möglichkeit hätte, durch entsprechende Maßnahmen die Sicherung der Masse zu veranlassen.[732] Daher kann es im wohlverstandenen Interesse der - auch potentiellen - Gläubiger, aber auch des Schuldners selbst nicht richtig sein, wegen Fehlens der vollständigen Unterlagen im Zulassungsstadium ohne weiteres den Antrag abzuweisen.[733]
Der Gefahr, dass es aufgrund unbegründeter Eigenanträge zur Eröffnung eines Insolvenzverfahrens kommt, wird bereits dadurch begegnet, dass das Gericht auch beim Eigenantrag vom Vorliegen eines Insolvenzgrundes überzeugt sein muss, bevor es das Verfahren eröffnet.[734] Werden inhaltliche Mängel des Antrags nach dessen Zulassung nicht behoben, insbesondere erforderliche Unterlagen trotz gerichtlicher Aufforderung vom Schuldner nicht nachgereicht, und gelingt die Überzeugungsbildung des Insolvenzgerichts auch aufgrund der amtswegigen Ermittlungen nicht, so muss es den Antrag als unbegründet zurückweisen.[735]

---

[732] H.M., etwa *Uhlenbruck* InVo 1999 S. 333 f. (334); a.A. *Haarmeyer/Wutzke/Förster* Kap. 3 Rnr. 134 f., die die Anordnung von Sicherungsmaßnahmen bei Eigenanträgen bereits dann zulassen, wenn der Antrag nach „überschlägiger Prüfung" nicht erkennbar mißbräuchlich oder unzulässig ist.

[733] *Uhlenbruck* in: Gottwald § 11 Rnr. 2; i.E. auch *Pape* in: Kübler/Prütting § 13 InsO Rnr. 11a

[734] Zu Mißbrauchsmöglichkeiten bei der Zustimmungsersetzung unten Teil 6 III 3d gg sowie *Pape* WM 1998 S. 2125 ff. (2128)

[735] AG Göttingen - Beschl. v. 06.12.2001 – 74 IN 246/01 – ZInsO 2002 S. 43

cc. Forderung nach substanziierter Darlegung des Insolvenzgrundes

Andererseits kommt dem Insolvenzgericht auch beim Eigenantrag die Aufgabe zu, missbräuchliche Anträge bereits als unzulässig auszusondern. Um diese Aufgabe zu bewältigen und um eine unnötige Bindung der Justizkapazitäten zu vermeiden, trifft es zu, wenn dem Schuldner für einen ordnungsgemäßen Eigenantrag mehr abverlangt wird als die bloße Behauptung des Insolvenzgrundes. Zu den Mindestanforderungen für einen Schuldnerantrag gehört deshalb die plausibel begründete Situationseinschätzung, etwa indem die wesentlichen Tatsachen, aus denen sich nach Ansicht des Schuldners der Insolvenzgrund ergibt, grob dargestellt werden.
Wenn selbst einem Verbraucher und Kleingewerbetreibenden[736] bei der Antragstellung gem. § 305 Abs. 1 Nr. InsO die Einreichung genauer Unterlagen über seine Vermögensverhältnisse abverlangt wird, so kann dies erst recht unternehmerisch tätigen Schuldnern, die häufig Inhaber mittlerer oder großer Unternehmen bzw. Führungskräfte von juristischen Personen sind, zugemutet werden.[737] So hat der Schuldner, bevor er in eigener Sache das Insolvenzgericht in Anspruch nimmt, seine wirtschaftliche Lage sorgfältig zu prüfen. Der Antrag muss erkennen lassen, dass diese Prüfung erfolgt ist, indem ihr Ergebnis geordnet zusammengestellt wird.[738]
Ist der Schuldner hingegen zu einer substanziierten Antragsbegründung außerstande, da ein geordnetes und vollständiges Rechnungswesen fehlt und er den Überblick über seine Vermögenslage verloren hat, so hat er statt dessen dem Gericht die Schwierigkeiten und Hindernisse zu schildern.[739] Die auf diese Weise mitgeteilten Tatsachen können nach Zulassung des Antrags Anlass und Ansatzpunkte für weitere Ermittlungen im Rahmen der Begründetheitsprüfung bieten.

c. Zwischenergebnis

Zusammenfassend ist somit die Ansicht, die einen „schlüssigen" Vortrag zum Insolvenzgrund fordert, als zu weitgehend abzulehnen. Die Überspannung der Anforderungen zur Antragsbegründung läge auch nicht im Interesse der Gläubiger an einer effizienten Verfahrensgestaltung. Die Zulassung hängt demnach nicht davon ab, ob die Nachweise, die ihn schlüssig belegen, bereits mit Antragstellung oder erst nach Zulassung des Antrags ggf. auf Druck des Gerichts vom Schuldner vorgebracht bzw. durch das Gericht ermittelt werden.

---

[736] Zur Neufassung des § 304 InsO durch Art. 1 ÄndG-InsO s. *Vallender* NZI 2001 S. 561 ff. (562) und *I. Pape* ZInsO 2001 S. 587 ff. (590)
[737] *Schmahl* in: MüKo-InsO § 13 Rnr. 88
[738] *Schmahl* in: MüKo-InsO § 13 Rnr. 87
[739] *Schmahl* in: MüKo-InsO § 13 Rnr. 92

Andererseits stellt die über die bloße Behauptung hinausgehende Substanziierung des Insolvenzgrundes mittels hinreichender Tatsachen einen ausgewogenen Ausgleich zwischen dem Schutz der Justiz vor übermäßiger Belastung und dem Interesse der Gläubigergemeinschaft an einem effizienten Verfahrensablauf her, der den Schuldner vor nicht unzumutbare Belastungen stellt.

2. Glaubhaftmachung des Insolvenzgrundes?

Wie bereits skizziert hat der Reformgesetzgeber mit den unvollständigen Bestimmungen zum Umfang der Antragsunterlagen beim Schuldnerantrag insbesondere für das Zulassungsverfahren eine Gesetzeslage geschaffen, die es dem Insolvenzgericht erheblich erschwert, das Vorliegen der Eröffnungsvoraussetzungen zu prüfen und missbräuchliche Anträge bereits im Zulassungsverfahren auszusondern.

a. Die gegenwärtige Rechtslage und ihre Konsequenzen

Außerhalb der Antragstellung durch nur einen von mehreren zur Vertretung Befugten (§§ 15 Abs. 2, 18 Abs. 3 InsO) bedarf es im Falle der Stellung eines Eigenantrags für die Einleitung des Eröffnungsverfahrens nicht der Glaubhaftmachung des Vorliegens eines Insolvenzgrundes. Geht man vom Wortlaut der InsO aus, so ist der Schuldner folglich nicht dazu verpflichtet, die dem Antrag zugrunde gelegten Angaben glaubhaft zu machen, insbesondere eidesstattlich zu versichern.[740]
Diese Unzulänglichkeit ist allein mit dem Ziel einer rascheren Verfahrenseröffnung nicht zu rechtfertigen. Angesichts der von *Haarmeyer/Wutzke/Förster* festgestellten Zunahme von missbräuchlichen Insolvenzanträgen[741] kann von der Prämisse des Gesetzgebers, niemand beantrage ohne Vorliegen eines Insolvenzgrundes leichtfertig das Insolvenzverfahren über sein Vermögen, eben nicht mehr ausgegangen werden.[742] Gerade die Zulassung missbräuchlicher Eigenanträge kann mittelbar auch die Interessen der Gläubigergemeinschaft nachhaltig gefährden, indem die Kreditwürdigkeit des Schuldners herabgesetzt wird und er deshalb die Außenstände der Einzelgläubiger nicht mehr vollumfänglich bedienen kann. Verschärft wird dies durch den Umstand, dass die vorschnelle, aber eben auch die verzögerte Verfahrenseröffnung erhebliche Haftungsrisiken für das Gericht birgt.

---

[740] *Smid* Grundzüge § 3 Rnr. 9; *Uhlenbruck* in: Gottwald § 9 Rnr. 6

[741] *Haarmeyer/Wutzke/Förster* (2. Auflage 1998) Kap. 3 Rnr. 56; vgl. auch *Henckel* ZIP 2000 S. 2045 ff. (2038); *Pape* in: Kübler/Prütting § 13 InsO Rnr. 11

[742] *Jauernig* ZVR § 54 III 2; ähnlich *Uhlenbruck/Delhaes* HRP Rnr. 191; a.A. wohl *Schlosser* in: Leipold S. 9 ff. (12)

b. Glaubhaftmachung bei überwiegenden Zweifeln am Vorliegen des Insolvenzgrundes

Auszugehen ist davon, dass im Regelfall der Eigenantrag des Schuldners, in dem der Insolvenzgrund zumindest konkludent behauptet wird,[743] zur Zulassung ausreicht. Die möglichst rasche Zulassung des Antrags ist bereits deshalb nötig, um die Sicherung der Vermögensmasse vor weiterer Auszehrung durch Maßnahmen gem. §§ 21 ff. InsO herbeizuführen.
Hat das Gericht jedoch überwiegende Zweifel am Vorliegen des Insolvenzgrundes und begründet dies den konkreten Verdacht, dass der Schuldner unredliche Absichten verfolgt, so sollte erwogen werden, dem Antragsteller ausnahmsweise die Glaubhaftmachung des Insolvenzgrundes abzuverlangen. Damit wäre vor der Zulassung des Eigenantrags zumindest eine vorläufige Prüfung möglich, ob ein Insolvenzgrund überhaupt vorliegt; die Klärung dieser Frage zur Überzeugung des Gerichts bliebe freilich dem Hauptprüfungsverfahren vorbehalten. Eine Zulassung des Antrags selbst bei überwiegenden Zweifeln am Vorliegen des Insolvenzgrundes, wie sie das Gesetz gegenwärtig vorsieht, könnte beim Schuldnerantrag - ebenso wie beim Gläubigerantrag, der dieses Zulassungskriterium explizit erfordert - ausgeschlossen werden. Zu dieser Glaubhaftmachung käme insbesondere die Vorlage eines Gläubiger- und Schuldnerverzeichnisses, einer Übersicht der Vermögensmasse im Zeitpunkt der Antragstellung sowie die Versicherung an Eides Statt über die Richtigkeit seiner Angaben gem. § 4 InsO i.V.m. § 294 Abs. 1 ZPO in Betracht.

c. Vereinbarkeit mit dem Willen des Gesetzgebers

Dies entspricht auch dem Willen des Gesetzgebers, der in der Begründung der InsO mittelbar zum Ausdruck kommt. So sollte sich die Bestimmung des § 20 InsO, die sich mit den Auskunftspflichten des Schuldners im Eröffnungsverfahren beschäftigt, inhaltlich an dem früheren § 104 KO orientieren. Zu diesem Zweck sollte § 104 KO, wonach bereits bei Stellung eines Eigenantrags ein Verzeichnis der Gläubiger und Schuldner sowie eine Vermögensübersicht beizufügen war, zu einer Auskunftspflicht des Schuldners im Eröffnungsverfahren „verallgemeinert" werden.[744] Zweck der Vorschrift sollte es sein, die Abwicklung des Eröffnungsverfahrens zu erleichtern.[745]

---

[743] S. dazu bereits oben Teil 6 III 1

[744] BT-Drs. 12/2443 S. 114 („Zu § 24"), BT-Drs. 12/7302 S. 157 zu Nr. 15 („Zu § 24), S. 166 zu Nr. 62 („ Zu § 109") und zu Nr. 63 („Zu § 110"); *Schmidt-Räntsch* Teil 2 § 20 InsO

[745] *Kirchhof* in: HK-InsO § 20 Rnr. 2

Nunmehr setzt § 20 InsO jedoch seinem Wortlaut nach für das Entstehen der Auskunftspflicht die Zulässigkeit des Insolvenzeröffnungsantrags voraus.[746] Erst nach Zulassung des Antrags treffen den Schuldner folglich Auskunftspflichten hinsichtlich seiner Vermögenslage. Damit wurde die Auskunftspflicht auf den Zeitraum nach Zulassung des Insolvenzantrags verlegt, statt die Vorschrift des § 104 KO - wie beabsichtigt - zu verallgemeinern. Dass damit die Auskunftspflichten des Schuldners beim Eigenantrag eher eingeschränkt denn erweitert wurden, scheint der Reformgesetzgeber ausweislich der Amtlichen Begründung nicht erkannt zu haben.[747]
Eine Erweiterung der Auskunftspflicht des Schuldners bei überwiegenden Zweifeln des Gerichts am Vorliegen des Insolvenzgrundes greift auch nicht unverhältnismäßig in die Interessen des Schuldners ein, was bereits die Vorschrift des § 305 Abs. 1 Nr. 3 InsO belegt: danach sind im vereinfachten Insolvenzverfahren dem Antrag die entsprechenden Verzeichnisse einschließlich der Versicherung, dass die darin enthaltenen Angaben richtig und vollständig sind, ohnehin beizufügen.[748]

d. Zwischenergebnis

Zusammenfassend ist davon auszugehen, dass beim Eigenantrag des Schuldners grundsätzlich keine Glaubhaftmachung hinsichtlich des Insolvenzgrundes zu fordern ist. Dies verbietet sich in den meisten Fällen bereits aufgrund des Eilcharakters des Insolvenzeröffnungsverfahrens und der Notwendigkeit, den Antrag zunächst zuzulassen, um Maßnahmen zur Sicherung der Insolvenzmasse gem. §§ 21 ff. InsO anzuordnen.
Andererseits muss es dem Gericht bei überwiegenden Zweifeln am Vorliegen des Insolvenzgrundes, die einen Missbrauch des Eigenantragsrechts nahe legen, gestattet sein, dem Schuldner ausnahmsweise die Glaubhaftmachung des Insolvenzgrundes, insbesondere die eidesstattliche Versicherung über die Richtigkeit seiner Angaben abzuverlangen.[749] Dass diese Vorgehensweise in Ausnahmefällen über die vom Gesetz geforderten Anforderungen hinausgeht, belegt nicht deren Überzogenheit, sondern vielmehr die unzulängliche

---

[746] § 20 InsO Satz 1 besagt: „Ist der Antrag zulässig, so hat der Schuldner dem Insolvenzgericht die Auskünfte zu erteilen, die zur Entscheidung über den Antrag erforderlich sind."

[747] BT-Drs. a.a.O; *Schmidt-Räntsch* Teil 2 § 20; kritisch zur Konzeption des Gesetzgebers auch *Schmerbach* in: FK-InsO § 14 Rnr. 90; Schlosser in: Leipold S. 9 ff. (13); *Haarmeyer/Wutzke/Förster* Kap. 3 Rnr. 40 f.

[748] Vgl. *Pape* WM 1998 S. 2125 ff. (2129); *Schmerbach* in: FK-InsO § 14 Rnr. 90a

[749] Ebenso *Jauernig* ZVR § 54 III 2; *Pape* in: Kübler/Prütting § 13 InsO Rnr. 11; s. bereits *Schumann* DJ 1935 S. 1210 ff. (1213); weitergehend noch *Haarmeyer/Wutzke/Förster* Kap. 3 Rnr. 56, die in ihrer 2. Auflage (1998) bei jedem (Fremd- und Eigen-)Antrag die Glaubhaftmachung verlangten.

Konzeption des Reformgesetzgebers in den Bestimmungen zum Insolvenzeröffnungsantrag des Schuldners.

3. Das Rechtsschutzinteresse bei Eigenantrag

Als weiteres Kriterium, das dem Insolvenzgericht erlaubt, Missbräuchen bei Eigenanträgen bereits im Zulassungsverfahren entgegenzutreten, kommt die entsprechende Anwendung des lediglich für den Gläubigerantrag kodifizierten und im Zivilprozess für jedes Rechtsschutzgesuch anerkannten Rechtsschutzinteresses in Betracht.
Insoweit ist zunächst zu prüfen, ob es mit der gegenwärtigen Gesetzeslage vereinbar ist, analog zum Gläubigerantrag auch vom Schuldner das rechtliche Interesse an der Verfahrenseröffnung zu fordern (unten a.).[750] Weiter sollen allgemeine Kriterien fehlenden Rechtsschutzinteresses entwickelt werden (unten b. und c.). Sodann werden besondere Fallgruppen, in denen die Befugnis zur Eigenantragstellung missbraucht wird, gebildet und gewürdigt (unten d.).

a. Auseinandersetzung mit der Gesetzeslage

Sicherlich ist zutreffend, dass nach dem Wortlaut des § 14 Abs. 1 InsO das Vorliegen eines rechtlichen Interesses beim Eigenantrag nicht gefordert wird. Dem Gesetzgeber hätte die Problematik des Rechtsschutzinteresses beim Eigenantrag zwar bekannt sein müssen, da bereits unter der Geltung der KO dahingehende Überlegungen zur Begegnung missbräuchlicher Eigenanträge angestellt wurden. Dennoch wurde auf eine positiv-rechtliche Ausgestaltung in der InsO verzichtet und damit eine Regelungslücke herbeigeführt.

aa. Vorliegen einer planwidrigen Regelungslücke

Die für eine analoge Anwendung des § 14 Abs. 1 InsO auf Insolvenzanträge des Schuldners erforderliche Planwidrigkeit der Regelungslücke ist hier darin zu sehen, dass den Bestimmungen zum Eröffnungsverfahren ein schlüssiges Konzept zugrunde liegt, das die meisten Fragen eingehend regelt.[751] Allein beim Schuldnerantrag fehlen jegliche gesetzliche Vorgaben, ja, sie scheinen nicht einmal erwogen worden zu sein: weder im Gesetz selbst, noch in der allgemeinen Begründung noch in den Einzelerläuterungen zur InsO sind eindeutige Formulierungen zur Anwendung des RSI beim Schuldnerantrag zu finden. Somit lässt sich der hinter dieser Unterlassung stehende Wille des Gesetzgebers nicht ermitteln, eine historische Auslegung ist unmöglich.[752] Statt

---

[750] Ansätze dafür finden sich etwa bei *Henckel* ZIP 2000 S. 2045 ff. (2048); *Fuchs* ZInsO 1999 S. 185 ff. (189); *Bork* ZIP 1999 S. 301 ff. (302); *Kirchhof* in: HK-InsO § 13 Rnr. 18 f.

[751] *Pape* in: Kübler/Prütting § 13 Rnr. 2

[752] BVerfG Urteil v. 21.5.1952 - 2 BvH 2/52 - BVerfGE 1, 299 (312); vgl. auch Beschl. v. 17.5.1960 - 2 BvL 11/59, 11/60 - BVerfGE 11, 126, 129 f.

dessen ist zu vermuten, dass er die Möglichkeiten missbräuchlicher Antragstellung auch auf Schuldnerseite unterschätzt oder schlichtweg übersehen hat. Angesichts der im Übrigen durchdachten Konzeption muss diese Unterlassungssünde als planwidrig angesehen werden.

bb. Übertragbarkeit der Grundsätze auf den Eigenantrag

Für die analoge Anwendung des § 14 Abs. 1 InsO auf den Schuldnerantrag spricht, dass die Insolvenzreform nichts daran geändert hat, dass die Grundsätze des Zivilprozessrechts mangels speziellerer Vorgaben auch im Insolvenzverfahren Geltung finden, § 4 InsO. Damit sind die allgemeinen Grundsätze für die Erforderlichkeit des RSI nur dann unanwendbar, wenn sie dem Wesen des Insolvenzverfahrensrechts zuwiderlaufen.[753] Dass dem nicht so ist zeigt sich bereits an der Tatsache, dass schon vor der Kodifikation unter der Geltung der KO die Forderung eines RSI für den Konkurseröffnungsantrag einhellig Ansicht in Wissenschaft und Praxis war und dabei zu keiner Zeit Unterschiede zwischen Fremd- und Eigenanträgen gemacht wurden. Im Übrigen ergibt sich die Kompatibilität mit der InsO mittelbar aus der Einstufung des RSI als ausdrückliche Zulässigkeitsvoraussetzung für den Gläubigerantrag. Denn wenn das RSI dem Wesen des Insolvenzverfahrens beim Gläubigerantrag offensichtlich nicht zuwiderläuft, so kann dies beim Schuldnerantrag nicht anders gewertet werden. Der wesentliche Wertungsunterschied zwischen Gläubiger- und Schuldnerantrag ist letztlich derjenige, dass der Gesetzgeber davon ausging, Eigenanträge würden nur von ernsthaft an der Insolvenzeröffnung interessierten Schuldnern gestellt, die Missbrauchsgefahr und ihrer Begegnung somit nicht ernsthaft erwog. Selbst wenn diese Einschätzung zuträfe, was angesichts der vielfältigen Missbrauchsformen jedenfalls nicht uneingeschränkt der Fall ist, weil der ehrbare Kaufmann heute die „seltene Ausnahme" geworden ist,[754] so wäre dies doch kein ausreichender Grund, um das Erfordernis eines rechtlichen Interesses für den Schuldnerantrag als gesetzlich angeordnete Analogie abzulehnen.

cc. Zwischenergebnis

Zusammenfassend ist demnach davon auszugehen, dass es aus methodischen Gründen zulässig und angesichts der Zunahme missbräuchlicher Eigenanträge[755] aus rechtspolitischen Gründen auch geboten ist, auf die allgemeinen Zulässigkeitskriterien des Zivilprozesses (§ 4 InsO) zurückzugreifen und für die

[753] *Goetsch* in: BK-InsO § 4 Rnr. 3; *Becker* in: Nerlich/Römermann § 4 InsO Rnr. 4 ff.

[754] So *Haarmeyer/Wutzke/Förster* Kap. 3 Rnr. 1

[755] Die Zunahme mißbräuchlicher Eigenanträge bezeichnen *Haarmeyer/Wutzke/Förster* (2. Auflage 1998, Kap. 3 Rnr. 56) als „enorm".

Prozesshandlung „Stellung des Insolvenzantrages" bei Eigenanträgen das RSI zu fordern, auch wenn eine spezielle gesetzliche Grundlage fehlt.[756]

b. Grundsätze zur Prüfung des Rechtsschutzinteresses beim Schuldnerantrag

Das Vorliegen des rechtlichen Interesses ist auch hier von Amts wegen in jeder Lage des Verfahrens zu prüfen. Es muss dem Schuldner in der Regel zugestanden werden, wenn er einen Insolvenzgrund behauptet und dem Gericht keine Zweifel an dessen Vorliegen oder an der Ernsthaftigkeit der Antragstellung kommen. Derartige Zweifel können sich wiederum ergeben durch eigene Sachkenntnis (§§ 4 InsO, 291 ZPO) oder durch Einlassungen einzelner Gläubiger, die das Vorliegen eines Insolvenzgrundes bestreiten. In diesem Fall muss entsprechend dem Gläubigerantrag das rechtliche Interesse vom Antragsteller bewiesen werden, etwa, dass es dem Schuldner nicht ausschließlich darauf ankommt, eine Vollstreckungssperre gem. § 88 InsO auszulösen. Gelingt der Nachweis des rechtlichen Interesses nicht, so führt dies zur Unzulässigkeit des Antrags. Ebenso wie beim Gläubigerantrag ist auch hier darauf zu achten, dass andere Antragsvoraussetzungen oder Regelungen nicht durch das RSI ausgehöhlt werden.
Freilich hilft diese Ansicht nicht darüber hinweg, dass gerade bei Eigenanträgen die Ermittlung missbräuchlicher Beweggründe des Antragstellers besonders schwierig und kaum realisierbar ist, so dass dem Insolvenzgericht mit diesem Mittel ein „stumpfes Schwert" zur Verfügung steht. Jedoch ist die Signalwirkung, die das Erfordernis des Rechtsschutzinteresses beim Schuldnerantrag nach sich zöge, nicht zu übersehen, welche eher als bisher zu einer Vermeidung missbräuchlich gestellter Eigenanträge des Schuldners führen dürfte.

c. Kriterien des Missbrauchs

Grundsätzlich gelten zur Bestimmung von Missbräuchen bei Eigenanträgen die gleichen Erwägungen wie beim Gläubigerantrag. Die wesentliche Aufgabe des RSI, das jeweilige Verfahren, in dem es geprüft wird, in seiner Zielsetzung zu unterstützen und die Verfolgung unvereinbarer Parteizwecke auszuschließen, gilt auch hier.
Damit müssen bei der Bildung von Fallgruppen die selben Kriterien zugrunde gelegt werden. In erster Linie kommt es darauf an, dass anhand der Bestimmung des RSI die Erreichung der Verfahrensziele fördert, so insbesondere das gemeinsame Interesse der gesamten Gläubiger an einer möglichst effektiven Haftung des Schuldners durchzusetzen, aber auch den Schutz des Rechtsverkehrs vor weiterer Gefährdung durch den Schuldner zu gewährleisten.

---

[756] I.E. auch *Henckel* ZIP 2000 S. 2045 ff. (2048); wohl auch *Bork* ZIP 1999 S. 301 ff. (302); vgl. jetzt auch AG Göttingen Beschl. v. 6.12.2002 – 74 IN 337/02 ZVI 2003, 28

Insoweit kann auf obige Ausführungen zu den Schutzrichtungen des RSI im Insolvenzeröffnungsverfahren verwiesen werden.[757]
Strebt der Schuldner an, mittels gesetzlicher Folgen des Antrags eigennützige Vorteile auf Kosten der Gläubigergemeinschaft zu erlangen und macht dies den alleinigen Grund für die Antragstellung aus, so verkehrt der Schuldner die Ziele des Gesetzes in ihr Gegenteil. Auch der Schuldner muss die vom Gesetz vorgegebenen Hauptzwecke des Verfahrens ernsthaft anstreben, mögen diese auch mit weiteren Zielen, die er verfolgt, gekoppelt sein. Folglich sind Missbräuche beim Eigenantrag ebenfalls durch die Divergenz von den Zielen des Antragstellers (Schuldners) und jenen der InsO gekennzeichnet. Eine Divergenz ist insbesondere anzunehmen, wenn er ausschließlich egoistische Ziele verfolgt, die den genannten Verfahrenszwecken, insbesondere die gleichmäßige Befriedigung bzw. die eigene Sanierung unter angemessener Beteiligung der Gesamtgläubigerschaft, entgegenstehen.

d. Einzelne Formen des Missbrauchs

aa. Missbräuchliche Fortführung oder Abwicklung des Unternehmens

Ein Missbrauch des Verfahrens ist dann anzunehmen, wenn der Antragsteller die Herbeiführung des Abweisungsbeschlusses gem. § 26 Abs. 1 InsO allein angestrebt, um unter dessen „Schutzschirm" das marode Unternehmen weiter betreiben zu können.[758] Wird gerade nicht die Sanierung des Unternehmens unter Einbeziehung der Gläubiger bezweckt, sondern soll der Beschluss über die Abweisung des Insolvenzantrags mangels Masse dem Schuldner als „Freibrief" zur Dokumentation der eigenen Vermögenslosigkeit dienen, so werden die Bestimmungen, die der Herbeiführung der gesetzlichen Ziele, hier u.a. der Schutz des Rechtsverkehrs, dienen, in eigennütziger Absicht in ihr Gegenteil verkehrt. Hinzu kommt, dass der Schuldner trotz Kenntnis seiner wirtschaftlichen Insuffizienz weitere Gefährdungen auf Seiten solcher Gläubiger billigend in Kauf nimmt, die von der Eintragung in das Schuldnerverzeichnis keine Kenntnis haben. Entsprechend können nicht unerhebliche Gläubigerschäden verursacht werden, wenn die Löschung einer Gesellschaft im Handelsregister gem. § 141a Abs. 1 FGG unterbleiben muss, weil das schuldnerische Unternehmen noch (Rest-)Vermögen nachzuweisen vermag und die vermögenslose Gesellschaft weiterhin werbend am Rechtsverkehr teilnehmen kann.[759]
Andererseits kann dem Antragsteller daran gelegen sein, durch verspätete Antragstellung den Abweisungsbeschluss mangels Masse zu provozieren, um

---

[757] Oben Teil 2 II 1
[758] *Uhlenbruck* in: Gottwald § 12 Rnr. 33
[759] *Uhlenbruck* in: Gottwald § 12 Rnr. 33

dann „still“, d.h. ohne einen unbequemen Verwalter und ohne Aufsicht des Gerichts abzuwickeln.
Wird der Weg des Insolvenzverfahrens gewählt, um dabei entgegen den Vorstellungen des Gesetzgebers nicht die Interessen der Gesamtgläubigerschaft, sondern allein die Interessen des Gesellschafters resp. des Unternehmensträgers zu berücksichtigen, so ist ein Missbrauch des Eigenantragsrechts anzunehmen.[760]

bb. Missbräuchliche Sanierung des Schuldnerunternehmens

Auch kann das Ziel, mittels des Insolvenzverfahrens eine „übertragende Sanierung“ ohne Übernahme der Verbindlichkeiten der bisherigen Gesellschaft durchzuführen, in missbräuchlicher Absicht erfolgen. Dabei werden Lieferantenverbindlichkeiten, Steuerschulden sowie langfristige Pensionsverpflichtungen abgeschüttelt und das Anlage- und Umlaufvermögen vom Insolvenzverwalter für eine zu diesem Zweck begründete Auffanggesellschaft erworben.
Teilweise kommt es dem Schuldner allein darauf an, das marode Unternehmen fortzuführen, obwohl keine positive Fortführungsprognose besteht und obwohl weder personell noch inhaltlich durchgreifende Strukturveränderungen in der Unternehmensführung vorgesehen sind. Die Gefährdung weiterer Gläubigerkreise bis zu einer nächsten Krise wird dabei in Kauf genommen. In diesen Fällen wird eine auch nur teilweise Befriedigung der Gläubiger oder eine Sanierung unter deren Beteiligung nicht nur nicht ernsthaft angestrebt, sondern steht dem eigentlichen Parteizweck der Antragstellung entgegen.[761] Hinweise für eine derart missbräuchliche Motivation des Antragstellers ergeben sich insbesondere dann, wenn die Gesellschafter der Auffanggesellschaft mit den bisherigen Gesellschaftern der notleidenden Unternehmung identisch oder ihnen zumindest nahestehend sind.

cc. Missbräuchliche Auslösung des Vollstreckungsverbots

Kommt es dem Schuldner allein darauf an, durch die Auslösung des Vollstreckungsverbots gem. § 89 InsO, verbunden mit der Rückschlagsperre gem. § 88 InsO, einzelne Gläubiger zu beeinträchtigen, so verwendet er das Verfahren zur Erlangung eigennütziger, mit dem Gesetzeszweck unvereinbarer Ziele. Diese Nebenfolge der Verfahrenseröffnung, die den Schuldner für den Lauf des Insolvenzverfahrens vor Maßnahmen der Einzelzwangsvollstreckung schützt, soll dem Hauptzweck des Verfahrens, der gemeinschaftlichen Gläubigerbefriedigung dienen, indem Zugriffe von Einzelgläubigern ausgeschlossen bzw. rückgängig gemacht werden. Kommt es dem Schuldner

---

760 *Haarmeyer/Wutzke/Förster* Kap. 3 Rnr. 116

761 Ähnlich *Uhlenbruck* in: KS-InsO S. 1157 ff. Rnr. 1; *Uhlenbruck* AnwBeratung S. 177; s. auch Allgemeine Begründung RegE InsO KTS 1992 S. 33 ff. (38)

allein darauf an, sich mit dieser Verfahrensfolge dem Einzelzugriff seiner Gläubiger zu entziehen, ohne ernsthaft die gemeinschaftliche Befriedigung seiner Gläubiger bzw. die Sanierung unter deren Beteiligung zu erstreben, so liegt ein subjektiver Missbrauch des Verfahrens vor.[762] Ein Missbrauch kann indiziert sein, wenn sich der Schuldner nach Stellung des Eigenantrags auf Eröffnung des Insolvenzverfahrens trotz mehrfacher Aufforderung mit dem vom Insolvenzgericht mit der Ermittlung beauftragten Sachverständigen nicht in Verbindung setzt.[763]

dd. Ersparnis der Löschungskosten zu Lasten der Staatskasse

Es kommt vor, dass Geschäftsführer oder Vorstände von Kapitalgesellschaften (AG, KGaA, GmbH) Insolvenzantrag allein in der Absicht stellen, durch die Abweisung des Insolvenzverfahrens mangels Masse eine amtswegige Löschung der insolventen Gesellschaft[764] aus Staatsmitteln zu erreichen, um so die eigenen Kosten der Löschung einzusparen.[765] Dazu ist das Registergericht gem. § 141a Abs. 1 FGG im Falle des Abweisungsbeschlusses verpflichtet. Zu diesem Zweck wird die Masse durch Bedienung nahezu sämtlicher Gläubiger so weitgehend geschmälert, dass sogar aufgrund der verbliebenen und relativ geringfügigen Insolvenzforderung das Verfahren mangels Masse abgewiesen werden muss.[766] Da das Insolvenzverfahren missbraucht wird, um auf Kosten des Staates und letztlich der Allgemeinheit der Steuerzahler eigennützige Vorteile zu ziehen, muss das Rechtsschutzinteresse, das auch den Schutz des Staates und der Allgemeinheit bezweckt, verneint werden.

ee. Fehlen eines Vermögensverzeichnisses

Teilweise wird erwogen, das rechtliche Interesse des Schuldners an der Verfahrenseröffnung sei dann nicht gegeben, wenn bei Stellung des Eigenantrags keine Vermögensübersicht vorgelegt wird.[767]

Ausgangspunkt für die Bewertung muss jedoch sein, dass für den ordnungsgemäßen Antrag keine schlüssige Begründung des Insolvenzgrundes erforderlich ist. Grundsätzlich ausreichend ist die substantiierte und nachvollziehbare Darstellung von Tatsachen, die das Vorliegen eines Insolvenzgrundes

---

[762] S. dazu *Vallender* ZIP 1997 S. 1993 ff.

[763] AG Göttingen Beschl. v. 4.6.2002 ZInsO 2002 S. 1152

[764] Dazu *Uhlenbruck* GmbHR 1995, 81 ff., 195 ff. (203); das bisher einschlägige LöschungsG wurde gem. Art. 2 Nr. 9 EGInsO zum 1.1.1999 aufgehoben, die entsprechenden Regelungen in § 141a FGG eingefügt

[765] Gleiches gilt wegen § 141a Abs. 3 Satz 1 FGG auch für offene Handelsgesellschaften und Kommanditgesellschaften, bei denen kein persönlich haftender Gesellschafter eine natürliche Person ist.

[766] Vgl. OLG Celle Beschl. v. 28.4.1999 - 2 W 36/99 - ZIP 1999, 1605 = NZI 2000, 493

[767] LG Meiningen Beschl. v. 5.4.1995 - 1 T 94/95 (unveröffentlicht)

begründen.[768] Auch dürfen durch die Prüfung des Rechtsschutzinteresses beim Schuldnerantrag ebenso wie beim Gläubigerantrag keine eigenen einschränkenden Voraussetzungen aufgestellt werden.[769] Dann kann dem Schuldner, dessen Eigenantrag diesen Kriterien genügt, ein Vermögensverzeichnis jedoch vermissen läßt, aus diesem Grund das rechtliche Interesse nicht abgesprochen werden. Damit wäre auch den Interessen der Gläubiger an einer möglichst raschen Verfahrenseröffnung nicht gedient, vielmehr könnte der Schuldner durch die Verweigerung der Mitarbeit die Durchführung des Insolvenzverfahrens behindern. Statt dessen ist es dann Aufgabe des Insolvenzgerichts, nach Zulassung des Antrags auf die Vorlage aller zur Prüfung des Insolvenzgrundes erforderlichen Unterlagen hinzuwirken, und die Pflicht des Schuldners zur Auskunft ggf. mit den Mitteln des § 20 InsO zu erzwingen.[770]

ff. Missbräuchliche „Flucht in die Verbraucherinsolvenz“

Weiter sind Missbräuche auf Schuldnerseite denkbar, die sich explizit aus den Bestimmungen des neu eingeführten Verbraucherinsolvenzverfahrens (§§ 304 ff. InsO) ergeben. So ist eine missbräuchliche Herbeiführung der Verbrauchereigenschaft anzunehmen, wenn das Schuldnerunternehmen allein zu dem Zweck stillgelegt, übertragen oder zurückgefahren wurde, um das Verbraucherinsolvenzverfahren einzuleiten zu können. Dieses Verfahren hat für den Schuldner zum einen den Vorteil, dass die Gläubiger gezwungen sind, sich zunächst auf ein außergerichtliches und dann auf ein gerichtlich vermitteltes Schuldenbereinigungsverfahren einzulassen (§ 305 Abs. 1 Nr. 1, §§ 307 ff. InsO), was angesichts der zeitlichen Verzögerungen nachteilige Auswirkungen auf Befriedigungs- bzw. Sanierungschancen nach sich ziehen könnte.
Der Schuldner kann bezwecken, dass anfechtbare Vermögensminderungen unentdeckt oder unangefochten bleiben. Denn im vereinfachten Insolvenzverfahren werden gem. § 313 InsO die Aufgaben des Insolvenzverwalters durch einen Treuhänder wahrgenommen, der weder zur Verwertung von Sicherungsgut noch zu Insolvenzanfechtung befugt ist. Die Anfechtung muss gem. § 313 Abs. 2 InsO grundsätzlich jeder einzelne Insolvenzgläubiger selbst geltend machen, was die Rechtsverfolgung durch die Einzelgläubiger angesichts von Informationsdefiziten und Kostenrisiko ungewiss erscheinen lässt. Es steht zu befürchten, dass auch die durch das InsOÄndG[771] geschaffene Möglichkeit der Gläubigerversammlung, gem. § 313 Abs. 2 Satz 3 n. F. den Treuhänder mit der Geltendmachung von Anfechtungs-rechten zu beauftragen, sich als zu umständlich und letztlich als unzureichend herausstellen wird, um

[768] Ausführlich dazu oben Teil 6 III 1
[769] *Häsemeyer* InsR Rnr. 7.08
[770] *Kirchhof* in: HK-InsO § 13 Rnr. 18 m.w.N.
[771] I.d.F. v. 26.10.2001 (BGBl. I S. 2710); dazu *Pape* ZInsO 2001 S. 587 ff. (592)

die bestehenden Mängel und Risiken in der Rechtsdurchsetzung wirksam zu beheben.
Auch ist es denkbar, dass der Schuldner das vereinfachte Insolvenzverfahren in missbräuchlicher Weise zum Abbau seiner Verbindlichkeiten benutzen will. So weist *Pape*[772] zutreffend darauf hin, dass das Gesetz vor dem Ruhen des Verfahrens zwecks Erstellung eines Schuldenbereinigungsplanes für den Eigenantrag des Schuldners in § 306 Abs. 1 InsO keine Prüfung des Eröffnungsgrundes vorgibt. Im Schuldenbereinigungsverfahren wiederum kann die Zustimmung einzelner Gläubiger zu dem vom Schuldner vorgeschlagenen Schuldenbereinigungsplan gem. § 309 InsO zwangsweise ersetzt werden und zu einer Art Zwangsvergleich führen, also auch in Fällen, in denen dies nicht durch das Vorliegen eines Insolvenzeröffnungsgrundes legitimiert wäre. Demnach könnte sich der Schuldner, ohne das langwierige und belastende Restschuldbefreiungsverfahren zu durchlaufen, seiner Verbindlichkeiten entledigen, ohne dass seine (Un-)Fähigkeit, sämtliche Gläubigerverbindlichkeiten zu befriedigen, überhaupt festgestellt wäre.[773] Das Schuldenbereinigungsverfahren könnte beliebig oft hintereinander und ohne zeitliche Sperre durch einen früheren Versuch als private Schuldentilgung eingesetzt werden.[774]

4. Folgerungen und Appell an den Gesetzgeber

Zusammenfassend ist zu erkennen, dass auch bei Insolvenzanträgen, die vom Schuldner selbst gestellt werden, die Gefahr von Missbräuchen besteht, die nicht allein durch die erforderliche Überzeugung des Gerichts vom Vorliegen eines Eröffnungsgrundes ausgeschlossen werden kann. Hervorzuheben sind die Versuche, geschützt durch den Abweisungsbeschluss mangels Masse weiterhin werbend tätig zu sein. Hierin liegt regelmäßig erhebliches Gefährdungspotential zu Lasten der Alt- und Neugläubiger, bei Korporationen auch zu Lasten der daran Beteiligten. Nicht zuletzt ist die Gefährdung des gesamten Rechtsverkehrs durch die weitere werbende Tätigkeit des insolventen Schuldners zu berücksichtigen.
Die These des Gesetzgebers, kein Schuldner werde sich ohne Not in die Rolle des Antragstellers begeben, muss angesichts der zahlreichen Manipulationsmöglichkeiten beim Schuldnerantrag als widerlegt angesehen werden. Aus diesem Grund stellt der Verzicht auf die Erstreckung des Kriteriums eines rechtlichen Interesses an der Verfahrenseröffnung auf den Schuldnerantrag einen gesetzgeberischen Fehlgriff dar.
Trotz der unbefriedigenden Gesetzeslage ist es möglich, Missbräuchen bei Eigenanträgen bereits im Zulassungsstadium wirksam zu begegnen. Hierzu

---

772 *Pape* WM 1998 S. 2125 ff. (2126); *Pape* DB 1999 S. 1539 ff. (1544); *Fuchs* ZInsO 1999 S. 185 ff. (188 f.)

773 Aus Gründen des Gläubigerschutzes muß die Überzeugung vom Insolvenzgrund auch vor der Zustimmungsersetzung gem. § 309 gegeben sein.

774 *Pape* WM S. 2125 ff. (2126)

dienen 1. die analoge Anwendung des RSI-Erfordernisses auf den Schuldnerantrag, 2. die Glaubhaftmachung, insbesondere die eidesstattliche Versicherung bei überwiegenden Zweifeln des Gerichts am Vorliegen des Insolvenzgrundes sowie 3. die Forderung einer substantiierten Behauptung des Insolvenzgrundes. Dennoch stünde es dem Gesetzgeber gerade im Blick auf die sonst durchdachte Konzeption der Antragsvoraussetzungen beim Insolvenzeröffnungsantrag, gut an, die genannten Defizite durch Einfügung entsprechender Bestimmungen zu beheben und das Instrumentarium zur Missbrauchskontrolle durch das Insolvenzgericht auch bei Eigenanträgen auf eine positiv-rechtliche Grundlage zu stellen.

Schlussbemerkungen

Entwicklung und Inhalt des Rechtsschutzinteresses als Rechtsinstitut des Zivilprozeßrechts im Allgemeinen und des Insolvenz-verfahrensrechts im Besonderen wurden darstellt. Dabei wurden die verschiedenen Schutzrichtungen des Rechtsschutzinteresses beim Insolvenzeröffnungsantrag im Lichte der Verfahrensziele der InsO interpretiert.
Daß der Inhalt des Rechtsschutzinteresses in der Vergangenheit vielfach zu eindimensional ausgelegt worden ist, zeigt sich insbesondere beim objektiv fehlenden Rechtsschutzinteresse. Es ist festzustellen, daß die von der Insolvenzpraxis hierzu gebildeten Fallgruppen als zu weitreichend angesehen werden müssen. So werden wichtige Regelungsaufgaben des Insolvenzverfahrens, die über das Primärziel der Haftungsverwirklichung zugunsten der Gläubigergemeinschaft hinausgehen, zu wenig berücksichtigt. Auch wird das generalklauselartige Rechtsinstitut zur Lösung von Problemen herangezogen, die bereits von spezielleren Antragsvoraussetzungen, insbesondere der Antragsbefugnis erfaßt werden.

Somit ist das Rechtsschutzinteresse beim Insolvenzeröffnungsantrag vorwiegend zur Aussonderung (subjektiv) mißbräuchlicher Anträge von Bedeutung und dient als wichtige Transformation des allgemeinen Mißbrauchs-verbots in das Insolvenzverfahrensrecht. Dies gilt trotz einseitiger Kodifikation für Manipulationen bei Anträgen sowohl des Gläubigers als auch des Schuldners. Auch insoweit wird das Fehlen des rechtlichen Interesses jedoch häufiger angenommen, als dies mit den Ordnungsaufgaben des Insolvenz-verfahrens zu vereinbaren ist.

Insgesamt führt die hergebrachte Insolvenzpraxis dazu, daß über das Kriterium des Rechtsschutzinteresses eine zu weitgehende Rechtsschutzsperre ausgelöst wird, die die Erreichung der Verfahrensziele der InsO eher beschränkt als unterstützt. Die Zukunft wird zeigen, ob das Anliegen dieser Abhandlung aufgenommen wird, nur bei Einschlägigkeit auf das subsidiäre Rechtsinstitut zurückzugreifen und seine verschiedenen Schutzrichtungen zu berücksichtigen, oder ob die Bestimmung des § 14 Abs. 1 InsO dazu führt, daß weitere, systematisch unzutreffende Fallgruppen fehlenden Rechtsschutzinteresses gebildet werden.

Anhang

Abkürzungsverzeichnis

A.	Auflage
a.A.	anderer Ansicht
Abs.	Absatz
Abschn.	Abschnitt
AcP	Archiv für die civilistische Praxis
a.E.	am Ende
AFG	Arbeitsförderungsgesetz
AG	1. Amtsgericht; 2. Aktiengesellschaft
AktG	Aktiengesetz
Anm.	Anmerkung
AnwBl.	Anwaltsblatt
AO	Abgabenordnung
Art.	Artikel
BA	Bundesanstalt für Arbeit
BAnz	Bundesanzeiger
BB	Der Betriebsberater
Bd.	Band
Beschl.	Beschluss
BetrAVG	Gesetz zur Verbesserung der betrieblichen Altersversorgung
BezG	Bezirksgericht
BFH	Bundesfinanzhof
BFH/NV	Sammlung der amtlich nicht veröffentlichten Entscheidungen des BFH
BGB	Bürgerliches Gesetzbuch
BGBl.	Bundesgesetzblatt
BGH	Bundesgerichtshof
BGHZ	Entscheidungssammlung des Bundesgerichtshofs in Zivilsachen
BSG	Bundessozialgericht
BspG	Bausparkassengesetz
BStBl.	Bundessteuerblatt
BT-Drs.	Deutscher Bundestag, Drucksache
BVerfG	Bundesverfassungsgericht
BVerfGE	Entscheidungssammlung des Bundesverfassungsgerichts
BVerwG	Bundesverwaltungsgericht

bzw.	beziehungsweise
DB	Der Betrieb
ders.	derselbe
dgl.	dergleichen
d.h.	das heißt
dies.	dieselbe, dieselben
DJ	Deutsche Justiz
DRZ	Deutsche Richterzeitung
DStZ	Deutsche Steuer-Zeitung
DZWiR	Deutsche Zeitschrift für Wirtschafts- und
Insolvenzrecht	
EG	Einführungsgesetz
Einf.	Einführung
Einl.	Einleitung
EFG	Entscheidungen der Finanzgerichte
EWiR	Entscheidungen zum Wirtschaftsrecht
f.	folgende
ff.	fortfolgende
Ffm.	Frankfurt am Main
FGG	Gesetz über die Angelegenheiten der Freiwilligen Gerichtsbarkeit
Fn.	Fußnote
FS	Festschrift
GesO	Gesamtvollstreckungsordnung
GesVVO	Gesamtvollstreckungsverordnung
GewArch	Gewerbearchiv
GG	Grundgesetz
ggf.	gegebenenfalls
GKG	Gerichtskostengesetz
GmbH	Gesellschaft mit beschränkter Haftung
GmbH	GmbH-Gesetz
GmbHR	GmbH-Rundschau
Grdz	Grundzüge
GVGA	Geschäftsanweisung für Gerichtsvollzieher
HGB	Handelsgesetzbuch
h.L.	herrschende Lehre
h.M.	herrschende Meinung
Hrsg.	Herausgeber
i.d.F.	in der Fassung
i.d.R.	in der Regel
i.E.	im Ergebnis
Insg	Insolvenzgeld
InsO	Insolvenzordnung

InsOÄndG	Gesetz zur Änderung der Insolvenzordnung und anderer Gesetze
InVo	Insolvenz und Vollstreckung
i.S.d.	im Sinne des
i.S.e.	im Sinne einer
i.V.m.	in Verbindung mit
JA	Juristische Arbeitsblätter
JMBl. NW	Justizministerialblatt Nordrhein-Westfalen
JR	Juristische Rundschau
JurBüro	Das Juristische Büro
JuS	Juristische Schulung
JW	Juristische Wochenschrift
JZ	Juristische Zeitschrift
Kap.	Kapitel
Kaug	Konkursausfallgeld
KG	1. Kommanditgesellschaft; 2. Kammergericht
KGaA	Kommanditgesellschaft auf Aktien
KKZ	Kommunalkassenzeitschrift
KO	Konkursordnung
KostO	Kostenordnung
KostVerz	Kostenverzeichnis (Anlage 1 zu § 11 GKG)
KTS	Konkurs-, Treuhand- und Schiedsgerichtswesen
KuT	Konkurs- und Treuhandwesen
LAG	Landesarbeitsgericht
LG	Landgericht
LM	Lindenmaier-Möhring, Nachschlagewerk des BGH
LöschungsG	Gesetz über die Auflösung von Gesellschaften und Genossenschaften
LZ	Leipziger Zeitschrift für Deutsches Recht
m.	mit
m.a.W.	mit anderen Worten
MDR	Monatsschrift für deutsches Recht
m.w.N.	mit weiteren Nachweisen
NJ	Neue Justiz (DDR)
NJW	Neue Juristische Wochenschrift
NJW-RR	NJW-Rechtsprechungsreport
Nr.	Nummer
NZI	Neue Zeitschrift für Insolvenzrecht
NZG	Neue Zeitschrift für Gesellschaftsrecht
NZS	Neue Zeitschrift für Sozialrecht
öJBl.	Juristische Blätter (Österreich)
OFD	Oberfinanzdirektion
oHG	Offene Handelsgesellschaft

OLG	Oberlandesgericht
OLGZ	Entscheidungssammlung der Oberlandesgerichte in Zivilsachen
PSVaG	Pensionssicherungsverein auf Gegenseitigkeit
RegE	Regierungsentwurf
resp.	respektive
Rnr.	Randnummer
RG	Reichsgericht
RGZ	Entscheidungssammlung des Reichsgerichts in
Zivilsachen	
Rpfleger	Der Deutsche Rechtspfleger
RSB	Rechtsschutzbedürfnis
RSI	Rechtsschutzinteresse
s.	siehe
S.	Seite
SGB III bzw. IV	Sozialgesetzbuch Teil III bzw. IV
StGB	Strafgesetzbuch
SozR	Sozialrecht
u.U.	unter Umständen
u.a.	unter anderem
v.	vom
v.a.	vor allem
VAG	Versicherungsaufsichtsgesetz
vgl.	vergleiche
VglO	Vergleichsordnung
vs.	versus
VollstrA	Vollstreckungsanweisung
WM	Wertpapier-Mitteilungen
z.B.	zum Beispiel
ZInsO	Zeitschrift für das gesamte Insolvenzrecht
ZIP	Zeitschrift für Wirtschaftsrecht (und Insolvenzrecht)
ZVI	Zeitschrift für Verbraucher-Insolvenzrecht
ZHR	Zeitschrift für das gesamte Handelsrecht und Wirtschaftsrecht
ZPO	Zivilprozeßordnung
ZZP	Zeitschrift für Zivilprozeß

Literaturverzeichnis

Aderhold, Eltje (Hrsg): Festschrift für Hans Hanisch, Heymann Köln, Berlin, Bonn, München 1994

Allorio, Enrico: Rechtsschutzbedürfnis?, ZZP Band 67 (1954) S. 321 - 343

App, Michael: Checkliste für die Stellung eines Konkursantrages wegen *Zahlungsunfähigkeit des Schuldners, JurBüro 1996 S. 177 - 178*

App, Michael: Gesetzliche Regelung des behördlichen Konkursantrags? - Eine lohnende Aufgabe im Zusammenhang mit der Insolvenzrechtsreform, KKZ 1991 S. 49 -50

App, Michael: Konkursanträge durch Gemeinden, ZKF 1987 S. 153 - 155

App, Michael: Probleme bei Konkursanträgen aufgrund Steueransprüchen, ZIP 1992 S. 460 - 463

App, Michael: Zum Konkursantrag des Finanzamtes, DStZ 1983 S. 235 - 237

Arbeitskreis für Insolvenz- und Schiedsgerichtswesen e.V. (Hrsg.): Kölner Schrift zur Insolvenzordnung - Das neue Insolvenzrecht in der Praxis, herausgegeben vom, Köln, Verlag für Rechts- und Anwaltspraxis Herne, Berlin, 1. Auflage 1997, 2. Auflage 2000 [zit. Bearbeiter in: KS-InsO S. Rnr.]

Baumbach, Adolf / Hueck, Alfred: GmbH-Gesetz - Gesetz betreffend der Gesellschaften mit beschränkter Haftung - Beck'sche Kurzkommentare Band 20, 16. Auflage, C.H. Beck München1996

Baumbach, Adolf / Lauterbach, Wolfgang: Kommentar zur Zivilprozeßordnung mit Gerichtsverfassungsgesetz und anderen Nebengesetzen, begründet von Adolf Baumbach, fortgeführt von Wolfgang Lauterbach, nunmehr verfaßt von Jan Albers und Peter Hartmann, 59. Auflage, C.H. Beck, München 2001

Baumann, Jürgen: Konkurs und Vergleich, 2. Auflage, Verlag Ernst und Werner Gieseking, Bielefeld 1981

Baumgärtel, Gottfried: Die Verwirkung prozessualer Befugnisse im Bereich der ZPO und des FGG, ZZP Band 67 (1954) S. 423 - 451

Baumgärtel, Gottfried: Treu und Glauben im Zivilprozeß, ZZP Bd. 86 (1973) S. 353 - 372

Baur, Fritz: Der Konkurs der Vorgesellschaft, DRZ 1950 S. 9 - 11

Baur, Fritz: Zur gegenwärtigen Lage des Insolvenzrechts, JZ 1951 S. 209 - 211

Baur, Fritz / Stürner, Rolf: Zwangsvollstreckungs-, Konkurs- und Vergleichsrecht - Band II Insolvenzrecht, , 12. Auflage, C.F. Müller, Heidelberg 1990

Berges, August Maria: Der Konkurs als Aufgabe treuhänderischer Rechtspflege - Die Grundzüge des deutschen Konkurses, KTS 1960 S. 1 - 11

Berges, August Maria: Jaeger/Weber - Kommentar zur Konkursordnung mit Einführungsgesetz, Bd. II, 8. Auflage (Buchbesprechung), KTS 1959 S. 159 - 160

Berges, August Maria: Große oder Kleine Insolvenzrechtsreform, KTS 1955 S. 49 - 54

Breutigam, Axel / Blersch, Jürgen / Goetsch, Hans-W. (Hrsg.): Berliner Praxiskommentar Insolvenzrecht, Loseblatt Stand Dezember 2002, Haufe Verlag Freiburg [zit. Bearbeiter in: BK-InsO § Rnr.]

Bettermann, August: Die Beschwer als Rechtsmittelvoraussetzung im deutschen Zivilprozeß, ZZP Bd. 82 (1969) S. 24 - 69

Blomeyer, Arwed: Zivilprozeßrecht - Erkenntnisverfahren, 2. Auflage, Duncker & Humblot, Berlin 1985

Böhm, Peter: Die Lehre vom Rechtsschutzbedürfnis - Ein Beispiel verfehlter Rechtsfortbildung, JurBlätter (öster.) 1974 S. 1 - 25

Bökelmann, Erhard / Henckel, Wolfram / Jahr, Günther: Festschrift für Friedrich Weber zum 70. Geburtstag, Berlin, Walter de Gruyter 1975

Boennecke, W.: Einzelfragen aus der konkursrichterlichen Praxis, KTS 1955 S. 173 - 176

Boos, Karl-Heinz / Fischer, Reinfried / Schulte-Mattler, Hermann: Kreditwesen-gesetz - Kommentar zu KWG und Ausführungsvorschriften, Verlag C.H. Beck, München 2000

Bötticher, Eduard: Regelungsstreitigkeiten, FS Lent S. 89 - 105

Bork, Reinhard: Ex-Unternehmer als Verbraucher?, ZIP 1999 S. 301 - 304

Braß: Konkursanträge wegen 1 Mark!, KuT 1932 S. 36

Braun, Eberhard / Uhlenbruck, Wilhelm: Unternehmensinsolvenz - Grundlagen, Gestaltungsmöglichkeiten, Sanierung mit der Insolvenzordnung, IDW-Verlag, Düsseldorf 1997

Brehm, Wolfgang: Zentralisierung der Zwangsvollstreckung, Rpfleger 1982 S. 125 - 129

Bundesministerium der Justiz (Hrsg.): Erster Bericht der Kommission für Insolvenzrecht, Verlag Kommunikationsforum Recht, Wirtschaft, Steuern (RWS), Köln 1985

Canaris, Claus-Wilhelm / Diederichsen, Uwe: Festschrift für Karl Larenz zum 80. Geburtstag, C.H. Beck München 1983

Delhaes, Wolfgang: Der Insolvenzantrag - verfahrens- und kostenrechtliche Probleme der Konkurs- und Vergleichsantragstellung - Europäische Hochschulschriften Reihe II Band 1492, Peter Lang, Frankfurt/M. 1994

Delhaes, Wolfgang: Die Stellung, Rücknahme und Erledigung verfahrenseinleitender Anträge nach der Insolvenzordnung, KS-InsO S. 141 - 157

Detterbeck, Steffen: Streitgegenstand, Justizgewährungsanspruch und Rechtsschutzanspruch, AcP Band 192 (1992) S. 325 - 340

Dürr, Fritz: Das Rechtsschutzbedürfnis im Konkurs, insbesondere im Konkurseröffnungsverfahren, Tübingen 1960

Drukarczyk, Jochen: Kreditsicherheiten und Insolvenzverfahren, ZIP 1987 S. 205 - 217

Eickmann, Dieter / Flessner, Axel / Irschlinger, Friedrich / Kirchhof, Hans-Peter / Kreft, Gerhart / Landfermann, Hans-Georg / Marotzke, Wolfgang: Heidelberger Kommentar zur Insolvenzordnung, 2. Auflage, C.F. Müller, Heidelberg 2000 [zit. Bearbeiter in: HK-InsO § Rnr.]

Esser, Josef: Grundsatz und Norm in der richterlichen Fortbildung des Privatrechts - Rechtsvergleichende Beiträge zur Rechtsquellen- und Interpretationslehre, 4. Auflage, Mohr Tübingen 1990

Esser, Josef / Schmidt, Eike: Schuldrecht Band I Allgemeiner Teil, Teilband 1: Entstehung, Inhalt und Beendigung von Schuldverhältnissen, 8. Auflage 1995, C.F. Müller, Heidelberg

Fasching, Hans: Lehrbuch des österreichischen Zivilprozeßrechts - Lehr- und Handbuch für Studium und Praxis, 1. Auflage, Manz, Wien 1984

Fraeb: Konkursrechtliche Fragen im Lichte des Gemeinschaftsgedankens, KuT 1936 S. 173 - 178

Frotscher, Gerrit: Besteuerung bei Insolvenz - Schriften des Betriebsberaters Bd. 48, 5. Auflage, Verlag Recht und Wirtschaft, Heidelberg 2000

Fuchs, Karlhans: Behandlung und Abgrenzung von Insolvenzanträgen nach §§ 304 ff. InsO, ZInsO 1999 S. 185 - 190

Gagel, Alexander: Sozialgesetzbuch III - Arbeitsförderung - Kommentar, 4. Auflage, C.H. Beck München 1999 [zit. Bearbeiter in: Gagel § Rnr.]

Gaul, Hans Friedhelm: Billigkeit und Verhältnismäßigkeit in der zivilgerichtlichen Vollstreckung öffentlichrechtlicher Abgaben, JZ 1974 S. 279 - 285

Gaul, Hans Friedhelm: Zur Frage nach dem Zweck des Zivilprozesses, AcP Band 168 (1968) S. 27 - 62

Gaul, Hans Friedhelm: Zur Reform des Zwangsvollstreckungsrechts, JZ 1973 S. 473 - 483

Gerhardt, Walter: Aspekte zur Wechselwirkung zwischen Konkursrecht und Wirtschaftsleben, FS Weber S. 181 - 196

Gerhardt, Walter: Bundesverfassungsgericht, Grundgesetz und Zivilprozeß, speziell: Zwangsvollstreckung, ZZP Band 95 (1982) S. 467 - 495

Gerhardt, Walter: Die Verfahrenseröffnung nach der Insolvenzordnung und ihre Wirkungen - Verfügungsbeschränkungen im Eröffnungsverfahren, ZZP Bd. 109 (1996) S. 415 - 427

Gerhardt, Walter: Grundbegriffe des Vollstreckungs- und Insolvenzrechts, Kohlhammer, Stuttgart 1985

Gerhardt, Walter: Verfügungsbeschränkungen in der Eröffnungsphase und nach Verfahrenseröffnung, KS-InsO S. 193 - 219

Gerhardt, Walter: Zur Reichweite der Vermögenshaftung - Dargestellt am Beispiel des vollstreckungs-, insolvenz- und anfechtungsrechtlichen Zugriffs auf Unternehmen und Freiberuflerpraxen, FS Gaul S. 139 - 151

Gottwald, Peter (Hrsg.): Insolvenzrechtshandbuch mit GesO-Anhang, 2. Auflage, C.H. Beck, München 2001 [zit. Bearbeiter in: Gottwald § Rnr.]

Gottwald, Uwe: Berliner Praxiskommentare: Zwangsvollstreckung – Kommentierung der §§ 704-915h ZPO mit Antrags- und Klagemustern für die Rechtspraxis, 2. Auflage, Haufe Verlagsgruppe, Freiburg 1997 [zit. Gottwald in: BK-ZwV § Rnr.]

Gravenbrucher Kreis: Appell gegen die Verabschiedung der Involvenzrechtsreform, ZIP 1994 S. 585 - 587

Grunsky, Wolfgang / Stürner, Rolf / Walter, Gerhard / Wolf, Manfred (Hrsg.): Festschrift für Fritz Baur, J. C. B. Mohr Verlag Tübingen 1981

Haarmeyer, Hans / Wutzke, Wolfgang / Förster, Karsten: Handbuch zur Insolvenzordnung InsO/EGInsO, 3. Auflage, C.H. Beck, München 2001

Habscheid, Walther: Konkurrenz von Rechtsbehelfen im zivilgerichtlichen Verfahren, KTS 1973 S. 95 - 101

Hachenburg: Gesetz betreffend die Gesellschaften mit beschränkter Haftung (GmbHG) - Großkommentar, herausgegeben von Peter Ulmer,
Band I (Allgemeine Einleitung, §§ 1 - 34), 8. Auflage 1992,
Band III (§§ 53 - 85, Register), 8. Auflage 1997,
Walter de Gruyter Berlin, New York [zit. Bearbeiter in: Hachenburg § Rnr.]

Hahn, Carl: Die gesamten Materialien zur Konkursordnung und dem Einführungsgesetz zu derselben vom 1. Februar 1877 sowie zu dem Gesetze, betreffend die Anfechtung von Rechtshandlungen eines Schuldners außerhalb eines Konkursverfahrens vom 21. Juli 1879, R. v. Decker's Verlag Berlin 1881 [zit. C. Hahn Materialien]

Hahn, Dittmar: Einige Rechtsprobleme des § 12 GewO, GewArch 2000 S. 261 - 366

Häsemeyer, Ludwig: Insolvenzrecht, 2. Auflage, Heymanns, Köln 1998

Häsemeyer, Ludwig: Die Gleichbehandlung der Konkursgläubiger, KTS 1982 S. 507 -575

Henckel, Wolfram: Fehler bei der Eröffnung des Insolvenzverfahrens - Abhilfe und Rechtsmittel, ZIP 2000 S. 2045 - 2053

Henckel, Wolfram: Wert und Unwert juristischer Konstruktion im Konkursrecht, FS Weber S. 237 - 252

Henkes, Andreas / Baur, Ulrich / Kopp, Joachim / Polduwe, Christiane: Handbuch Arbeitsförderung SGB III, C.H. Beck, München 1999

Hess, Harald: Kommentar zur Konkursordnung, 6. Auflage, Luchterhand Neuwied, Kriftel 1998

Hess, Harald / Weis, Michaela / Wienberg, Rüdiger: InsO - Kommentar zur Insolvenzordnung mit EGInsO, Band 1 Insolvenzordnung, 2. Auflage, C.F. Müller Heidelberg, 2001

Höver: Zur Rechtserneuerung im Konkursrecht, DJ 1935 S. 513 - 518

Hommelhoff, Peter: Eigenkapitalersetzende Gesellschafterdarlehen und Konkursantragspflicht, FS Döllerer S. 245 - 269

Hofmann, Paul / Meyer-Cording, Ulricht / Wiedemann, Herbert (Hrsg.): Festschrift für Klemens Pleyer zum 65. Geburtstag, Carl Heymanns Köln, Berlin, Bonn, München 1986

Hornung, Anton: Konkursausfallgeld und Beitragserstattung für sogen. „Altschulden", KTS 1976 S. 103 - 114

Jaeger, Ernst: Aus der Praxis des Konkurs- und Vergleichsverfahrens, KuT 1936 S. 81 - 84

Jaeger, Ernst: Konkursgesetz mit Einführungsgesetzen - Kommentar,
Band 1 §§ 1 - 42, 9. Auflage 1997, bearbeitet von Wolfram Henckel,
Band 2 Halbband 1 §§ 71 - 206, 8. Auflage 1973, bearbeitet von Friedrich Weber,
Walter de Gruyter Berlin, New York [zit. Jaeger/Bearbeiter § Anm.]

Jänich, Volker: Eröffnung des Konkursverfahrens trotz Zahlung durch den Schuldner, ZZP Band 109 (1996) S. 183 - 193

Jauernig, Othmar: Versuch, einige Dunkelheiten der Insolvenzordnung aufzuhellen, FS Uhlenbruck, S. 3 - 17

Jauernig, Othmar: Zwangsvollstreckungs- und Insolvenzrecht, 21. Auflage, C.H. Beck, München 1999 [zit. Jauernig ZVR]

Kahlke, Gerhard: Zur Funktion von Beschwer und Rechtsschutzbedürfnis im Rechtsmittelverfahren, ZZP Bd. 94 (1981) S. 423 - 443

Kalmes, Herbert: Konkurs- bzw. Zwangslöschungsanträge der Finanzbehörden und Steuergeheimnis BB 1990 S. 113- 118

Kalmes, Herbert: Vorläufiger Rechtsschutz gegen Konkursanträge des Finanzamts durch die Finanzgerichtsbarkeit, DStZ 1983 S. 188 - 189

Kilger, Joachim: Die Reformbedürftigkeit des Konkurs- und Vergleichsrechts, ZRP 1976 S. 190 - 194

Kilger, Joachim / Schmidt, Karsten: Insolvenzgesetze KO/VglO/GesO, Beck'sche Kurz-Kommentare Band 27, 17. Auflage, C.H. Beck, München 1997

Klein, Franz: Abgabenordnung einschließlich Steuerstrafrecht Kommentar, 7. Auflage, C.H. Beck, München 2000 [zit. Bearbeiter in: Klein § Rnr.]

Knobbe-Keuk, Brigitte / Klein, Franz / Moxter, Adolf (Hrsg.): Handelsrecht und Steuerrecht - Festschrift für Dr. Dr. h.c. Georg Döllerer, IDW-Verlag Düsseldorf 1988

Koch, Karl / Schultz, Rolf-Detlev: Abgabenordnung - Kommentar, 5. Auflage, Karl Heymanns Verlag, Köln, Berlin, Bonn, München 1996 [zit. Bearbeiter in: Koch/Schultz § Rnr.]

Krantz: Konkursantrag als Druckmitel zu Ratenzahlungen?, NJW 1952 S. 291

Kübler, Bruno / Prütting, Hanns: InsO - Kommentar zur Insolvenzordnung, Band 1 §§ 1 - 128, Loseblatt Stand März 2001, RWS Verlag Kommunikationsforum GmbH Köln

Kuhn, Georg / Uhlenbruck, Wilhelm: Kommentar zur Konkursordnung, 11. Auflage, Vahlen, München 1994

Lambsdorff, Otto Graf: Wirtschaftspolitische Aspekte einer Insolvenzrechtsreform, ZIP 1987 S. 809 - 814

Larenz, Karl / Wolf, Manfred: Allgemeiner Teil des Bürgerlichen Rechts, 8. Auflage 1997, C.H. Beck, München

Leipold, Dieter (Hrsg.): Insolvenzrecht im Umbruch - Analysen und Alternativen - KTS-Schriften zum Insolvenzrecht Band 1, Karl Heymanns, Köln 1991

Lippross, Otto-Gerd: Rechtsschutz gegen Konkursanträge der Finanzbehörden, DB 1985 S. 2482 - 2484

Loritz, Karl-Georg: Einbeziehung der nachrangigen Insolvenzgläubiger, Leipold S. 91 – 100

Lüke, Gerhard / Walchshöfer, Alfred (Hrsg.): Münchener Kommentar zur Zivilprozeßordnung mit Gerichtsverfassungsgesetz und Nebengesetzen; Band 1 §§ 1- 354, Beratungshilfegesetz, Zwischenstaatliches Zustellungsrecht
Band 2 §§ 355 - 802, Haager Beweisaufnahmeübereinkommen
C.H. Beck, München 1992 [zit. Bearbeiter in: MüKo-ZPO Bd. § Rnr.]

Lüke, Wolfgang: Konkurs- und Vergleichsverfahren von Uhlenbruck, Wilhelm und Delhaes, Karl (Buchbesprechung), ZZP Bd. 105 (1992) S. 122 – 125

Lutter, Marcus / Hommelhoff, Peter: GmbH-Gesetz Kommentar, 15. Auflage, Verlag Dr. Otto Schmidt Köln 2000

Maurer, Hartmut: Allgemeines Verwaltungsrecht - Reihe Grundrisse des Rechts, 13. Auflage, C.H. Beck, München 2000

Mohrbutter, Harro (Hrsg.): Handbuch der Insolvenzverwaltung, 7. Auflage, Heymanns, Köln 1996 [zit. Bearbeiter in: Mohrbutter Rnr.]

Mummenhoff, Alois: Prozessuales Anerkenntnis neben Klageabweisungsantrag, ZZP Band 86 (1973) S. 293 - 311

Nerlich, Jörg / Römermann, Volker: Insolvenzordnung (InsO) Kommentar, Loseblatt Stand November 2000, C.H. Beck München

Obermüller, Manfred / Hess, Harald: Insolvenzordnung - Eine systematische Darstellung des neuen Insolvenzrechts, 3. Auflage, C.F. Müller, Heidelberg 1999

Oelzen, Dirk / Kerfack, Ralf: Zur gerichtlichen Durchsetzung von Minimalforderungen, JR 1991 S. 133 - 136

Palandt: Bürgerliches Gesetzbuch, Beck'sche Kurz-Kommentare Band 7, 60. Auflage, C.H. Beck, München 2001

Pape, Gerhard: Aktuelle Probleme des Insolvenzeröffnungsverfahrens nach Inkrafttreten der InsO, DB 1999 S. 1539 - 1545

Pape, Gerhard: Bevorstehende Änderungen der InsO nach dem InsOÄndG 2001, ZInsO 2001 S. 587 - 595

Pape, Gerhard: Insolvenzgründe im Verbraucherinsolvenzverfahren, WM 1998 S. 2125 - 2129

Pape, Gerhard: Schadensersatzpflicht wegen fahrlässig gestellten Konkursantrags?, ZIP 1995 S. 623 - 627

Pape, Gerhard: Unzulässige Konkursanträge aufgrund vorläufig vollstreckbarer Schuldtitel?, NJW 1993 S. 297 - 302

Pape, Irmtraut: Auswirkungen der ZPO-Reform auf das insolvenzrechtliche Beschwerdeverfahren, NZI 2001 S. 516 - 520

Paulsdorff, Jürgen / Wohlleben, Hermann-Peter: Die Rechtsstellung des Pensions-Sicherungs-Vereins, Versicherungsverein auf Gegenseitigkeit (PSVaG) nach neuem Insolvenzrecht, KS-InsO S. 1655 - 1676

Peter, R.: Konkursanträge als Mißbrauch der Rechtspflege, NJ 1952 S. 76 - 77

Plagemann, Hermann: Sozialversicherungsbeiträge in der Insolvenz, NZS 2000 S. 525 - 533

Pohle, Rudolf: Zur Lehre vom Rechtsschutzbedürfnis, FS-Lent S. 195 - 235

Pohle, Rudolf: Zur Rangordnung der Prozessvoraussetzungen, ZZP Band 81 (1968) S.161 - 175

Prütting, Hanns: Allgemeine Verfahrensgrundsätze der Insolvenzordnung, KS-InsO S. 221 - 247

Prütting, Hanns / Vallender, Heinz (Hrsg.): Insolvenzrecht in Wissenschaft und Praxis - Festschrift für Wilhelm Uhlenbruck zum 70. Geburtstag, Verlag Dr. Otto Schmidt, Köln 2000 [zit. Bearbeiter in: FS-Uhlenbruck S. Rnr.]

Rosenberg, Leo / Gaul, Hans Friedhelm / Schilken, Eberhard: Zwangsvollstreckungsrecht, 11. Auflage, C. H. Beck, München 1997 [zit. Rosenberg/Gaul/Schilken ZVR]

Rosenberg, Leo / Schwab, Karl Heinz (Hrsg.): Festschrift für Friedrich Lent zum 75. Geburtstag, C.H. Beck München 1957

Rosenberg, Leo / Schwab, Karl Heinz / Gottwald, Peter: Zivilprozeßrecht, 15. Auflage, C. H. Beck, München 1993 [zit. Rosenberg/Schwab/Gottwald ZPR]

Schiffhauer, Horst: Die Geltendmachung von Bagatellforderungen in der Zwangsversteigerung, ZIP 1981 S. 832 - 837

Schilken, Eberhard / Becker-Eberhard, Ekkehard / Gerhardt, Walter (Hrsg.): Festschrift für Hans Friedhelm Gaul zum 70. Geburtstag, Verlag Ernst und Werner Gieseking Bielefeld 1997

Schmidt, Karsten / Uhlenbruck, Wilhelm: Die GmbH in Krise, Sanierung und Insolvenz, herausgegeben von Karsten Schmidt und Wilhelm Uhlenbruck, bearbeitet von Georg Crezelius, Heinz Maus, Wilhelm Moll, Karsten Schmidt, Wilhelm Uhlenbruck, Jobst Wellensiek und Arne Wittig, 2. Auflage, Verlag Otto Schmidt, Köln 1999 [zit. Bearbeiter in: Schmidt/Uhlenbruck]

Schmidt-Räntsch, Ruth: Insolvenzordnung mit Einführungsgesetz - Erläuternde Darstellung des neuen Rechts anhand der Materialien, 1. Auflage, Bundesanzeiger Verlagsgesellschaft, Köln 1995

Schmidt-Räntsch, Ruth: Verbraucherinsolvenzverfahren und Restschuldbefreiung, KS-InsO 1. Auflage 1997 S. 1177 - 1203

Schlosser, Peter: Die Eröffnung des Insolvenzverfahrens, Leipold S. 9 - 20

Schönke, Adolf: Das Rechtsschutzbedürfnis - Ein zivilprozessualer Grundbegriff, AcP Band 150 (1949) S. 216 - 234

Schönke, Adolf: Das Rechtsschutzbedürfnis - Studien zu einem zivilprozessualen Grundbegriff, Prozessrechtliche Abhandlungen Band 17, Detmold, Frankfurt a.M., Berlin, Albert Nauck 1950

Scholz: Kommentar zum GmbH-Gesetz mit Anhang Konzernrecht,
Band I (§§ 1 - 44, Anhang Konzernrecht), 9. Auflage 2000,
Band II (§§ 45 - 85), 8. Auflage 1995,
Verlag Dr. Otto Schmidt, Köln

Schroeder, Hans: Der Antrag und die Antragspflicht im Konkursverfahren, JurBüro 1960 S. 236 - 241

Schroeder, Klaus Peter: Adolf Wach (1843 - 1926) - Ein „Klassiker" der modernen deutschen Rechtswissenschaft, JuS 1997 S. 103 - 107

Schulte, Michael: Der Nachweis des Gläubigerrechts im Konkursantragsverfahren, Rechtswissenschaft im Gardez! Band 9, Gardez!-Verlag St. Augustin, 1999

Schumann, Paul: Gedanken über eine Reform der Konkursordnung, DJ 1935 S. 1210 - 1217

Schumann, Ekkehard: Die materiellrechtsfreundliche Auslegung des Prozeßgesetzes, FS Larenz S. 571 - 604

Schumann, Ekkehard: Zwangsvollstreckungs- und Konkursrecht (Buchbesprechung), NJW 1981 S. 1031 - 1032

Schwab, Karl Heinz: Zur Wiederbelebung des Rechtsschutzanspruchs, ZZP Bd. 81 (1968) S. 412 - 429

Senst, Julius / Eickmann, Dieter / Mohn, Johann: Handbuch für das Konkursgericht, 5. Auflage, J. Schweitzer Verlag Berlin 1976

Simshäuser, Wilhelm: Zur Entwicklung des Verhältnisses von materiellem Recht und Prozeßrecht seit Savigny - eine Untersuchung am Beispiel rechtsfremder Klagen; Bielefeld, Gieseking 1965

Skrotzki: Das rechtliche Gehör im Konkursverfahren, KTS 1956 S. 105 - 107

Smid, Stefan: Grundzüge des neuen Insolvenzrechts, 3. Auflage, C.H. Beck, München 1999 [zit. Smid Grundzüge]

Smid, Stefan: Grundzüge des neuen Insolvenzrechts, DZWiR 1994 S. 278 - 286

Smid, Stefan (Hrsg.): Insolvenzordnung (InsO) mit insolvenzrechtlicher Vergütungsordnung (InsVV) - Kommentar, 2. Auflage, Kohlhammer Stuttgart, Berlin, Köln 2001[zit. Smid § Rnr.]

Smid, Stefan: Prozeßkostenhilfe für den Eigenantrag des Gemeinschuldners im Insolvenzverfahren nach geltendem Recht?, NJW 1994 S. 2678 - 2680

Smid, Stefan: Strukturen der Insolvenzrechte in den Reformstaaten Mittel- und Osteuropas, KTS 1998 S. 313 - 342

Smid, Stefan / Zeuner, Mark: Kommentar zur Gesamtvollstreckungsordnung - Das Insolvenzrecht der fünf neuen Bundesländer und Ostberlins, 2. Auflage, Nomos Verlagsgesellschaft, Baden-Baden 1994

Soergel: Bürgerliches Gesetzbuch mit Einführungsgesetz und Nebengesetzen, Band 2: Schuldrecht 1 (§§ 241 - 432), 12. Auflage, Verlag W. Kohlhammer, Stuttgart, Berlin, Köln 1990

Sprung, Rainer: Zum Mißbrauch des Konkurseröffnungsantrags, JurBl. (öster.) 1969, S. 237 - 246

Stein/Jonas: Kommentar zur Zivilprozeßordnung,
Band II §§ 91 - 252 (1994),
Band III §§ 253 - 299a (1997),
Band V Teilband 1 §§ 511 - 591 (1994)
21. Auflage, J.C.B. Mohr (Paul Siebeck) Tübingen

Stephan, Bodo: Das Rechtsschutzbedürfnis - Eine Gesamtdarstellung unter besonderer Berücksichtigung des Verfassungsprozesses, Berlin 1967

Strunk, Roy: Konkursantrag und Steuergeheimnis, BB 1990 S. 1530 - 1532

Strunk, Roy: „Rückstandsunterbindende Maßnahmen" der Finanzämter, DStZ 1991 S. 332 - 337

Stürner, Rolf: Die Parteiherrschaft und die Parteiverantwortung im Vollstrekkungsverfahren, FS Hanisch S. 257 - 265

Stürner, Rolf: Prinzipien der Einzelzwangsvollstreckung, ZZP Band 99 (1986) S. 291 - 332

Stürner, Rolf: Verfahrensgrundsätze des Zivilprozesses und Verfassung, FS Baur S. 647 - 666

Szagunn, Volkhard / Haug, Ulrich / Ergenzinger, Wilhelm: „Gesetz über das Kreditwesen“ 6. Auflage 1997, Verlag W. Kohlhammer Stuttgart, Berlin, Köln

Teichmann, Arndt: Venire contra factum proprium - Ein Teilaspekt rechtsmißbräuchlichen Handelns, JA 1958 S. 497 - 502

Thomas, Heinz / Putzo, Hans: Zivilprozeßordnung, 22. Auflage, C.H. Beck München 1999

Tintelnot, Albrecht: Die gegenseitigen Verträge im neuen Insolvenzverfahren, ZIP 1995 S. 616 - 623

Tipke, Klaus / Kruse, Heinrich Wilhelm: Abgabenordnung – Finanzgerichtsordnung - Kommentar, Bd. II §§ 155 - 368 AO, 16. Auflage, Loseblatt Stand April 2001, Verlag Dr. Otto Schmidt, Köln 1996

Uhlenbruck, Wilhelm: Der Konkursantrag der Finanzbehörden, BB 1972 S. 1266 - 1270

Uhlenbruck, Wilhelm: Der Konkursantrag wegen geringfügiger Beträge, AnwBl. 1972 S. 155

Uhlenbruck, Wilhelm: Der ordnungsmäßige Konkursantrag des Finanzamts gegen den Steuerschuldner, DStZ 1986 S. 39 - 46

Uhlenbruck, Wilhelm: Die anwaltliche Beratung bei Konkurs-, Vergleichs- und Gesamtvollstreckungsantrag - Schriftenreihe des Kölner Anwaltsvereins 3, 2. Auflage, Deutscher Anwaltverlag, Bonn 1996 [zit. Uhlenbruck AnwBeratung S.]

Uhlenbruck, Wilhelm: Die GmbH & Co. KG in Krise, Konkurs und Vergleich - Die rechtlichen und betriebswirtschaftlichen Zusammenhänge bei Insolvenz der KG und der GmbH, 2. Auflage, Verlag Dr. Otto Schmidt, Köln 1988 [zit. Uhlenbruck GmbH & Co. KG]

Uhlenbruck, Wilhelm: Die neue Insolvenzordnung - Auswirkungen auf das Recht der GmbH und GmbH & Co. KG, GmbHR 1995 S. 81 - 87 (Teil 1), S. 195 - 211 (Teil 2)

Uhlenbruck, Wilhelm: Die verfahrens- und kostenmäßige Behandlung mehrerer Konkursanträge gegen den gleichen Schuldner, KTS 1987 S. 561 - 567

Uhlenbruck, Wilhelm: Ein Jahr InsO - Ziel erreicht oder Reformbedarf?, DZWiR 2000 S. 15 - 18

Uhlenbruck, Wilhelm: Gesellschaftsrechtliche Aspekte des Insolvenzrechts, KS-InsO S. 1157 - 1186

Uhlenbruck, Wilhelm: Grundzüge eines künftigen Insolvenzrechts nach den Vorstellungen der Reformkommission, BB 1984 S. 1949 - 1961

Uhlenbruck, Wilhelm: Konkursantrag aus Gründen der Kostenersparnis, NJW 1968 S. 685 - 687

Uhlenbruck, Wilhelm: Konkursantrag der Sozialversicherungsträger, Rpfleger 1981 S. 377 - 382

Uhlenbruck, Wilhelm: Konkursantrag wegen geringfügiger Forderung, MDR 1973 S. 636 - 637

Uhlenbruck, Wilhelm: Konkurs- und Vergleichsrecht: Der Konkurs einer GmbH & Co. KG, JuS 1985 S. 403 - 407

Uhlenbruck, Wilhelm: Probleme des Eröffnungsverfahrens nach dem Insolvenzrechts- Reformgesetz 1994, KTS 1994 S. 169 - 183

Uhlenbruck, Wilhelm: Probleme des Konkurseröffnungsverfahrens aus der Sicht des Gläubigervertreters, JurBüro 1976 S. 417 - 424

Uhlenbruck, Wilhelm: Zur Zulässigkeit von Insolvenzanträgen des Schuldners, InVo 1999 S. 333 - 334

Uhlenbruck, Wilhelm / Brandenburg, Joachim / Grub, Volker / Schaaf, Wilhelm / Wellensiek, Jobst: Die Insolvenzrechtsreform - Ein typischer Fall der Überjustizialisierung, BB 1992 S. 1734 - 1738

Uhlenbruck, Wilhelm / Delhaes, Karl: Handbuch der Rechtspraxis Band 3 - Konkurs- und Vergleichsverfahren, 5. Auflage, C.H. Beck, München 1990 [Uhlenbruck/Delhaes HRP]

Unger, Klaus: Das Rechtsschutzbedürfnis beim Konkursantrag, KTS 1962 S. 205 - 219

Urban, Norbert: Finanzgerichtliche Kontrolle von Anträgen des Finanzamts auf Konkurseröffnung, Haft und Vollstreckung in das unbewegliche Vermögen?, DStZ 1988 S. 147 - 152

Vallender, Heinz: Allgemeine Anforderungen an Anträge im Insolvenzverfahren, MDR 1999 S. 280 - 284

Vallender, Heinz: Einzelzwangsvollstreckung im neuen Insolvenzrecht, ZIP 1997 S. 1993 - 2002

Vallender, Heinz: Erste gerichtliche Erfahrungen mit dem Verbraucherinsolvenzverfahren, ZIP 1999 S. 125 - 130

Vallender, Heinz: Die bevorstehenden Änderungen des Verbraucherinsolvenz- und Restschuldbefreiungsverfahrens auf Grund des InsOÄndG 2001 und ihre Auswirkungen auf die Praxis, NZI 2001 S. 561 - 568

Vallender, Heinz / Fuchs, Karlhans / Rey, Andreas: Der Eigenantrag und seine Behandlung bis zur Eröffnungsentscheidung, NZI 1999 S. 140 - 143

Vallender, Heinz / Fuchs, Karlhans / Rey, Andreas: Der Gläubigerantrag und seine Behandlung bis zur Eröffnungsentscheidung, NZI 1999 S. 140 - 143

Volkmar, Erich: Das Gesetz zur Verhütung mißbräuchlicher Ausnutzung von Vollstreckungsmöglichkeiten, DJ 1934 S. 1622 - 1625

Wagner, Herbert: Insolvenzordnung - Taschenkommentar, 1. Auflage, Nomos Verlagsgesellschaft, Baden-Baden 1998

Wiedemann, Herbert / Küpper, Wolfgang: Die Rechte des Pensions-Sicherungs-Vereins als Träger der Insolvenzsicherung vor einem Konkursverfahren und bei einer Kapitalherabsetzung, FS Pleyer S. 445 - 464

Wieser, Eberhard: Das Rechtsschutzinteresse des Klägers im Zivilprozeß, Schriften zum deutschen und europäischen Zivil-, Handels- und Prozeßrecht Bd. 63, Bielefeld 1971 [zit. Wieser RSI S.]

Wieser, Eberhard: Der Grundsatz der Verhältnismäßigkeit in der Zwangsvollstreckung - Prozeßrechtliche Abhandlungen Bd. 75, Carl Heymanns Verlag Köln, Berlin, Bonn, München 1989

Wimmer, Klaus (Hrsg.): Frankfurter Kommentar zur Insolvenzordnung, 3. Auflage, Luchterhand, Neuwied 2002 [zit. Bearbeiter in: FK-InsO § Rnr.]

Zeiss, Walter: Die arglistige Prozeßpartei - Beitrag zur rechtstheoretischen Präzisierung eines Verbotes arglistigen Verhaltens im Erkenntnisverfahren des Zivilprozesses, Schriften zum Prozeßrecht Bd. 9, Duncker & Humboldt Berlin 1967

Zöller, Richard: Zivilprozeßordnung mit Gerichtsverfassungsgesetz und den Einführungsgesetzen, mit Internationalem Zivilprozeßrecht, Kostenanmerkungen, 21. Auflage, Verlag Dr. Otto Schmidt Köln 1999

Kolibri 360 GmbH
Ferdinand-Jühlke-Straße 7
99095 Erfurt, Deutschland
produktsicherheit@kolibri360.de

Druck:
CPI Druckdienstleistungen GmbH
im Auftrag der
Kolibri 360 GmbH
Ferdinand-Jühlke-Str. 7
99095 Erfurt